JN147460

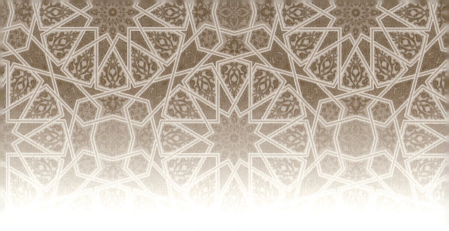

イブン・タイミーヤ 著
中田 考 編・訳・解説

イブン・タイミーヤ政治論集

作品社

序　本書を読まれる前に

本書はイブン・タイミーヤの「シャリーアに基づく政治（*al-Siyāsah al-Shar'īyah*）」、「イスラームにおける行政監督（*al-Ḥisbah fī al-Islām*）」、「タタール（モンゴル）軍との戦いは義務か？（*Mā Taqūlu fī al-Tatār, Hal yajibu Qitālu-hum?*）」の翻訳である。翻訳にあたっては底本として、現在もっとも普及しているイブン・タイミーヤ著作集（*Majmū'ah al-Fatāwā li-Shaikh al-Islām Taqīyuddīn Aḥmad bn Taymīyah*, vol.14（27-28）, 2001, Dār al-Wafā' 版）それぞれ、Vol.14（28, pp.137-219, pp.38-70, pp.574-277）を用いたが、*al-Siyāsah al-Shar'īyah* に関しては、'Alī bn Muḥammad al-'Imrān 校訂、Dār 'Ālam al-Fawā'id 版（以後、DAF版と略記する）を参照した。

「シャリーアに基づく政治」は政治の要諦を、信託物を相応しい者に還すこと、人々の間を公平に裁くこと、の二つにまとめる。為政者の信託物とはカリフの配下の公職と国庫にある財産を意味する。公職に相応しい人材を配置することと、国庫の富をイスラーム法の定める使途に従い相応しい人々に配分することが、「シャリーアに基づく政治」となる。人々の間を公正に裁く、とは、権利関係を正すことであるが、イスラーム法は、公共の秩序に関わる刑事を「神の権利」、私的領域の民事を「人間の権利」と呼ぶ。刑事においても民事においても、私情や賄賂により裁きを歪めることなくイスラーム法に基づいた公正な裁きをくだすことが「シャリーアに基づく政治」になる。

「シャリーアに基づく政治」はマーワルディーの『統治の諸規則（al-Aḥkām al-Sulṭāniyah）』と並ぶイスラーム国法学の古典だが、『統治の諸規則』がカリフを主題とする構成を取るのに対して、カリフについて一切論じることなく、政治をシャリーアの施行の問題に還元する点で好対照をなしている。

「タタール（モンゴル）軍との戦いは義務か？」は、イスラームに改宗したイル・ハーン国のガーザーン・ハーンが率いる軍勢が一二九九年にシリアに侵攻した時、イスラームに入信した彼らと戦うことが合法かどうかについて、質問を受けたイブン・タイミーヤの回答（ファトワー）である。

シャリーアから逸脱した統治を行う為政者とはたとえ名目的にイスラームに入信していてもジハードが義務になる、と説いた彼のファトワーはエジプトのジハード団など、現代のイスラーム主義反体制武装闘争派の革命論に理論的基礎を与えた。

当時のイル・ハーン国はグローバルな世俗国家（モンゴル帝国）であり、また為政者がシーア派であったことから、ポストコロニアル時代のイスラーム世界、特にアメリカが率いる有志連合軍によってサッダーム・フセイン政権が崩壊した後、イランの影響を受けたシーア派の政権が成立したイラクの状況と奇妙な符合を示しており、イスラーム国などのサラフィー・ジハード主義者にも大きな影響を与えている。

「イスラームにおける行政監督」において「行政監督」と訳した「ヒスバ（ḥisbah）」は、通常、「市場監督」と訳される語である。歴史的には特に度量衡の詐欺の取り締まりなど、市場監督として制度化されてきたが、元々はクルアーンとハディースの「善の命令と悪の禁止」の教えがイスラーム法学の中で定式化されたものであり、市場監督に限定されたものではない。イブン・タイミーヤの独創は、イスラームにおけるすべてのウィラーヤ(権威、公職)の目的を「善の命令と悪の禁止」にまとめ、「ウィラーヤの一般性、特殊性、そして特定の職を引き受けた者が行うべきことは、言葉と状況と慣習によって決まるのであり、それについては、シャリーアに定めはない」と述べ、イスラーム法が特定の政体、政治制度を規定していないことを明らかにしたうえで、イスラーム政治の一般理論を構築したことである。

そこで本書では、「ヒスバ」を「市場監督」より広い意味の「行政監督」と訳したが、経済統制など、経済理論に多くの頁を割いていることもこの論考の特徴である。

ここに訳出したイブン・タイミーヤの「シャリーアに基づく政治」以下の論考はシャリーアの理解を前提としたうえで、政治がいかにあるべきかが論じられている。それゆえ「シャリーア」とは何かを知っていなければ、イブン・タイミーヤの意図を正しくくむことはできない。

シャリーアは、語源的には「水場にいたる道」を意味するアラビア語であるが、イスラーム的コンテクストでは、「救いへいたる道」、「正しい道」、すなわちイスラームの教えそのものを意味する。具体的にはそれはクルアーンとスンナ(預言者ムハンマドの言行)に示された教えの総体を指し、アッラーの唯一性、最後の審判、不可視界についての教え、過去の諸預言者たちの物語、信徒の義務や禁止事項のすべてを含む概念である。これが本来のシャリーアの意味である。「シャリーア」は、通常「イスラーム法」と訳されるが、西洋近代法とは根本的に異なっている。そこでここにシャリーアと西洋近代法との違いを概観しておこう。

西洋近代法は、主権を有する国民を代表するとされる議会が立法権を持ち、主権者たる国民の意志にしたがって改廃される可変的な存在である。ところがシャリーアは、全宇宙の創造主である神（アッラー）が、最後の預言者ムハンマドを介して伝えた最終的なメッセージであり、七世紀のアラビア半島に啓示されたという歴史的事情を超えてすべての人類に世界の終わりまで妥当する規範であり、世情の変化にともなう改変を被ることもありえない。歴史的にもカリフ、スルタンの出す勅令は存在したが、それはあくまでも行政細則とみなされ、シャリーアとは厳密に区別されており、決してシャリーアの地位に昇格することはなかった。シャリーアは神の定めた「不磨の大典」であり、立法権は神のみに属し、人間に許されているのは、その解釈と、適用だけであることがシャリーアと西欧法を分ける第一の特徴である。

西洋近代法においては、法は原則的に義務事項と禁止事項からなり、その違反に対しては、最終的には国家（支配権力）による強制、罰が加えられる。一方、シャリーアにおいては、善行には来世での楽園の報賞、悪行には来世での獄火の懲罰があり、現世での罰則規定があるのは、法定刑（ハッド刑）と呼ばれる特殊領域に過ぎない。現世での罰のみの西欧近代法に対して、シャリーアは来世における賞罰の双方の応報が定められていることがシャリーアと西欧近代法の第二の違いである。

第三に西洋近代法は、他のいかなる力にも制限されない最高独立の領域国民国家を主体とする。国民国家は互いに独立しているから、それぞれの国家の法の適用範囲、効力範囲はその国の領域内に限定されるのが原則（属地主義）である。

一方、シャリーアは属人法であり、その対象はムスリムのすべてから構成されるウンマ（共同体）であり、シャリーアは居住地がどこであるかにかかわらずウンマの成員すべてを拘束する。西洋近代法の属地主義に対し、シャリーアの属人主義が両者の第三の違いである。

第四に「法は外面を、道徳は内面を支配する」などと言われるように、西洋近代法は外面的行為を問題とする。ところがシャリーアは、そもそも来世における救済を目的としており、神と人間の関係を規定するものであり、重要なのは、自分が神に服従すべく行為しているとの自覚的な意志であり、その意志を欠く行為はいかに外面的にイスラーム法に合致しているかのように見えようとも無効である。

また、シャリーアは決して道徳的に中立な神の恣意的命令ではない。シャリーアは善なる神の「慈悲」として、本質的に善いものであり、それゆえシャリーアは来世の報賞と結びつけられているだけではなく、現世を生きる「導き」でもある。

西洋近代法が内面と外面を分けたうえで、内面の問題を良心に委ね、外面のみを律しようとするのに対し、シャリーアは道徳的にも善なる「慈悲」と「導き」として、行為の外面と内面を区別せず、両者を神への服従の意志の下に統合しようとする。法の価値内在性がシャリーアと西洋近代法を分ける第四の相違である。

また西欧の近代法の伝統の中では、法の介入は社会関係などの公的領域に限定され、信仰など個人的事柄は私的領域として個人の自由とされ、また商業など自由な個人間に権利義務関係や契約を生じさせしめる行為は「民事」であり、私的自治の原則が存在する。

一方、シャリーアは人間生活の全領域を包括するとされ、公的領域と私的領域の区別を認めない。西洋近代法では、信仰は個人の問題とされ法の埒外に置かれるが、シャリーアは生活の全領域を包括する。シャリーアにおいては、利息を取ることは禁じられており、当事者の同意のうえの契約であっても無効となる。また儀礼的浄め、礼拝、斎戒などの宗教儀礼をも詳細に規定しており、趣味の領域に入るような音楽や絵画なども忌避や禁止の判断が与えられる。このシャリーアの包括性が、西洋近代法との第五の相違である。

イスラーム学の専門用語はできる限り、和訳し、必要なものに限り初出に（　）に原語を記したが、適切な訳語がないものは、アラビア語の原語をカタカナ表記し、仮訳を（　）に入れ、初出に訳注を入れた。特に頻出する語は、理解のうえでアラビア語の原語で記憶で翻訳を読み進められるよう、以下にキーワードとしてまとめた。

イスラーム学アラビア語キーワード

＊アフル・ズィンマ、ズィンミー（ahl al-dhimmah, dhimmī）：人頭税（ジズヤ）の支払いを引き換えにダール・イスラームにおける永代居住権が認められる庇護契約（dhimmah）をカリフと締結した異教徒。

＊アンサール（anṣār）：預言者ムハンマドとムハージルーンを迎え入れたマディーナ在地のムスリムたち。

＊イジュティハード（ijtihād）：語源的には、「力を尽くし努力すること」を意味する。法学の専門用語としては、クルアーン、ハディースに明文がない事象について自らの裁量で判断を下すことを指し、自ら考えることなくイジュティハードが可能な優れた法学者の見解に従う「タクリード」の対立概念。もはや新しいイジュティハードの余地はなく、すでに確立していたハナフィー派、マーリキー派、シャーフィイー派、ハンバリー派というスンナ派四大法学祖にタクリードしなければならない、との当時優勢であった風潮に反対し、イブン・タイミーヤはすべてのムスリムが能力に応じてイジュティハードをするべきであると説いた。

＊イジュマー（ijmāʻ）：原義は合意。イスラーム法学の専門用語としては、一世代のイスラーム学者のコンセンサスを意味し、クルアーン、ハディースに次ぐイスラーム法の第三法源とみなされる。

＊イマーム（imām）：原義は指導者。スンナ派四法学祖などの大学者もイマームの敬称で呼ばれる。イスラーム法学の専門用語では、礼拝の導師（イマーム・アスガル）、カリフ（イマーム・アクバル）を意味する。政治学の用語としてはカリフを指すが、シーア派の無謬の教主と区別するために、本書ではカ

リフと訳す。

＊ウィラーヤ（wilāyah）：動詞 waliya（近い）の動名詞。イスラーム法学では、親の子に対する、奴隷に対する主人の後見などの権能。カリフを筆頭とする公職はすべてそれぞれ固有のウィラーヤを有する。本書では、文脈に応じて、公職、職務、権威、後見職などと訳し分ける。

＊ウンマ（ummah）：原義は共同体、集団を意味する。イスラーム学のアラビア語文献の中で、定冠詞「アル（al）」を付して al-ummah といった場合は「ムスリム共同体」を意味する。

＊サダカ（ṣadaqah）、**ザカー**（zakāh）：「サダカ」の原義は「誠実」、「ザカー」は「増加」「浄化」であるが、クルアーン、ハディースでは、義務の浄財と、任意の喜捨の両意で互換的に用いられている。本書では（浄財）（喜捨）と（　）内に訳し分ける。

＊ジハード（jihād）：原義は力を尽くすことであるが、法学的には「イスラームの宣揚のための異教徒との戦い」を意味する。倫理学の「克己」の意味のジハード「大ジハード（jihād akbar）」との対比では法学上のジハードは「小ジハード（jihād aṣghar）」と呼ばれる。

＊ジャーヒリーヤ（jāhilīyah）：原義は「無知」。預言者ムハンマドがイスラームの宣教を始める前の多神教を信じていたアラブの「無明時代」を指す。

＊シャリーア（sharīʻah, sharʻ）：アッラーから預言者に授けられた天啓法。定冠詞「アル（al）」を付して al-sharīʻah, al-sharʻといった場合、最後の預言者ムハンマドが授かった天啓法を意味する。イスラーム法と訳されることが多いが、現代の法律と違い、道徳や神や来世や歴史なども含む。

＊スルタン（sulṭān）：クルアーンでは抽象的な「権威」を意味したが、セルジューク朝初代君主トゥグリル・ベク（一〇六三年没）がアッバース朝カリフから正式にスルタンに任命されて以来、イスラーム世界における権力者の称号として定着する。

＊スンナ（sunnah）、**ハディース**（ḥadīth）：字義的には慣行を意味する。イスラーム学の用語では、預言者ムハンマドの言葉、行為、他人の行動の承認（iqrār）を併せてスンナ、その記録をハディースと呼ぶ。ハディースはクルアーンに次ぐ第二聖典であり、また第二法源となっている。

スンナ派ではブハーリー（八七〇年没）、ムスリム（八七五年没）、アブー・ダーウード（八八八年没）、ティルミズィー（八九二年没）、イブン・マージャ（八九六年没）、ナサーイー（九一五年没）が編集した預言者の言行録「六書」が権威あるものとして認められている。特に『ブハーリーの正伝集（Ṣaḥīḥ al-Bukhārī）』、『ムスリムの正伝集（Ṣaḥīḥ Muslim）』は「両正伝集（al-Ṣaḥīḥān）」と呼ばれ、もっとも信憑性の高い言行録とされている。

＊ハッド（ḥadd, ḥudūd）：字義的には「境界」を意味するが、イスラーム法学では、クルアーン、スンナに罰則が明記されている刑を「ハッド（法定刑）」と呼ぶ。複数形の「フドゥード」が用いられることも

多いが、本書では「ハッド」で統一する。

＊ハラーム（ḥarām）、**ハラール**（ḥalāl）：イスラーム法は人間の行為を、①行わなければ来世での罰に値する行為、「義務（ワージブ、ファルド）」、②行わなくとも罰せられないが、行うと来世での報賞に値する「推奨（マンドゥーブ、ムスタハッブ）」、③行っても行わなくとも罰も報賞もない「許容（ムバーフ、ハラール）」、④行っても罰はないが行わなければ報賞に値する「忌避（マクルーフ）」、⑤行うと来世での懲罰に値する「禁止（ハラーム）」の五つの範疇に分ける。法学的には「ハラーム」は、禁じられた行為を指すが、一般に酒や豚など遠ざけられるべき禁じられた物もハラームと呼ばれ、「ハラール」は一般的に「ハラーム」の対義語で「許された事物」を指す。

＊ビドア（bidʻah）：原義は「新奇に作られたもの」であるが、イスラーム学の専門用語としては、クルアーン、スンナになく後世になって拵えられた教義上の新説や宗教行事などを意味する。ビドアは原則的にすべて疑わしいもの、いかがわしいものとされ、「異端」に近いニュアンスを帯びている。特にイブン・タイミーヤとその流れをくむサラフィー主義者は、ビドアを厳しく排斥したことで知られている。

＊ファイ（faiʼ）：「ファイ（還付）」は動詞「戻す（afāʼa）」に由来し、クルアーンでは戦闘によらず異教徒から得た収入を指したが［クルアーン第59章7節］、後に国家の雑収入一般を指すことになる。

郵便はがき

料金受取人払郵便

麹町支店承認

8043

差出有効期間
平成30年12月
9日まで

切手を貼らずに
お出しください

102-8790

102

［受取人］
東京都千代田区
飯田橋2－7－4

株式会社 作品社

営業部読者係 行

【書籍ご購入お申し込み欄】

お問い合わせ 作品社営業部
TEL 03(3262)9753／FAX 03(3262)9757

小社へ直接ご注文の場合は、このはがきでお申し込み下さい。宅急便でご自宅までお届けいたします。送料は冊数に関係なく300円（ただしご購入の金額が1500円以上の場合は無料）、手数料は一律230円です。お申し込みから一週間前後で宅配いたします。書籍代金（税込）、送料、手数料は、お届け時にお支払い下さい。

書名		定価 円	冊
書名		定価 円	冊
書名		定価 円	冊
お名前	TEL （ ）		
ご住所	〒		

フリガナ
お名前

男・女　　　歳

ご住所
〒

Eメール
アドレス

ご職業

ご購入図書名

●本書をお求めになった書店名	●本書を何でお知りになりましたか。
	イ　店頭で
	ロ　友人・知人の推薦
●ご購読の新聞・雑誌名	ハ　広告をみて（　　　　）
	ニ　書評・紹介記事をみて（　　　　）
	ホ　その他（　　　　）

●本書についてのご感想をお聞かせください。

ご購入ありがとうございました。このカードによる皆様のご意見は、今後の出版の貴重な資料として生かしていきたいと存じます。また、ご記入いただいたご住所、Eメールアドレスに、小社の出版物のご案内をさしあげることがあります。上記以外の目的で、お客様の個人情報を使用することはありません。

＊ムハージルーン（muhājirūn）：預言者ムハンマドのヒジュラ（聖遷）に付き従ってマッカからマディーナに移住したムスリムたち。

＊リバー（Ribā）：通常、「利息」と訳されるが、イスラーム法の「リバー」概念は所謂「利息」にあたる「後払いのリバー」だけでなく、重量と嵩で売買される同種のもの等量以外で売る「上乗せのリバー」を含む。また「リバー」の語は不等価交換一般に対して比喩的に用いられることもある。

＊ワクフ（waqf）：原義は「停止」であり、所有権を停止しアッラーに移すことを意味し、モスクやマドラサ（宗教学校）などの寄進財が「ワクフ」と呼ばれる。

【凡例】

人名に関しては初出で脚注に没年と場合によっては簡単な説明を記すが、文脈から預言者ムハンマドの弟子（教友）であることが明白である場合などは省略する。カリフは初出に（初代正統カリフ）、（ウマイヤ朝初代カリフ）のように付記する。

ハディースの集成者名は通称を記す。「ムスリム」は「ムスリム・ブン・ハッジャージュ」、「アフマド」はハンバリー派法学祖「アフマド・ブン・ハンバル」を指している。

アラビア語のカタカナ転写において定冠詞「アル」は原則として省略する。

イスラーム法は預言者ムハンマドに言及した時には、アッラーの祝福を祈ることを義務づけているため、原著でも預言者の名の後には「ṣallā Allāh ʿalai-hi wa-sallam（彼にアッラーの祝福と平安あれ）」などの祈願句が書き加えられているが、イスラーム法的に毎回述べる必要があるものではなく、一説では一生に一度述べればよいとも言われているため、拙訳では省略する。教友に対する「raḍiya Allāh ʿan-hu（アッラーが彼を嘉されますように）」もそれに準ずる。

「シャリーアに基づく政治」、「イスラームにおける行政監督」の原文には章節の見出しも目次もないが、『イブン・タイミーヤ著作集』は目次に章節の見出し、小見出しをつけている。そこで本書では、読者の便宜のために、本文を章節に分け、それぞれ見出し、小見出しをつけたが、それらはすべて訳者による付加である。

本書で引用したクルアーンの邦訳は、主に、中田考監修『日亜対訳　クルアーン』（作品社二〇一四年）である。引用箇所の章・節は［第●●章●●節］とした。

イブン・タイミーヤ政治論集

◆解説

何故、今、イブン・タイミーヤなのか？　277

シャリーアに基づく政治

慈悲あまねく慈愛深きアッラーの御名によりて

【序】

賞賛はアッラーに帰される。明証と導きを授けて使徒たちを遣わされ、人々が正義を行うようにと、彼らと共に啓典と（正邪を量る）秤を下され給うた御方。またアッラーは力に満ち、人々に益する鉄を授け給うたが、それはアッラーとその使徒を助けるのは誰であるかをひそかに知ろうとなされてのこと。まことにアッラーは強大にして威力ある御方。［第57章25節］ムハンマドをもって使徒の封印とされ、彼に導きと真の教えを授けてお遣わしになったが、それはイスラームの教えが他のすべての宗教に勝利するためである。［第9章33節］また権能（スルタン）をもって彼を支え給うた。その権能は導きと明証のための知識と筆の意味に、勝利と強化のための力と剣の意味を併せ持っている。

私は「アッラーただ御独り以外に神はない、彼にはいかなる同類もない。」との純金よりも純粋な信仰告白句を証言する。

ところで、本書は小論ではあるが、その中には支配者[1]と臣民[2]にとって不可欠であり、アッラーが忠誠を命じ給うた為政者[3]が必要とする神意に則る政治と預言的政治（al-iyālah al-nabawīyah[4]）のすべてが盛り込まれている。

預言者が、『ムスリムの正伝集』などが収録する多くの経路の確かな伝承において以下のように言われた通りである。「アッラーは汝らが次の三つのことを守ることを喜び給う。（第一に）彼を崇拝し何ものをも神の同類として配さないこと。（第二に）アッラーの絆に皆でしっかりとすがり分裂しないこと。（第三に）アッラーが汝らの統治を委任し給うた者に忠誠であること[5]。」

さて本書は以下のクルアーンの「指導者たちの節」と呼ばれる至高なるアッラーの御言葉に基づいている。

「まことにアッラーはおまえたちに信託物を持ち主に返すこと、また、人々の間を裁く時には公正に裁くことを命じ給う。まことにアッラーがおまえたちに訓戒し給うことのなんと良きことか。まことにアッラーはよく聴きよく見通し給う御方であらせられた。信仰する者たちよ、アッラーに従い、使徒とおまえたちのうち権威を持った者に従え。おまえたちがなにかで争った時にはその件をアッラーと使徒に戻せ。もしおまえたちがアッラーと最後の日を信じるならば。それは最も良く、最善な結末である。」

［第4章58〜59節］

学者たちは（この部分について）以下のように言っている。「第一の節は『統治を委任された者』について啓示されたものである。彼らは信託物を委託者に返し、人々の間を裁く時は公正に裁かなければならない。」

また第二の節は軍人など臣下の者たちについて下されたものである。臣民は戦利品の分配、裁判、戦闘などにおいて権威を行使する者に彼らがアッラーに背くことを命じたのでない限りは従わなければならない。しかしもし彼らがアッラーに背くことを命じたなら、創造主への反抗において被造物（に過ぎない為政者）に従ってはならない。また何かで争いが生じた時はアッラーの書（クルアーン）と使徒のスンナに照らして裁定しなければならない。もし為政者がそうしないならば、彼らが命じることでアッラーとその使徒への服従であることにのみ従え。なぜならばそうすることがアッラーとその使徒に従うことであり、アッラーとその使徒が命じられた通り、人々の正当な権利が彼らに返されるからである。至高者（アッラー）は仰せである。「互いに善行と畏怖のために助け合い、罪と無法のために助け合ってはならない。」［第5章2節］

クルアーンのこの節は信託物を正当な持主へ返すことと公正に裁くことを義務として定めている。これらの二つの原則は公正な政治と正しい統治のすべてを尽くしているのである。

▼1 「支配者（rāʿī）」の原義は「羊飼い」。

▼2 「臣下（raʿīyah）」の原義は「羊の群れ」。

▼3 為政者と訳した walī al-amr、複数形 wulāt al-umūr などの原義は「諸事の管理を委ねられた者」。

▼4 底本では「預言者的諸徴（Āyāt Nabawīyah）」となっているが、DAF版の「預言者的政治（iyālah nabawīyah）」を採用した。

▼5 底本の脚注では、『ムスリム正伝集』の「裁判の書」（10/1701）で、ジャリール、スハイル、その父経由でアブー・フライラが伝え、マーリクが『踏み均した道（al-Muwaṭṭaʾ）』の「言葉の書」でスハイル、その父経由でアブー・フライラが伝え、アフマドがハーリド、スハイル、その父経由でアブー・フライラが伝えるハディースと出典を詳述している。本訳注では当該ハディースを収録しているハディース集の編集者名のみを記す。

第1部

信託物の返還

第1章　諸職務

第1節　最適者の任用

信託物の返還には二種類ある。その第一は、後見的権威（wilāyāt）であり、それがこの節の降示の理由である。

預言者がマッカ（メッカ）を征服し、カアバ神殿の鍵をシャイバ族から引き渡された時、アッバース（預言者の叔父）は巡礼者への飲料水の販売権に加えて神殿の管理権をも手に入れようと、彼（預言者）にそれ（鍵）を求めた。そこでアッラーはこのクルアーンの節（指導者たちの節）を降示され、（預言者は）カアバ神殿の鍵をシャイバ族へ返還されたのである。為政者はムスリムたちに関わるいかなる仕事においても、その任務にもっとも適任であると思われる者をその職に任じなくてはならない。預言者は言われた。「何事であれムスリムたちの事柄に責任を負う者が、ムスリムたちにとってより適した人物がいるのを承知のうえで[1]、他の（それより劣った）者を任命するなら、アッラーとその使徒を裏切ったことになるのである。」[2]ハーキムが収録する正伝の別伝によると「ある集団に対して、その集団中により優れた者がいるのを知りつつ、別の者を任命する者は、アッラーとその使徒を裏切り信徒たちを裏切ったことになるのである。」もっとも一部の学者はこれが（第二代カリフ）ウマル・ブン・ハッターブの息子に対する言葉であり、（ウマルの息子）がそれを伝えたと述べている。またウマルも以下のように語っている。「何事であれムスリムたちの事柄に責任を負う者が、個人的感情あるいは血縁によって、誰かを任命したなら、彼はアッラーとその使徒そしてムスリムたちをも裏切ったのである。それが彼の義務なのである。」

それゆえ彼（為政者）には諸都市への彼の代官たちの中から諸職務に対する適任者たちを探すことが義務なのである。それは支配権を代行する総督たち、裁判官たち、軍の司令官たち、大小の軍将校たち、財務を担当する大臣たちや書記たち、監督官たち、地租（ハラージュ）やサダカ（浄財）やその他のムスリム全体の財産を管理する者たちなど。そしてこれらの者たちの誰もが、それぞれ見いだしうる最適任者を自らの代理に選び任用しなければならず、（この原則は）礼拝の導師、礼拝告知者、クルアーン読唱者、教師、巡礼の指揮者、駅逓官、「早飛脚」と呼ばれる密偵、公金の金庫番、砦の守備隊長、砦や都市の門衛を務める警備の者たち、大小の軍管区の代表者たち、部族や市場の世話役、「ディフカーン」と呼ばれる村の長たちなどにいたる（まで適用されるのである）。

それゆえ何事であれムスリムたちの事柄に責任を負うこういった人々であれ他の誰であれ、どのような分野であれ自分の管轄下にあるすべての職場においてそれが可能な者の中から、最適任者を任用しなければならない。また自ら公職を求めたり、あるいは早くからその職を欲しがっていたりしたような者

▼1 クルトゥビー（クルアーン注釈学者、マーリキー派法学者、一二七三年没）。
▼2 ハーキム（ハディース学者、一〇一四年没）

を優先して任用してはならない。むしろ、それはそのような人物を選ぶことを思い止まるべき理由なのである。なぜならば両『正伝集』[▼3]に収められた預言者からの伝承に以下のようにあるからである。「ある一団の人々が預言者の許にやって来て公職につけてくれるように頼んだところ預言者は『私たちは私たちの事柄を自分から公職を求める者には任用しない。』」

　また預言者はアブドゥッラフマーン・ブン・サムラに向かって「アブドゥッラフマーンよ、決して指導者の地位を求めてはならない。もしあなた自ら求めたのでなく、（人々から頼まれて）任用されたのなら、あなたは（人々から）援助されるだろう。しかし自ら求めてそれを手に入れたのなら、あなたは（一人ですべての職責を）負わせられるだろう。」と言われた。両『正伝集』がこれを伝えている。

　また預言者は以下のようにも語られた。「裁判官の地位を求め、他人にもそれを頼みこむ者は（一人ですべての職責を）負わせられることになる。しかしその地位を自ら求めず、人にも頼まない者にはアッラーが彼を助ける天使を下し給う。」これもスンナ集成者が伝えている。[▼4]

　それゆえ血縁、（解放奴隷と元の主人の間の）庇護関係、友情、同郷の誼み、同じ法学派、スーフィー教団への所属、またアラブ人、ペルシャ人、トルコ人、ギリシャ人などといった民族の同一性、あるいは金銭や便宜供与による賄賂などさまざまな理由によるか、あるいは（逆に）最適任者への個人的な嫌悪の情や敵対関係などによって、もっとも相応しい適任者をさしおいて別の者を選んだならば、彼はアッラーとその使徒そして信徒たちをも裏切ったことになる。そして至高者の以下の御言葉により禁じられていること（罪）を犯すことになるのである。「信仰する者たちよ、アッラーと信徒を裏切ってはならない。また知っていながら信託物を裏切ることも（ならない）。おまえたちの財産と子供たちは試練であり、アッラーの御許には大いなる報酬があると知れ。」［第8章27～28節］

人は情愛によって自分の子供や解放奴隷を優先的に公職につけたり、分不相応なものを与えたりしがちであるが、その時彼は自分に対する信頼を裏切っているのである。また（不正に）金を受け取り、自分の富を守り殖やしたり、あるいは追従を言う者をひいきして（相応しからぬ人物を）公職につけたりする者も同様にアッラーとその使徒を裏切り信託物に対する背信行為をはたらいているのである。

自己の欲望を抑えて信託に応える者をアッラーは強め給い、またその家族と財産をお護りになるのである。一方自己の欲望に従う者に対しては、アッラーはその意図をくじくことにより罰をお与えになり、またその家族を卑しめ、富を滅し給うのである。これについては有名な逸話がある。

アッバース朝のあるカリフが、さる学者に知っている話をしてくれるよう頼んだ。するとその学者は応えて言った。「私はウマル・ブン・アブドゥルアズィーズ（ウマイヤ朝第八代カリフ、七二〇年没）に生前に会うことがありました。死病の床にあってウマルにある人が言いました。『信徒たちの長よ、あなたにはこれだけの富があるにもかかわらず、子供たちを食事にも事欠くままに放置し、今また彼らを無一物のままに残して先立とうとしておいでです。』すると彼は答えました。『子供たちを私の許に連れてきなさい。』そこで人々が彼の子供たちを連れてきましたが、十数人で皆男子でしたが成年に達している者は一人もいませんでした。彼らを見てウマル・ブン・アブドゥルアズィーズの目には涙が溢れ、言いました。『息子たちよ。アッラーにかけて、私が人々の富を奪いそれをお前たちに分け与えなかったか

▼3　両『正伝集（al-Ṣaḥīḥāni）』とはブハーリー（八七〇没）とムスリム（イブン・ハッジャージュ）（八五七没）は共に『正伝集（Ṣaḥīḥ）』というタイトルのハディース集成を著した。両者の『正伝集』をあわせて両『正伝集』と呼び、スンナ派でもっとも信頼できるハディース集とされる。

▼4　アブー・ダーウード、イブン・マージャ。

らといって、決して私はお前たちの権利を奪ったというわけではない。お前たちは義人であるか、そうでないかの二つのうちどちらかだが、義人は（もし義人であるなら、私が富を残さなくとも）アッラーが後見となり給うし、義人でなければ、そんな者にはアッラーに背くことに使う富を私は残すわけにはいかないのだ。さあ私の許から立ち去るがよい。』」学者は続けて言った。「私はまた、彼の息子の一人がアッラーの道（ジハード）のために百頭の馬を捧げたのを、つまり騎士たちに与えたのを知っている。」（学者が続けて言うには）「私が言いたいのは、これが東の端のトルコの地から西のはてはアンダルス（スペイン）にいたるまでの、またキプロス島やタルスースなどシリアの辺境や沿岸の地方からイエメンのはてにいたるまでの（領土を治めた）ムスリムたちのカリフ（の態度）であったということだ。彼の息子はそれぞれ彼の遺産から、一説によると二十ディルハムにも満たない、僅かな額を相続しただけだった。」また（学者は続けて）言った。「また一方私が会ったことのあるあるカリフは、子供たちが遺産を分けたら、一人につき六十万ディーナールもの相続を受けたにもかかわらず、そのうちの幾人かは人々に手を伸ばす――つまり物乞いをする――ところまで落ちぶれたのを私は見た。」

今日でもなお見られるし、過去についても聞かれたようなこうした出来事や逸話には、思慮ある者すべてに対する教訓が秘められている。

すでに述べたようにアッラーの使徒のスンナは、ムスリム[5]が伝える指導権（imārah）についてのアブー・ザッルに向かっての彼（預言者）の言葉「それは信託物である。それは復活の日には、正当な権利をもってそれを受け、そしてそれを正当な権利者に返した者以外には、悲嘆と後悔の種となるであろう。」のように、公職がどのような地位であれ正当な持主に返還されるべき信託物であることを示している。またブハーリー（八七〇年没）も彼の『正伝集』の中でアブー・フライラから、以下のように伝えている。「預言者が言われた。『信託物が蕩尽されるようになったなら、（最後の審判の）時は近づいたと覚悟せよ。』誰かが尋ねた。『「蕩尽」とはどういう意味なのですか。』預言者は答えられた。『つまりそれ（信託物）が本来の所有者以外の手によって勝手に処分される時代になったなら、時は近づいたと覚悟せよ、ということなのである。』」

このこと（信託物の正しい管理）の意味するところについては、ムスリムたちの間ではイジュマー[6]が成立している。つまり孤児の後見人、ワクフ[7]（寄進）管理人、他人の資産の受託者といった者は、それを最良、次いで次善のやりかたで処分しなければならない。なぜならアッラーが「孤児の財産には、彼が壮年（三十―四十歳）に達する（行為能力者となる）まではより良いものによってしか近づいてはならない。」［第17章34節］と仰せになっており、「よいこと（ḥasana）でない限り」とは仰せでない通りなのである。これはなぜかと言えば、統治者とは人々に対しては家畜の面倒をみる牧者と同じ立場だからである。預言者が以下のように言われている通りである。「あなた方はみな牧者である。あなた方はみな各自の家畜に責任がある。指導者（imām：カリフ）は人々の牧者である。彼は自分の家畜である人々に責任がある。主婦は夫の家の牧者であり、彼女は自分の家畜である家のことに責任がある。息子は父の財の牧者であ

▼5　ハディース学の分野でムスリムといえば、ブハーリーに次ぐ権威ムスリム・ブン・ハッジャージュ（八七五年没）を指す。

▼6　「イジュマー（ijmāʾ）」の原義は「合意」。イスラーム法学の専門用語としては、一世代のイスラーム学者のコンセンサスを意味し、クルアーン、ハディースに次ぐイスラーム法の第三法源とみなされる。イブン・タイミーヤは、法学の専門用語としての一世代の学者の合意としてのイジュマーの法源性を否定したことで知られる。

▼7　「ワクフ（waqf）」の原義は「停止」であり、所有権を停止しアッラーに移すことを意味し、モスクやマドラサ（宗教学校）などの寄進財が「ワクフ」と呼ばれる。

る。彼は自分の家畜に責任がある。奴隷は主人の財の牧者であり、彼も自分の家畜に責任がある。まことにお前たちはみな牧者であり、各自の家畜に責任を負っているのである。」両『正伝集』がこのハディースを伝えている。また預言者は言われた。「神が家畜（臣民）を託した牧者（為政者）が、その家畜（臣民）を欺いたまま、ある日死んだとしたら、アッラーは彼が天国の香りをかぐことを禁じ給う。」これはムスリムの伝えるハディースである。

ある時アブー・ムスリム・ハウラーニーが（ウマイヤ朝初代カリフ）ムアーウィヤ・ブン・スフヤーンのところにやってきた。アブー・ムスリムがムアーウィヤに（挨拶をして）言った。「雇われ人（アジール）よ、汝に平安あれ。」すると（周囲の）人々が彼を（たしなめて）言った。「『アミール（amir（「アミール・ムゥミニーン（信徒たちの長）」、カリフのこと））よ、あなたに平安がありますように』と言いなさい。」しかしまたアブー・ムスリムは言った。「雇われ人よ、汝に平安あれ。」また人々が言った。「『アミールよ、あなたに平安がありますように』と言いなさい。」しかしアブー・ムスリムは言った。「雇われ人よ、汝に平安あれ。」また人々は言った。「『アミールよ、あなたに平安がありますように』と言いなさい。」その時ムアーウィヤが言った。「アブー・ムスリムを放っておけ。彼は自分の言っていることがよくわかっているのだ。」アブー・ムスリムは言った。「あなたはこの羊の群れの主人がその世話のために雇った雇われ人に過ぎない。それゆえあなたが皮膚病にかかった羊の患部にタールを塗り、病気の羊に薬をやり、強い羊が弱い羊をいじめないように抑えたならば、羊の主人はあなたに十分な報酬を払ってくれるだろう。しかし、もしあなたが皮膚病にかかった羊の患部にタールを塗らず、病気の羊に薬をやらず、強い羊が弱い羊をいじめないよう抑えもしないなら、羊の主人はあなたを罰するであろう。」

この教訓は明白である。被造物（khalq）である人間はアッラーの僕《しもべ》であり、為政者はアッラーの僕に対する彼の代理人（nawwāb）なのである。ただし彼はあくまでも僕《しもべ》同士の中での代行人（wakīl）に過ぎない。つまり、共同経営者の一人の他のパートナーたちの関係に等しい、という意味なのである。それゆえ為政者には代理後見（wilāyah）と代行（wikālah）の属性があることになる。

もし後見（管財）人（wālī）、あるいは代理人が、自分の仕事において商売あるいは不動産取引などにおいてより有能な者がいるのを知っていながら、別の者を代理人に選んだり、商品をより高い値で買おうという客がいるのを知りつつ、別の客に安い値で売ったりすれば、彼はその主人を裏切っているのである。とりわけ雇った者や売った客との間に友情関係、血縁関係があった場合はそうなのである。その時主人は彼（代理人）が、主人を裏切って、親戚や友人に便宜を図ったとして、彼に対して怒り、非難することになるであろう。

第2節　次善者の任用

以上のことが理解されたとしても、為政者の周りに公職に最適な者が見当たらない場合には最適の人材以外は採用してはならないというわけではない。その時はどの職務においてもその職分に応じて順当と思われる次善者（amthal）を順に選ぶ。

その際、十分なイジュティハード▼8（熟考）をしたうえで、ある公職のためにそれに適した次善者を任用したのであれば、その後でその彼（為政者自身）に直接起因しないなんらかの理由で事態が悪化したとしても、彼にはそれ以外にできることがなかった以上、彼は信託を遂行しその義務を果たしたことになり、その任務においてアッラーの御許でも公正な正義の為政者の一人に数えられるのである。

なぜならばアッラーも「出来る限りアッラーを畏れ身を守れ。」〔第64章16節〕と仰せになっているからである。「アッラーは誰にもその器量以上のものは負わせ給わない。」〔第2章286節〕とも仰せになった。ジハード▼9についても、「それゆえ、アッラーの道において戦え。おまえに課せられたのはお前自身だけである。それゆえ、信仰者たちを励ませ。」〔第4章84節〕と仰せになっている。「信仰する者たちよ、おまえたちにはおまえたち自身に対して（責任が課されている）。おまえたちが導かれたなら、迷った者はおまえたちに害をなすことはない。」〔第5章105節〕と仰せになっているのであるが、自分の能力の範囲内の義務を果たす者は、正しく導かれているのである。また預言者も言われている。「もし私が汝らに何かを命じたなら、そのうちのできることだけを果たせ。」両『正伝集』がこのハディースを伝えている。しかしその者が必要でもないのに（断れない）弱さからとか、背任から（次善者を任用したの）であれば、そのことは罰せられる。なぜならどの職務においてもそれにもっとも相応しい者を捜すことが本来の義務だからである。

公職には二つの柱がある。すなわち力（qūwah）と信頼性（amānah）である。至高者も仰せである。「あなたが雇った者の最良の者は強健で誠実な者です。」〔第28章26節〕また、エジプトの支配者もユースフ（ヨセフ）に、「今日、おまえはわれらの許で有力者、信任厚い者となる。」〔第12章54節〕と言い、至高者もジブリール（ガブリエル）の属性について「まことに、それ（クルアーン）は高貴な使徒（天使ジブリール）の言葉であり、力を持ち、高御座の持ち主（アッラー）の御許に場を占め、そこ（その場）で（他の天使たちに）従われ、信頼された者。」〔第81章19～21節〕と仰せになっている。

力は公職によってそれぞれに応じたものがある。たとえば戦争の司令官の力とは、勇敢さ、戦争の技術、戦闘における狡猾さ、なぜならば戦争とは狡猾さであるから、また弓を射ること、槍で突くこと、剣で撃つこと、騎乗、攻撃、撤退などの戦闘の種類に応じた能力に帰着するのである。至高なるアッラーも「できる限りの力と馬の綱を備えよ。」〔第8章60節〕と仰せになっており、預言者も以下のように言われている。「弓を射、馬を駆れ。ただし汝らが弓を射ることができる方が、馬に乗れるより、私には好ましい。弓を習ったけれどあとでそれを忘れるような者は我々の仲間ではない。」別伝では「それは恩寵であるのに、彼はそれをないがしろにしているのである。」となっている。これはムスリムが伝えている。

また人々の間を裁定する力はクルアーンとスンナが教える正義が何であるかを知る力と裁定を実行に移す能力に帰着するのである。

信頼性とは神に対する畏怖の念、アッラーの徴《しるし》を安値で売買しないこと、人間を（アッラーに対するのと同じように）畏怖しないことに帰着する。これらの三点は人間に対するすべての定めに関してアッラーが至高者の以下の御言葉の中で挙げ給われているところである。「それゆえ人々を懼れず、われを懼れよ。そして、われの徴とひきかえにわずかな代価を得てはならない。アッラーが下し給うたもので裁か

▼8 「イジュティハード」とは、語源的には、「力を尽くし努力すること」を指すが、法学の専門用語としては、クルアーン、ハディースに明文がない事象について自らの裁量で判断を下すことを指し、自ら考えることなくイジュティハードが可能な優れた法学者の見解に従う「タクリード」の対立概念。イブン・タイミーヤは、もはや新しいイジュティハードの余地はなく、すでに確立していたハナフィー派、マーリキー派、シャーフィイー派、ハンバリー派というスンナ派四大法学祖にタクリードしなければならない、との当時優勢であった風潮に反対し、すべてのムスリムが能力に応じてイジュティハードをするべきであると説いた。

▼9 「ジハード」の原義は力を尽くすことであるが、法学的には「イスラームの宣揚のための異教徒との戦い」を意味する。なお、「ジハード」の語根j-h-dは「イジュティハード」の語根と共通である。

ない者、それらの者こそは不信仰者たちである。」〔第5章44節〕それゆえ預言者も言われている。「三人のカーディー（qādī，裁判官）がいる。そのうち二人は地獄に落ち、一人だけが天国に入る。真実を知っているにもかかわらずそれに背く判決を下す者は地獄に落ちる。真実を知りかつそれに従って裁く者だけが天国に入る。[11]」スンナ集成者たち[10]がこれを伝えている。ここでいう「カーディー」とは（上は）カリフから、スルタン、代官、総督、法により裁く職についている者とその代理人、（下は）子供の習字の（コンテストの）審判にいたるまで、二人（以上）の人間の間を裁定する者すべてを指す名称なのである。これは明白なことであり、アッラーの使徒の教友たちもそのように述べている。

第3節　力と誠実さを兼ね備えることが稀であること

人が力と誠実さを併せ持つことは稀である。それゆえウマルはいつも「アッラーよ、邪悪な者が強く、正直者が弱いことをあなたに向かって嘆きます」と言っていたのである。

いかなる公職においても、それに応じた最適者を選ぶことが義務である。それゆえもし二人の男にまで特定され、一人が誠実さにおいて優れ、他方が力において勝っていた場合、当該の職務を行ううえで益が多く害が少ないと思われる方が任用されなくてはならない。つまり軍務の場合にはたとえ堕落した男であっても強く勇敢な方を、信頼はできても弱く無能な者に優先して採用しなくてはならないのである。アフマド・ブン・ハンバル師[12]も、強くて堕落したのと誠実で弱い二人の将軍について、どちらと共に戦闘に参加すべきかと尋ねられ、「強くて邪悪な将軍については、その強さによって益を受けるのはムスリム（全体）であり、堕落の責めは彼自身が負わされるのである。一方誠実で弱い将軍についてはその正しい行いは彼自身の益としかならず、彼の弱さによってムスリム（全体）が害を受けるのである。それゆえ堕落していても強い方の将軍について戦うべきである。」と答えた。また預言者も言われた。「まことにアッラーは邪悪な者によってこの教えを守らせ給う（ことがある）。」また別伝によると「道義心のない徒党によって」となっている。[13] 彼が堕落していなかったなら、宗教的に見れば彼より敬虔であっても軍務においては彼の代わりを務められない者よりその任に向いている。

　預言者が、ハーリド・ブン・ワリード[14]がイスラームに改宗して以来、彼が時に預言者の禁じた行為を犯し、彼をして天に手を差し延べ「おおアッラーよ、ハーリドが行ったことについて私はあなたの御前で責任を負えません。[15]」と言わしめるほどであったにもかかわらず、彼を将軍に任命し続け、「ハーリドはアッラーが多神教徒に対して抜きはなれた剣である。」と言われたのである。[16] 彼がジャジーマ族に派遣された時、ハーリドは、許可されていなかったにもかかわらずそこの住民を殺害し疑わしいやり方で財産を着服したため、彼と共にいた一部の教友たちは、彼のそのような行為を非難した。預言者も、彼ら

▼10 「スンナ集成者（ahl al-sunan）」とは、ブハーリーとムスリムの両『正伝集』と並んで権威あるハディース集である四大『スンナ集成』の編集者ナサーイー、ティルミズィー、ティルミズィー、イブン・マージャなどのハディース集成者を指す。

▼11 「権威」を意味するが、セルジューク朝以降、国家支配者の称号として用いられるようになる。

▼12 ハディース学者、ハンバリー法学祖、八五五年没。

▼13 ブハーリー、ムスリム。

▼14 「アッラーの剣」の異名をとった名将。

▼15 ブハーリー。

▼16 ティルミズィー、アフマド・ブン・ハンバル。

（殺されたジャジーマ族）の血の代償金を支払い、（ハーリドに奪われた）財産の弁償をしたのである。しかしそれにもかかわらず（預言者は）彼（ハーリド）を将軍職に置き続けたのであるが、それは彼が勝手な解釈で勝手なことをしでかすことがあったとしても、こと軍事に関する限り彼が他の者より優れていたからである。

アブー・ザッルは誠実さと信頼性においては、ハーリドより上であったのだが、それにもかかわらず預言者は彼に言われたのである。「アブー・ザッルよ、お前は弱い。私はお前のことを自分のことのように愛しているから言うのだが、たとえ（わずか）二人の人間といえども指揮してはならないし、孤児の財産を管理してはならない。」これはムスリムが伝えているところである。預言者は「天の下、地の上に、語ることにおいて、アブー・ザッルより正直な者は居ない。[17]」と言われているにもかかわらず、アブー・ザッルが弱かったために、彼に指揮官あるいは後見人の地位につくことを禁じられたのである。

ある時預言者はザート・サラーシルの戦い[18]において、より優れた者をさし置いて、アムル・ブン・アースを派遣されたが、それは彼（アムル・ブン・アース）の（その地の住民の中の）親戚の縁故に期待してのことであった。また預言者がウサーマ・ブン・ザイドを指揮官に任じたのは（ウサーマの）父の復讐をさせるためだったのである。

このように預言者は知識と信仰において他により優れた者がいる場合でも、より有益であるなら、別の者を司令官に任命なさることがあった。

アッラーの使徒の後継者（初代カリフ）アブー・バクルも、ハーリドが勝手な判断で失政を演じたにもかかわらず、彼を「背教（リッダ）戦争[19]」、そしてイラクとシリアの征服戦争の司令官として使い続けた。アブー・バクルがハーリドの私欲（に由来する失政）の報告を聞いても、彼が留任することからの益の方が害より多く、彼の代わりを務める人材がいなかったため、それによって彼を解任することはなく、むしろその失態を咎めるを止めたのである。

上に立つ指導者の性格が穏健な場合には（釣り合いをとるために）その副官は気性の激しい者の方がよく、指導者が激しい気性の持主であれば副官は穏健である方がよい。それゆえ「篤信者」アブー・バクルはハーリドを代理として派遣することを選んだが、（第二代カリフ）ウマルはハーリドを解任しアブー・ウバイダ・ブン・ジャッラーフを副官に任命したのである。なぜならばハーリドはウマルと同じく激しい気性であり、アブー・ウバイダはアブー・バクルと同じく穏健な性格であったからである。アブー・バクルとウマルの両人にとって彼らの副官任用の選択は、中庸を図り、「私は慈悲の預言者であると同時に血戦の預言者である。」[20]とか「私は豪放磊落な戦士である。」と語られ[21]中庸であられたアッラーの使徒の後継者となるにあたって最善であったのである。

預言者のウンマ（共同体）[22]もまた中庸のウンマであった。至高なるアッラーは彼ら（ウンマの人々）について、「彼（ムハンマド）と共にいる者たちは不信仰者たちには峻厳で、彼らの間では慈悲深い。」［第44章

▼17　ティルミズィー、イブン・マージャ。
▼18　六二九年にムスリム軍とクダーア族との間に起きた戦い。
▼19　預言者ムハンマドの死後、後継者（カリフ）アブー・バクルに浄財（ザカー）の支払いを拒み離反したアラブ遊牧民、ムサイリマなどの偽預言者との戦争をリッダ戦争と総称する。
▼20　アフマド・ブン・ハンバル。
▼21　イブン・カスィール（ハディース学者、歴史学者、一三七三年没）、ザハビー（ハディース学者、歴史学者、一三四八年没）。預言者ムハンマドの言葉ではなく、教友イブン・アッバースの言葉であるとも言われる。
▼22　ウンマは「共同体」を意味するが、定冠詞「アル」を付した「アル＝ウンマ（al-ummah）」はムスリム共同体を意味する。

29節］と仰せである。また至高者は「信仰者たちには謙虚で、不信仰者たちには峻厳」［第5章54節］とも仰せになっている。

そしてアブー・バクルとウマルは指導者となるとその統治において（補いあって）完全なものとなった。預言者が生前に「私の後に続くアブー・バクルとウマルに倣え」と言われたように[23]、アブー・バクルの場合は柔和、ウマルの場合は峻厳と両極端に傾きがちであったのが矯正されてバランスのとれたものとなったのである。「リッダ（背教）戦争」その他においてアブー・バクルの心にはウマルをはじめすべての教友たちを凌ぐ勇気が現れたのである。

公金の管理など、信頼がより重視されるべき職務においては信頼すべき人物が優先されるべきである。財の徴収や管理にも力と誠実さが必要である。つまりその徴収には力で当たる強く厳しい者を当て、その管理は経験と誠実さで当たる信頼すべき人物に任せるのがよいのである。軍務においてもそれは同じで司令官が学者やイスラームの教えに通じた者の意見を求めるなら、二つのよいことを統合することになるのである。同様にすべての公職において、もし一人の手によって公益が達成されないのであれば、多くの人の手を借りればよいのである。一人の完璧な者によってすべてがまかなわれない場合は、最適任者を登用するか、任務を複数で分担させねばならないのである。

司法の仕事においては、学識があり、敬虔さで優れていて、実行力のある人物が優先されるべきである。裁くべき事柄ははっきりしているが、個人的な利害がからむ恐れがあるといった場合には敬虔な方が選ばれ、複雑な事件で誤審の恐れがある場合には学識が深い方が選ばれるべきであろう。預言者から伝えられたハディースにも「アッラーは難事件にあっては透徹した洞察を愛され、私欲（の誘惑）に際しては冷静な判断力を愛で給う。」とある[24]。裁判官が軍司令官や民衆の全面的支持を得ている場合には学識のある者や敬虔な者が実行力のある者に優先して任用されるべきである。しかし裁判において裁判官の権力と（人々の）協力が学識と敬虔の卓越より必要である場合は、より実効力のある者が任用されるべきである。一般的に裁判官は学識があり公正で有能でなければならない。いやそれはムスリムの公職すべてについて当てはまるのである。これらの資質のどの一つでも欠けたなら、それによって問題が生じることになる。

実行力とは、威力と威嚇によるものか、あるいは親切と報賞を期待させることによるが、実際にはそのどちらも必要である。

ある学者が質問を受けた「裁判の任につく者が、堕落した学者か、信心深い無学な者しか見いだすことができなかった場合、どちらを選ぶべきでしょうか。」学者は答えた。「腐敗がひどくて、信仰がより求められている場合には信心深い者が選ばれるべきである。裁判の論点が難解で、（法の）知識の必要が大きい場合は、（法学の）学識者が任用されるべきである。」

学者の多くは信仰心の持主を優先している。（司法の）任務を負う者は、証言の条件である公正であることが必要である、という点では学匠（イマーム）たちは合意している。しかし学識を条件とすることについては、(1)ムジュタヒド（イジュティハードができる者）である必要があるのか、(2)ムカッリド（盲従者）[25]でも構わないのか、(3)あるいは次善の者を順次選ぶ必要があるのか、またいかにしてそれが可能である

▼23 ティルミズィー。
▼24 クダーイー（歴史学者、シャーフィイー派法学者、一〇六二年没）、バイハキー（ハディース学者、シャーフィイー派法学者、一〇六六年没）。
▼25 イジュティハードをする能力がなくムジュタヒドに盲従する一般学徒。

かについて三説に分かれている。この点については他の場所ですでに論じた。

しかしやむをえない場合には、有資格者でなくとも、目についた中で最善の者を任用することが認められるが、その間にも、人々にとって不可欠な公務や軍務などが全うされるように、事態の改善に努めなければならない。それはちょうど債務返済において貧しい者には、その時点で（支払いが）可能な額しか請求されないとしても、（負債を急いで返済する）努力をしなければならないのと同じく、またジハードに関しても弱体ゆえに当面その義務が免除されている時にも、兵力と騎馬を備えなければならないのと同じである。それを欠いては義務を果たすことのできないことは（それ自体もまた）義務なのである。ただしそれは巡礼の条件となっている（実際に巡礼に出かけることができる）能力などとは違うのである。なぜならその場合そのような能力を得ること自体が義務づけられているわけではないからである。なぜならばその（場合の）義務はそれ（能力）があって初めて生じるからである。

第4節　最適任者の発見の方法

この節でもっとも重要なのは最適任者を知ることにあるが、それは統治の目的とその目的にいたる手段を知らずにはできない。目的と手段が共に知られれば問題は解決するのである。それゆえ王たちの多くは宗教ではなく現世的な目的をより強く持っているので、彼らの統治においてその目的のために彼を助ける者を採用する。また自分自身の出世を目指す者は彼の出世を助ける者を優先的に登用するのである。

スンナでは金曜の集合礼拝や（日々の日課の）集団礼拝で信徒たちを率い、説教を行った者が、軍隊に対する権力者の代理人となる軍司令官となったのである。それゆえ預言者がアブー・バクルに礼拝の先導を任された時、ムスリムたちも軍隊の指揮やその他の事柄についても彼を（指導者に）選んだのである。

預言者が戦争で誰かを司令官として派遣した時は、その者に部下のための礼拝の導師をも務めさせられたのである。それは預言者が都市に総督（ʿāmil）を派遣された時も同じであった。アッターブ・ブン・ウサイドをマッカの、ウスマーン・ブン・アビー・アースをターイフの、アリー（後の第四代カリフ）とムアーズ（ブン・ジャバル）とアブー・ムーサーをイエメンの、アムル・ブン・ハズムをナジュラーンの総督として派遣された時、彼らはそれぞれの町で軍司令官として行うべきハッドの執行やその他のことを行うと同時に彼ら（住民たち）のために礼拝の導師も務めたのである。預言者の後を継いだカリフたちや、彼らに続いたウマイヤ朝とアッバース朝の王たち（カリフたち）もそれに倣ったのである。それは宗教においてもっとも重要な事柄は礼拝とジハードだからである。それゆえ預言者から伝わる伝承の多くが、礼拝とジハードに関連しているのである。預言者は病人を訪れた時「おおアッラーよ、あなたの僕《しもべ》を癒し給え、彼はあなたのために礼拝に出席し、あなたのために敵を殺傷するでしょう。」と祈られるのが常であった。[26] また、預言者はムアーズをイエメンに派遣された時に、「ムアーズよ、私にとって、あなたの任務において、もっとも重要なのは礼拝である」と言われた。[27]（カリフ）ウマルもまたその部下の役人たちに、常々こう以下のように書き送っていた。「私にとって、あなたの任務においてもっとも重要なのは礼拝である。それに留意してよく（礼拝の務めを）守る者は宗

▼26 アブー・ダーウード、アフマド・ブン・ハンバル。
▼27 出典不明。

教[28]を護ることになる。それを怠る者は彼の仕事においてはさらに怠慢であろう。」」

それは預言者が「礼拝は宗教の柱である。[29]」と言われた通りである。もし為政者が、宗教の柱（礼拝）を確立するならば、礼拝は醜行、悪行を防ぎ、また他の（アッラーへの）服従の助けともなるのである。至高なる神も仰せになっている。「忍耐と礼拝に助けを求めよ。だが、それは謙る者たち以外には大儀である。」［第2章45節］また仰せである。「信仰する者たちよ、忍耐と礼拝に助けを求めよ。まことにアッラーは忍耐する者たちと共にあらせられる。」［第2章153節］またアッラーは預言者に以下のように仰せになった。「おまえの家族に礼拝を命じ、それに忍耐せよ。われらはおまえに糧を求めはしない。われらがおまえを養うのである。そして（良き）末路（楽園）は畏怖（アッラーを畏れ身を守る者）のためにある。」［第20章132節］また仰せである。「われが幽精《ジン》と人間を創ったのは（われらの命により）彼らがわれに仕える（ことの）ためにほかならなかった。われは彼らから糧など望まず、彼らがわれを食べさせることを望まない。まことに、アッラー、彼こそは豊かに糧を恵み給う、力を備えた、強固なる御方。」［第51章56～58節］

　諸々の公職において義務である目的は、それがなくなると明らかな害悪が生じ、この世において人々が享受しているさまざまなことも人々にとってなんの益もなさなくなるところのもの、すなわち宗教を正し、それなくしては宗教が立ち行くことがかなわない現世の事柄を正すことである。それは、権利を有する者たちに富を分配することと、無法者たちの懲罰の二種類である。無法をはたらかない者には、宗教も現世も改善されるのである。

　それゆえ（第二代正統カリフ）ウマルも常々以下のように言っていたのである。「私がお前たちに総督たちを遣すのは、ただお前たちに主の書（クルアーン）と預言者のスンナを教え、お前たちの間でお前たちの『ファイ（還付）[30]』を分配するためなのである。」

臣民たちがある点で逸脱し、また支配者たちも別な点で逸脱すれば、諸事に齟齬が生ずるが、支配者が能力の限り臣民の宗教と現世の生活の改善に尽くすなら、彼は同時代人の中でもっとも優れた者の一人となり、アッラーの道に戦うもっとも優れた戦士の一人となるのである。それゆえ「正義を行うイマーム（カリフ）の一日は、六十年の勤行にも勝る[31]」と言われるのである。また預言者は、「アッラーがもっとも愛で給う人間は正義を行うイマーム（カリフ）であり、もっとも憎み給う者は不正なイマーム（カリフ）である。」と言われたとアフマド・ブン・ハンバルの『遡及伝承集（ムスナド）』にある。また両『正伝集』の中で、アブー・フライラが伝えるところ、預言者は以下のように語られた。「アッラーの与え給う陰（日陰）をおいていかなる陰もない日、神は七人の男に陰を投げかけ給う。（その七人とは）正義を行うイマーム（カリフ）、神への信仰のうちに成長した若者、外に出ても戻って来る時までモスクのことが心から離れない者、アッラーのためにのみ付きあい、そのためにのみ別れる二人の男、ひとりアッラーを想い目に涙の溢れる者、地位と美を兼ね備えた婦人に誘惑された時に、『私は万世の主アッラーを畏れる』と言う者、隠れてサダカ（喜捨）をし、その左手が右手の払ったのを

▼28 イブン・タイミーヤの著作に限らず、イスラームの文献において「宗教（ディーン）」の語が定冠詞「アル」を付けて用いられる場合、宗教一般を指すのではなく、イスラームを指すのが通例である。

▼29 バイハキー、イラーキー（ハディース学者、シャーフィイー派法学者、一四〇四年没）。

▼30 「ファイ（還付）」は「戻す（afāʾa）」に由来し、クルアーンでは戦闘によらず異教徒から得た収入を指したが（クルアーン第59章7節）、後に国家の雑収入一般を指すことになる。

▼31 バイハキー、タバラーニー（ハディース学者、九七〇年没）。

知らない者である。」

また、ムスリムの『正伝集』によるとイヤード・ブン・ハンマードは「アッラーの使徒は言われた。『天国の住人は三人である。公正な支配者、すべての親戚とムスリムに対して優しく憐れみ深い者、裕福で気前よくサダカ（喜捨）をする者。』」またスンナ集成によると、預言者は「真に喜捨に勤しむ者は、アッラーの道におけるジハード戦士に等しい。」と語られたと伝えられる。また至高なるアッラーもジハードをお命じになり仰せになった。「そして彼らと戦え、迫害がなくなり、宗教がそっくりアッラーのものとなるまで。それで彼らが止めるなら、まことにアッラーは彼らのなすことを見通し給う御方。」［第8章39節］この節に関してある人が預言者に尋ねた。「アッラーの使徒よ、蛮勇により戦った場合、熱狂にかられて戦った場合、虚栄心から戦った場合のうち、どれがアッラーの道にかなっているのでしょうか。」これに対して預言者は言われた。「アッラーの言葉が至高のものとなるように戦った者こそがアッラーの道にかなっているのである。」このハディースは両『正伝集』が収録している。「宗教がそっくりアッラーのものとなる」、あるいは「アッラーの言葉が至高のものとなる」で意図されているもの、「アッラーの言葉」とは、アッラーの書（クルアーン）に述べられたすべての言葉を含む語なのである。

同じく至高なるアッラーは「確かにわれらは、諸々の明証と共にわれらの使徒たちを遣わし、人々が正義を行うようにと彼らと共に啓典と秤を下した。」［第5章25節］と仰せになっている。使徒の派遣と啓典の降示の目的は、アッラーの権利（フクーク）とその被造物の権利の双方において、人々が正義を行うことにあるのである。また至高なるアッラーは続けて仰せである。「われらは鉄を下したが、その中には強い力と人々への益がある。また、それは、アッラーが、誰が見えないままに彼（アッラー）と彼の使

徒たちを授けるかを知り給うためであった。」［第5章25節］

クルアーンを離れる者は鉄（鉄器、武器）によって矯正される。それゆえ宗教は書物と剣によって護持されるのである。ジャービル・ブン・アブドゥッラーから以下のように伝えられている。「アッラーの使徒は、これ、すなわち剣、によって、それ、すなわちクルアーン、を離れる者を撃てと我々に命じられた。」[32]

これが公職の目的であるならば、それによりかなったものから順に採用しなければならない。そして（選択の対象となっている）二人の人物のうちどちらがよりかなうかを判断し、目的にもっともかなう者が任命されるべきである。たとえば職務が礼拝の先導だけであるなら、預言者が「クルアーンの読唱にもっとも優れた者が人々の礼拝を先導する（べきである）。クルアーンの読唱に関して等しければスンナをもっともよく知る者を選べ。スンナ（の知識）についても同じであるならば、ヒジュラ（聖遷）のもっとも早かった者に。ヒジュラの順も等しければ、最年長の者が（先導する）。誰であれ、他の者の権威を侵して礼拝の導師を務めてはならない。他人の家ではその家の主人の許しを得ずにその威厳を損ねて上座に座ってはならない。」と言われて優先された者を優先すべきなのである。ムスリムがこれを伝えている。もし二人の人物がまったく優劣つけ難く、あるいはどちらが適任であるかわからないといった場合は、両者にくじを引かせ（て決め）るべきである。それはちょうどカーディシーヤの戦い[33]の日に、礼拝の呼び掛けを誰がするかということで人々の間にいさかいがあった時に、サアド・ブン・アビー・ワッカース

▼32 イブン・アサーキル（歴史学者、一一七六年没）。
▼33 六三六年にムスリム・アラブ軍がサーサーン朝ペルシャ軍を破った歴史的戦い。
▼34 ブハーリー。

が「人々が、礼拝の呼び掛けや（集団礼拝の）最前列（に立つこと）にある者（の功徳）を知っていても、（最適任者が）見つからず、くじを引くしかない場合は、くじを引くべきである」との預言者の言葉▼34に従ってくじを引かせ（て決め）たのと同じである。アッラーの命令が明らかな場合はそれに従って任命し、そして問題（の答え）が不明確な場合はくじによる選考なのであり、それを行うことで、為政者は公職において「預かりものを正当な所有者へ返した」ことになるのである。

第2章　財　物

第1節　財物の範疇

「預かりもの」の第二の範疇は、債務についての以下の至高なるアッラーの御言葉にあるように、財物（māl）である。「そして相互に信頼したなら、信頼された者には託されたもの（債務）を果たさせ、彼の主アッラーを畏れ身を守らせよ。」［第2章283節］

この範疇には現物、私的債務、公的債務などが入る。それはたとえば委託されていた金の返済、共同契約[1]や代理契約[2]や匿名組合契約[3]を結んだ相手の取り分の支払い、孤児の後見人や寄進財の管財人の（管理下にある）財の返済などを含む。また商品の価格の債務、貸借の代価、妻への婚資、労働への対価の完済などもその範疇に入る。至高なるアッラーは仰せである。「まことに、人間は気短に創られた。災厄が彼に触れると、嘆き、また幸福が彼に触れると、物惜しみする（者である）。ただし、礼拝者たちは別である。彼らは己の礼拝を常に履行する者たちであり、また己の財産において一定の権利（貧者の取り分）が存在する者たち、乞い求める者と禁じられた者（生活手段を絶たれた者）の（権利として）。」［第70章19

〜25節〕 ― 中略 ― 「己の信託物や約束を守る者たち」〔第70章32節〕また仰せである。「われらはおまえに真理と共に啓典を下した。アッラーがおまえに見せ給うたものによって人々の間を裁くために。そして裏切り者たちのための抗弁者となってはならない。」〔第4章105節〕つまり彼ら（裏切り者）のために弁護をしてはならない、という意味である。また預言者も言われている。「あなたを信託した者の信託を果たしなさい。そして汝を裏切る者であっても裏切ってはならない。」[4]また預言者は言われた。「信仰者とはムスリムが命と財産を安心して委ねられる者である。またムスリムとは（他の）ムスリムが、その者の舌によっても手によっても危害を加えられない者である。避難者とはアッラーが禁じられたものから避難する者である。またジハードを行う者とは、アッラーのために自己と闘う者である。」これはその一部が両『正伝集』に、一部がティルミズィーの『スンナ集成』に収められている真正なハディースである。また預言者は言われた。「他人の財を返済の意志を持って借りる者には、彼のためにアッラーがそれを返済し給う。それを使い尽くすことを目論んで借りる者をアッラーは滅ぼし給う。」ブハーリーがこれを伝えている。

アッラーが正当に預かった信託物の返済を義務づけられた以上、それには、横取り、窃盗、詐欺など不正に取得されたものの返還と負債の返済の義務の指示も含まれているのである。預言者は「別れの巡

▼1 共同契約（mushārakah）とはパートナー（sharīk）たちが相互に無限責任を負い、共同で事業を行う契約。
▼2 代理契約（wikālah）とは、事業を行う者が、他の誰かを代理人（wakīl）として事業活動を委託する契約関係。
▼3 匿名組合契約（muḍārabah）とは、出資者と実際に事業活動を行う者からなっており、その事業活動の結果生じる利益についても損失についても、出資額と提供した労働量に比例した有限の責任を負う。
▼4 アブー・ダーウード、ティルミズィー。

礼」の説教において言われた。「負債は返済された。贈答品は返却された。借金は完済された。保証人は責任を果たした。神は権利を持つ者すべてにその権利を与え給うた。それゆえ遺産相続者にももはや遺言はない。[5]」

この範疇（の財）は為政者と臣民（の両方）に関わっており、その双方に互いに[6]相手に対して果たすべきことを果たす義務がある。すなわち為政者およびその代理人は、給付（アター）に関して、その権利を有する者すべてにその権利を与える義務がある。徴税吏には為政者に収めるべきものを収める義務があるのは債務者と同じである。同様に臣民にも（他者の）権利（を満たす）義務があり、また自分に権利のないものを管財人に請求することは許されず、至高なるアッラーが以下の句で仰せになったような類いの者になってはならない。「彼らの中には、喜捨のことでおまえを謗る者がおり、それから与えられれば喜び、それから与えられなければ、途端に彼らは激怒するのである。そして彼らがアッラーと彼の使徒が彼らに与え給うたもの（戦利品など）に満足し、『われらにはアッラーで十分。アッラーはいずれわれらに彼の御恵みから授け給い、彼の使徒もまた。まことにわれらはアッラーに期待する者である』と言ったならば（彼らにとってより良かった）。まことに（法定）喜捨は、貧者たち、困窮者たち、それを行う者たち、心が傾いた者たちのため、また奴隷たちと負債者たち、そしてアッラーの道において、また旅路にある者のみに。アッラーからの義務として。アッラーはよく知り給う英明なる御方。」〔第9章58〜60節〕

たとえ為政者が不正であったとしても臣民は為政者に支払うべきものを拒否してはならない。預言者も為政者の不正に言及して「彼ら（為政者たち）に権利あるものは彼らに返しなさい。アッラーが彼らに管理をお任せになったことについては、ご自身が彼らに責任を問い給う。」と言われた通りである。[7]またアブー・フライラから伝えて両『正伝集』が収録するところ、「預言者は言われた。『預言者たちがイスラエル人を治めた。一人の預言者が死ぬたびに別の預言者がその後を継いだ。しかし私の後にはもはや預言者はいない。だが多くの後継者（カリフ）が現れよう。』すると人々が尋ねた。『あなたは我々に何を命じられるのですか。』預言者は答えられた。『服従の誓いを順番に全うせよ。そして彼らに権利のあるものは彼らに返しなさい。アッラーが彼らに管理をお任せになったことについては、御自身が彼らに責任を問い給う。』」また両『正伝集』によるとイブン・マスウードは以下のように伝えている。「アッラーの使徒が『私の死後あなたたちは横領などの非難すべきことを見ることになるであろう。』と言われた。そこで人々が尋ねた。『あなたは我々に何を命じられるのですか。』すると彼は答えられた。『彼らに権利のあるものを返し、自分たちの権利についてはアッラーに祈願しなさい。』」

為政者はそれ（公金）を所有者が自分の所有物を分配するかのように、自分の好みによって分配してはならない。なぜならば彼らは受託者、代理人、代行者に過ぎず、所有者ではないからである。アッラーの使徒も言われている。「アッラーにかけて、私は誰かに（何かを）与えたり、与えなかったりするわけではない。私は命じられた通りに配分するただの分配者に過ぎない。」アブー・フライラなどからブハーリーがこれを伝えている。万世の主の使徒にしてこうであったのである。（アッラーの使徒は）自分には自分の富を自由に処分することが許されている所有者や、好みの者に下賜し嫌いな者には与えない王とは違い、自分の好みと裁量で何かを与えたり与えなかったりする権利はなく、自分がアッラーの僕《しもべ》に過ぎず、アッラーが命じ給うままに富を分配し、至高なるアッラーが命じ給うたように配置するに過ぎな

▼5　アブー・ダーウード、アフマド・ブン・ハンバル。
▼6　ムハンマドの未亡人、親族、功労者の年金、軍人や官僚の俸給など。
▼7　ブハーリー。

いということを（人々に）お知らせになったのである。
またある男が（第二代カリフ）ウマル・ブン・ハッターブに「信徒たちの長よ、あなたは至高なるアッラーの財物の中から自分自身のためにもっと支出なさればよろしいものを。」と言った。するとウマルは彼に言った。「私と人々の関係がいったいどんなものかわかるか。それはちょうど旅にあって全員の財産を集め全体のために使うようにと一人の男にそれを預けた一団のようなものである。いったいその男が彼ら全員の財物を独占することが許されようか。」またある時ウマル・ブン・ハッターブの許に巨額の五分の一税（フムス）が届けられると彼は言った。「このようにして預かり物を返還した（支払い義務を果たした）者たちはまことに信頼に足る人たちである。」すると居合わせた一人が彼に向かって言った。「あなたが預かり物を至高なるアッラーに返還していればこそ彼らもあなたに預かり物を返したのです。もしあなたが私物化していれば彼らもまた私物化していたでしょう。[8]」

為政者とは市場のようなものであると知らねばならない。そこで流通しているものが運ばれてくるのである。それゆえ（ウマイヤ朝第八代カリフ）ウマル・ブン・アブドゥルアズィーズも言っている。「そこで（統治において）誠実、敬虔、公正、信義が流通していればそれらが運ばれてくる。しかしもしそこで虚言、腐敗、不正、背信が流通しているならそうしたものしか運ばれてこないのである。」

為政者の義務は、合法なところから富を取り、それを正当に配分し、権利のある者に対してそれを拒まないようにすることである。

（第四代カリフ）アリーは彼の派遣した代官が不正をはたらいたとの報に接する度に「アッラーよ、私は彼らに対してあなたの被造物に不正をはたらけとも、あなたの権利を疎かにせよとも命じたことはありません。」と愁訴するのが常であった。[9]

第2節　戦利品（ガニーマ）

為政者の取り扱う財物のうち、クルアーンとスンナに根拠を持つものは、戦利品（ガニーマ）、サダカ（浄財）、ファイの三種類である。

戦利品とは、バドルの戦いに関して降示されたクルアーンの第八章「戦利品（アンファール）」でアッラーが仰せの通り、戦闘によって不信の徒から奪取した財物である。それを「戦利品」と名付けたのは、それがムスリムたちの富を増やしたからである。クルアーンにおいてアッラーは以下のように仰せである。「彼らは戦利品について、お前に問う。言え、『戦利品はアッラーと使徒のものである』。」［第8章1節］ ― 中略 ― 「おまえたちが戦い獲ったどんなものも、その五分の一はアッラーとその使徒と、近親、孤児、貧困者、そして旅路にある者に属すると知れ。」［第8章41節］また仰せである。「それゆえ、おまえたちが戦い取ったものから合法で良いものを食べよ（享受せよ）。そしてアッラーを畏れ身を守れ。まことにアッラーはよく赦し給う慈悲深い御方。」［第8章69節］また両『正伝集』においてジャービル・ブン・アブドゥッラーから伝えられるところでは、預言者は言われた。「私より前のどの預言者にも与えられることのなかった五つのものを私は与えられた。すなわち（第一に）一カ月の遠征で威力による勝利を私は授かった。（第二に）私のために大地すべてが清浄な礼拝所とされ、わが民は誰であれ礼拝の時が

▼8　イブン・アサーキル、ファザーリー（八〇二年頃没）。
▼9　出典不明。

来たならその場で礼拝を行うことができる。（第三に）私には戦利品を取ることが許されたが、それは私以前の誰にも許されていなかったことである。（第四に）私には（最後の審判における信徒の）執り成し（の大権）が与えられた。（第五に）（私より前の）預言者は自分の民族のためにのみ遣わされたが、私は人類すべてに対して遣わされたのである。」また預言者は言われた。「私は最後の審判の日を前にして剣と共に遣わされた。それはただアッラー御独りのみが、他に何者も同類とすることなく崇められるためである。またわが糧はわが槍の下に置かれ、わが命令に背く者には蔑みと恥辱が与えられる。何者であれ、ある民を真似る者は、その民の一員である。」イブン・ウマルからの伝承とし、アフマド・ブン・ハンバルがこれを『遡及伝承集』に収めており、ブハーリーもこれを収録している。

それゆえ戦利品に関する義務はそれを五等分することであり、その五分の一を至高なるアッラーが列挙なされた（範疇の）者のために使い、残りをその戦利品を獲得した者たちの間で分割することである。（第二代カリフ）ウマルは言った。「戦利品は戦闘に居合わせた者に帰属する。」つまり実際に戦った者であれ、戦わなかった者であれ、戦争のためにその場に立ち会った者のものである。」そして戦利品の分配は、預言者と彼の後継者たち（カリフたち）が行ったように、それらの者の間で公正に行われなければならず、指導的な立場にあるとか、家柄によるとか、戦功をたてたとかの理由によって差別してはならない。ブハーリーの『正伝集』によると、サァド・ブン・アビー・ワッカースは自分には他の者以上の戦功があったと自認していたが、預言者は言われた。「お前たちがアッラーのお助けとお恵みを賜ったのは、ほかでもないお前たちの中の弱者のおかげではないか。」またアフマド・ブン・ハンバルの『遡及伝承集』の中で、サァド・ブン・アビー・ワッカースが伝えて以下のように述べている。

「私が『アッラーの使徒よ、集団の守護の要であった男と、それ以外の者たちの分け前が同じでいいのでしょうか。』と言うと、預言者は言われた。『サァドの母の息子よ、お前の母はお前を失ったようだ。お前たちがアッラーのお助けとお恵みを賜ったのは、ほかでもないお前たちの中の弱者のおかげではないか。』」

ムスリムたちがギリシャ人、トルコ人、ベルベル人と戦ったウマイヤ朝やアッバース朝の時代には、戦利品はそれを獲得した戦士たちの間で分配されていた。しかしイマーム（カリフ）は、軍勢の中の精鋭の先遣隊や、高い砦に登ってそれを落とした者、敵の大将を討ち取って敵を潰走させた者など、際立った武勲があった者には戦利品を加増してもよいのである。なぜならば預言者とそのカリフたちもそのようにされていたからである。

先遣隊には最初に（戦利品の）五分の一を分配した後の四分の一、帰還後に五分の一を分配した後の三分の一が増し与えられていたが、これが「加増（nafl）」なのである。戦利品の分配に与る者の一部が他の者たちよりあまり優遇されないように、一部の学者は、加増分は（戦利品全体の）五分の一のうちから（賄われるべき）だと主張し、別の学者は、加増分は五分の一のさらに五分の一から（賄われるべき）だと主張する。正しくはたとえ一部の者が優遇される結果になろうとも、加増分は（戦利品全体の五分の一を取った残りの）五分の四から分け与えることができるのである。ただし（それはあくまでも）アッラーの使徒が一度ならずなされたように、私欲によってではなく宗教（イスラーム）の利益に基づいてで（なくてはならないので）ある。そしてこれがシリアの法学者たちやアブー・ハニーファやアフマド・ブン・ハンバルらの説である。そのうえで、一説では条件付きであれ、無条件であれ、四分の一か三分の一（まで）なら、三分の一を超える場合は、「私を砦に案内した者にはこれこれ（の加増）」とか、「首級をあげた者にはこれこれ（の加増）」といったような条件をつけて加増される。また一説によると、三分一以上の加増はなく、条件付きでしか加増されない。この二つが、アフマド・ブン・ハンバルなどの二つの説である。また同様に正しい見解によればイマーム（カリフ）は「何かを（戦利品として）奪った者は、それに対して権利を持つ」と言うことができる。というのは預言者もまたバドルの戦いにおいて、害に益が勝ると考え、そのように言われたと伝えられているからである。

戦利品はイマーム（カリフ）の許にいったん集められ、それから彼の手によって分配される。その時その一部といえども着服することは誰にも許されない。「そして詐取する者があれば、彼は復活（審判）の日に詐取したものと共に来る。」［第３章161節］ここで言う「詐取」とは「着服」を指すのであり、（戦利品の）横奪は許されない。なぜならば預言者がそれを禁じられたからである。しかしイマーム（カリフ）が戦利品を集めて分配する義務を放棄し、各自が取ることを許可しており、力ずくでなく取った者がいた場合、（戦利品の）五分の一を取り分けた後であれば、その者には取ることが許される。つまり（イマームの）許可を暗示するようなものは、すべて許可とみなされるのである。また許可を受けなかった場合、あるいは、その許可が合法的なものでない場合には、それ（戦利品の配分）において公正であるように努めながら、自分の取り分に相当するものを自ら取ることが許される。

ムスリムたちには戦利品を集積し分配することが禁止されているとみなす者がいる一方、イマームがそれ（戦利品の処分）において何をしても合法とみなす者もいる。二つの両極端の意見が対立しているが、アッラーの教えはその中庸にある。分配における公正とは、歩兵の取り分一に対して、アラブ馬を駆る騎士は取り分三、すなわち一は人に、二が馬に、となる。預言者も、ハイバル遠征の年に、このように分配されたのである。法学者の中には、騎士には取り分二と主張する者があるが、正しいスンナが示しているのは前者なのである。なぜならば馬はそれ自体の食糧だけでなく、馬丁の食糧をも必要とするし、それに乗った騎士は二人の歩兵より役に立つからである。またアラブ馬と駄馬とは分配において同等である、と言う者もあるが、中には預言者とその教友たちから伝えられているように、（アラブ馬が取り分二であるのに対し）駄馬には（取り分）一と言う者もいる。駄馬とは母がナバティーヤ種であるもので、ビルザウン（birdhaun）と呼ばれるものである。また人によってはそれが種馬であるか去勢馬であるかにかかわらずタタリー（tatari）と呼ぶのである。またそれはイクディーシュ（ikdish）とかラマカ（ramakah）、つまりヒジュル（雌馬）とも呼ばれるのである。初期のムスリムたちは、戦闘にはその力と気の荒らさゆえヒジュルを使用し、奇襲や夜襲には、敵に気づかれ防御のいとまを与えないように、いななかない牝馬を用い、遠征には耐久力のある去勢馬を使ったのである。

不動産であれ動産であれ、敵から奪った戦利品が以前にはムスリムの所有であった財産であり、分配の前にその持主が同定できた場合には、ムスリムたちのイジュマーにより、それは元の持主に返還されることになる。戦利品に関する細則と詳細な規定については、ムスリムの間にイジュマーが成立しているものや、議論のあるものなど、諸説、さまざまな伝書があるが、本書はそれらを論ずる場ではない。本書の目的は包括的な総論にある。

第3節　サダカ（浄財）

サダカ（浄財）は、至高なるアッラーがクルアーンの中で挙げている（範疇の）者のものである。預言者から伝えられるところ、ある男がサダカ（浄財）について彼（預言者）に尋ねたところ、（預言者は）答えられた。「まことに（法定）喜捨は、貧者たち、困窮者たち、それを行う者たち、心が傾いた者たちのため、また奴隷たちと負債者たち、そしてアッラーの道において、また旅路にある者のみに。アッラーからの義務として。アッラーはよく知り給う英明なる御方。」[10][第9章60節]（クルアーン中にある）「貧者、困窮者」[第9章60節]とは、必需品の欠乏によって両者をまとめることができ、サダカ（浄財）は富裕者、あるいは自活できる能力のある者には与えることは許されない。「その募金にたずさわる者」とは、サダカ（浄財）を集め、保管し、記録したりする者である。「心をなびかせた者」については、――至高なるアッラーが欲し給えば――ファイ（還付）を扱う次節で述べよう。「奴隷」（へのサダカ）には、自己身請け契約奴隷を助けること、捕虜の身請け、奴隷の解放などが入るというのが通説である。「負債に苦しむ者」とは負債をかかえ返済の当てがない者で、それが多額にのぼる場合には彼らの負債の肩代わりにサダカ（浄財）を与えてよい。ただし彼がそれを至高なるアッラーに背くことに浪費しないことが条件であり、その場合には悔い改めるまではサダカ（浄財）を与えてはならない。「アッラーの道のため」とは、（ジハードの）戦士たちを指す。アッラーの財（国庫）から軍備に十分な額を与えられていない者には、馬、武器、食料、俸給など、戦闘に必要なものや、あるいはそれを補完するものがサダカ（浄財）の中から支給される。巡礼者もまた預言者が言われたように、アッラーの道にある者である。「旅人」とは、ある地方から他の地方へと移動する者のことである。

第4節　ファイ（還付）

「ファイ」の語源はアッラーがバドルの戦いの後でナディール族との戦いに際して下された「追い集めの章」[59章]のその御言葉にある。「アッラーが彼らから彼の使徒に返し給うたものは、おまえたちがそれに向かって馬や乗り物を走らせたわけではなく、アッラーが彼の使徒に御望みの者（敵）を支配させ給うのである。そしてアッラーはあらゆるものに対し全能なる御方。［第59章6節］アッラーが町々の住民から彼の使徒に返し給うたものがあれば、それはアッラーのものであり、使徒と（使徒の）近親、孤児たち、貧困者たち、そして旅路にある者のものである。おまえたちのうち金持ちたちの間での持ち回りとならないためである。そして使徒がおまえたちに与えたものがあれば、それは受け取り、彼がおまえたちに禁じたものがあれば、避けよ。そして、アッラーを畏れ身を守れ。まことにアッラーは応報に厳しい御方。［第59章7節］自分たちの住居と財産から追い出された（マッカからマディーナへの）移住者たちの貧者たちに。彼らは、アッラーからの御恵みと御満悦を求め、アッラーと彼の使徒を援けている。それらの者、彼らこそ誠実な者である。［第59章8節］また、彼ら以前から住居（マディーナ）と信仰を手にしていた者たちは、自分たちの許に移住して来た者を愛し、彼ら（移住者）に与えられたものに対して己の心に必要（物欲・嫉妬）を見出さず、またたとえ、自分自身に欠乏があっても自分自身よりも（他の同胞を）優先する。また、己の強欲から護られた者、それらの者、彼らこそ成功者である。［第59章9節］そして彼らの後に来た者たちは言う。『われらが主よ、われらと、信仰においてわれらに先んじたわれらの兄弟を赦し、われらの心に信仰する者たちに対する恨み心をなし給うな。われらが主よ、まことにあなたは情け深く慈悲深い御方』。［第59章10節］」［59章6～10節］

称えらるべき至高なるアッラーは、ムハージルーンとアンサールと、「彼らよりあとから来る者たち」について上述のように仰せになったのであり、この第三の範疇には復活の日までにこのようにしてやっ

▼10　アブー・ダーウード。

てくる者すべてが含まれる。彼らはまた至高なるアッラーの（以下のような）御言葉の中で言及されている人々でもある。「また後から信仰し、移住し、おまえたちと共に奮闘《ジハード》した者たち、それらの者はおまえたちの仲間である。」［第8章75節］、「至善をもって彼らに続いた者たち」［第9章100節］、「また、未だ彼らに追いついていない彼らのうちの他の者たち（後の世代）をも。そして彼（アッラー）は威力比類なく、英明なる御方。」［第62章3節］

またアッラーの御言葉「お前たちが、馬やらくだを駆りたてて得たわけのものでもない」とは、「お前たちが馬やらくだを動かしたり走らせたりしたわけではなかった」という意味である。それゆえ、「ファイ」とは「戦闘なしに不信の徒から取られたもの」を意味する、と法学者たちは言うのである。なぜなら、「馬やらくだを駆りたてる」とは、戦闘を意味するからである。そしてアッラーがそれをとってムスリムたちに「回された（afā'a）」、つまり、それを不信の徒からムスリムたちに「返された（radda）」ゆえに、それを「ファイ」と呼ぶのである。なぜならもともと至高なるアッラーが財物を創造し給うたのはただ（被造物による）御自身への崇拝の助けとしてであり、それというのも、アッラーが御自身の崇拝のためにのみ被造物を創造され給うたからである。それゆえ不信仰者たちについては、彼（アッラー）を崇拝するために使わない彼らの身命と（アッラーの崇拝の）助けとして用いない彼らの富を、アッラーは彼（アッラー）を崇拝するその僕《しもべ》たる信徒たちに「回された（afā'a）」のである。それは不当に奪われた遺産が、たとえ実際に一度も手にしたことがなくとも、その相続人に返還される（べきである）のと同じである。またユダヤ教徒やキリスト教徒に課せられた人頭税（ジズヤ）や、敵が休戦のために払う償金や、キリスト教国などから運ばれる貢物のように、ムスリムのスルタンに贈られてきたものや、「戦争の民」▼11の商人から徴収される十分の一税や、自分たちの郷里以外の土地で商売をするアフル・ズィンマ（庇護民）の商人から徴収される十分の一税の半額（二十分の一税）、――そのように（第二代カリフ）ウマルも徴収していた――また彼ら（啓典の民）の中で庇護契約（dhimmah）を破った者から取り立てた財物、後には一部はムスリムたちにも課されるようになったとはいえ、本来は彼ら（庇護民）に課されていた地租（ハラージュ）もまたもこれに準ずるのである。

遺産相続人を残さず死んだムスリムの財産のように特定の所有者のない財産や、（真の）所有者の同定が困難な横奪物、借物、委託物などのムスリムたちの不動産と動産など、ムスリムの国庫（バイト・マール）に属する為政者が取り扱う財のすべてはファイとして徴収される。それゆえこれらはムスリムたち（全体）の財物なのであるが、至高なるアッラーはクルアーンにおいてファイについてのみ言及されている。なぜならば預言者の時代には、誰もが系図をよく記憶していたため、遺産相続人がわからないままに誰かが死ぬということはなかったからである。ある時、ある部族の男が（遺産相続人を残さず）死んだが、預言者はその男の遺産をその部族の最長老、つまり彼らの始祖にもっとも近い者に与えられた。これについてはアフマド・ブン・ハンバルが明言している他、他の一団の学者たちも支持している。また解放奴隷だけを残して死んだ男のケースでは、預言者は遺産をその解放奴隷に与えられた。アフマド・ブン・ハンバルの弟子の一部の学者などがこの説を採っている。また預言者はある男の遺産をその男と同じ村の他の男に与えられた。すでに述べたように預言者とその後継者であるカリフたちは、人が死んだ時に、その人と親戚関係にある者に遺産を分け与えるという点では広範な（自由）裁量を行われたのであ

▼11　イスラームは、世界をカリフがイスラーム法に則り統治する空間「ダール・イスラーム（イスラームの家）」と、異教徒が支配する「ダール・ハルブ（戦争の家）」に二分する。「戦争の民（ハルビー）」とは「戦争の家」に属する異教徒。

る。

アッラーがその書（クルアーン）の中で命じられた通り、（預言者は）財産と身体を捧げてアッラーの道のために奮闘することを彼ら（ムスリムたち）に命じられたが、ムスリムたちからサダカ（浄財）以外のものは徴収されなかった。

アッラーの使徒と（初代カリフ）アブー・バクルの時代には、（戦利品として）獲得されて（ムスリムたちに）分配される財物を管理するための役所（ディーワーン）は存在せず、（必要に応じて）個別的に分配された。しかし（第二代カリフ）ウマルの時代になって（ウンマの）富が増し、その領域が広がり、人口が増えたため、彼は戦士たちなどのための俸給の役所が設置された。この時代には軍務を司る役所が大半の行政機能を果たしており、ムスリムたちの役所の中でももっとも重要なものであった。また各軍営都市には地租、ファイ、獲得された財物のための役所があり、預言者とそのカリフ（後継者）たちは、サダカ（浄財）やファイなどの執行吏たちを監督されていたのである。

この時代およびそれ以前には、ウンマの富は三種類に分かれていた。第一の種類はすでに述べたように、クルアーンとスンナとイジュマーによってイマーム（カリフ）に取る権利があるもの。第二は、（村の住民同士の間で殺人事件が起こった時に）殺された者が出たという理由で村人から取り立てて（殺された者に）相続人がいるにもかかわらず（その相続人に渡さず）公庫に入れた税金や、あるいは法定刑の犯罪の刑罰の免除の代わりに取った財物や、賦課が許されない関税（maks）のことで（主だった法学者たちが）一致しているもののような、イジュマーによってイマーム（カリフ）が取ってはならないとされているものである。第三は、母方親族だけがあって法定相続人や父方親族がない者の遺産の場合のように、（法学者間に）異論があり、イジュティハードの余地のあるものである。

第5節　為政者と臣民に生じる不正

不正は為政者にも臣民（被統治者）にも頻繁に生じる。一方（為政者たち）は許されないものを取り、他方（臣民）は払うべきものの支払いを拒む。同様に軍隊と農民が互いに不正を行うこともある。また一部の者たちが義務であるジハードを逃れることもある。また為政者たちがアッラーの財物の中から着服が許されないものによって蓄財することもありうる。（支払うべき）財貨の賦課のための刑罰についても同様であり、その（刑罰の）中でも科すことが許されるもの、あるいは科さねばならないものが免ぜられることがある一方で、（科すことが）許されないこと（罰）が行われることもある。

これらの不正に対処する原則は、返済すべき財がある（債務）者は、その支払いが義務である。たとえば寄託金、匿名組合資金、共同出資金など、あるいは代理人として委託されている金、後見下の孤児の財産、ワクフ、公金を預かる者、あるいは負債のある者でその返済が可能な者などは、支払いが可能であることが判明しているのに、義務である現物の引き渡しや債務の支払いを拒む者は、（支払うべき）財貨を差し出すか、その場所を教えるまで、懲罰を被るに値する。しかし（そのような不正をはたらいた者が金のありかを白状せずに）入獄に耐えている間に、（払うべき）金が発見されたなら、その金で義務を果たせばよく、もはや彼を鞭打つ必要はなくなる。しかし彼が金のありかを示すことを拒み、あくまで支払おうとしない場合は、義務を果たすか返済を全うするまで鞭打たれる。能力があるにもかかわらず支払うべき経費を支払おうとしない者も同じである。アムル・ブン・シャリードが彼の父を介して預言者から彼が以下のように言われたと伝えている。「支払い能力がありながら支払いを引き延ばす者（layy）

は不名誉と懲罰に値する。」スンナ集成者たちがこれを伝えている。[12] 預言者は言われた。「富裕者の支払いの遅延は不正である。」両『正伝集』がこれを伝えている。ここで言う「引き延ばし（layy）」とは「遅延（matl）」のことである。不正を行う者は、懲罰、行政裁量刑（タァズィール）に値する。

これは異論のない原則である。すなわち禁じられていることを犯したり、あるいは義務を怠ったりする者はすべて罰に値するのである。シャリーアによって罰が特定されていない場合は、為政者の裁量による懲罰による。富裕であるのに支払いを遅らせた者は投獄により罰され。彼があくまで拒めば、支払いの義務を果たすまで鞭で打たれる。マーリキー派、シャーフィイー派、ハンバリー派などの法学者がこの説を採っており、それについては私は異論の存在を知らない。

ブハーリーは『正伝集』においてイブン・ウマルから以下のように伝えている。

預言者が金銀、武器の引き渡しを条件にハイバルの民[13]と和平協定を結んだ時、彼はフヤィイ・ブン・アフタブの父方おじのサァヤという名のユダヤ教徒にフヤィイ・ブン・アフタブの隠し財産について尋問された。サァヤは「それは諸経費と戦費に使ってしまいました」と答えた。しかし預言者は「和平は直ぐであり、彼の富はそれ（に使い果たす）には多すぎる」と言われ、サァヤをズバイルに預けられた。そしてズバイルがサァヤを罰したところ、彼は「フヤィイがあそこの廃墟をうろつくのを見たことがあります」と白状した。そこで彼らがそこへ行って捜したところ、その廃墟で宝物を発見したが、この男は庇護民（ズィンミー）であり、庇護民には正当な理由がなければ罰を科すことは許されていない。（その原則は）同様に（ムスリムにも適用され）、報告義務のあるものを隠匿する者はみな、その義務の不履行のために罰されるのである。

役人たちが役得で受け取った贈物などのように、ムスリムたちの財産から不当に取ったものを、公正な為政者は取り上げることができる。アブー・サイード・フドリーは役人が贈物を受け取ることは汚職(ghalūl)であると言っている。またイブラヒーム・ハルビー[14]が『キターブ・ハダーヤー(贈物の書)』の中でイブン・アッバースから伝えるところ、預言者は「総督たちへの贈物は汚職である。」と言われた。また両『正伝集』の収録するところ、アブー・フマイド・サーイディーが伝えて曰く、預言者はアズド族のイブン・ルトビーヤという男をサダカ(浄財)徴収官に任命された。ところが(徴収の仕事から)帰ってきた彼は言った。「これはあなたの分です。そしてこちらは私に贈られたものです。」すると預言者は言われた。「アッラーが我々に託された仕事を遂行することに関して、我々が任用した者が『これはあなたの分です。そしてこちらは私に贈られたものです。』などと言うとはどうしたことか。それならどうして自分の父の家か母の家に座っていて自分に贈物が届けられるかどうか待っていないのか。わが魂をその手に握る御方にかけて、その者はそれから何も取りはしない。さもなくばその男は復活の日に、いななく駱駝であれ、吼える雌牛であれ、めえめえ鳴く羊であれ、それを首に掛けて運ぶはめになるであろう。」それから預言者は我々に薄黒い脇の下が見えるほど手を高く掲げ、「アッラーよ、私は伝えたでしょうか、アッラーよ、私は伝えたでしょうか、アッラーよ、私は伝えたでしょうか。」と三回繰り返された。

同じように売買契約、賃契約、匿名組合契約、撒水契約、耕作契約などの商行為における公職にある者たちへの贔屓も一種の賄賂なのである。それゆえウマルは、彼の部下の役人から、たとえその者に背

▼12 アブー・ダーウード。
▼13 ハイバルはユダヤ教徒であったナディール族の拠点。
▼14 ハディース学者、八九八年没。

任の疑いの余地がなく高徳で敬虔であっても、その者の収入の二分の一を取ったのである。ウマルが二分の一を取ったのは、彼らが公職にあることによって贔屓されるなどの特権を得たからに他ならず、やむをえない事情があったのである。なぜなら彼は公平な分配を行う正義のイマーム（カリフ）であり、公平に分配していたからである。

イマーム（カリフ）も臣民も変われども、人は誰でも、自分の可能な範囲で義務を果たし、禁じられたことを避けねばならない。しかしアッラーがお許しになったことが禁じられることはない。

しかし人々の不正の監視を全うするため、贈物などを受け取ることを拒否する一方で、アッラーが命じられた民衆の需要を満たす義務を怠る役人のために、民衆が迷惑を被ることがある。民衆はそんな者よりむしろ、人々から代償を取ってでも不正を防ぎ合法的な需要を満たしてくれる者を好むのである。前者は他人の現世を売って自分の来世を買おうとする者であるが、取引においてもっとも損をする者とは、他人の現世を売って自分の来世を買う者なのである。

（公職にある者の）義務とは能力に応じて人々の間の不正を防ぎ、またそれなしには人々共通の福利が成り立たないような需要を満たすため、穏便なやり方にしろ、そうでないにしろ、支配者に民衆の必要としていることを伝え、その実状を教え、人々の福利（が何であるか）を示し、また彼（支配者）を人々への不正から遠ざけるのである。何か目的を持つ書記たちなども、その目的のために同じようにすべきである。ヒンド・ビント・アビー・ハーラが伝えるハディースによると、預言者はいつも「私に自分の困窮を伝えることのできない者の困窮を知らせなさい。自分の困窮を伝えることのできない者の困窮を支配者に伝える者には、足が滑る日に道の上でアッラーがその足どりを確かなものとし給う。[15]」

アフマド・ブン・ハンバルと、その著『スンナ集成』においてアブー・ダーウードはアブー・ウマーマ・バーヒリーが以下のように語ったと伝えている。「アッラーの使徒は言われた。『兄弟のために執り成しをし、そのために贈物を送られ、それを受け取った者は、利子の大門に入ったことになる。』」

イブラーヒーム・ハルビーは、アブドゥッラー・ブン・マスウードが、「不当利得とは、自分が欲しいものを誰か（裁判官、調停者）に求め、それを自分に（有利な裁定によって）与えられ、その返礼に贈物をされ、それを受け取ることである」と言ったと伝えている。またマスルーク[16]から伝えるところ、イブン・ズィヤードに不正について訴えたところ、彼はそれを取り除いた。そこでその持主が彼に謝礼として奴隷を贈ると、彼はそれを受け取ることを拒否して言った。「私はイブン・マスウードが『あるムスリムから不正を取り除いて、そのために多少とも何か贈物を受け取ったならば、それは不当利得である。』と言うのを聞いた。そこで私は言った。『アブー・アブド・アッラフマーンよ、私は裁判における賄賂以外は不当利得とは考えません。』するとイブン・マスウードは『それは（不当利得どころか）不信仰である。』と言った。」

もし為政者が部下（徴税吏）たち（が不正に徴収したもの）から自分と自分の縁者のものにしたいものを取り上げようとするなら、そのどちらの側にもついてはならない。なぜならば、そのどちらも不正をなす者だからであり、別の泥棒から盗む泥棒や、党派心や権勢欲から互いに争う二つの集団と同じようなものである。

不正の手助けは許されない。（人が）互いに助けあうのには二つの場合がある。

▼15 ティルミズィー、バイハキー、タバラーニー、アージュッリー（ハディース学者、九七〇年没）。
▼16 タービイー（後続者、教友に続く世代）、六八二年没。

第一は敬虔と篤信における助けあいであり、ジハードやハッド刑の執行、定められた義務（税）の徴収、正当な権利を有する者にその権利を与えることなどがそれに含まれる。こうしたことはアッラーとその使徒がお命じになったことなのである。それゆえ不正に荷担することになるのではないかと恐れて、このようなことから遠ざかる者は、そうすることが篤信であると錯覚して、集団的あるいは個人的義務[17]を放棄しているのである。臆病と弱さはしばしば謙抑に似て見えることがある。なぜならばその両者はどちらも（何かを）抑えたり控えたりすることだからである。

第二は、罪と暴虐における助けあいである。たとえば罪のない者の血を流したり、その富を奪ったりすることや、鞭打たれる理由のない者を鞭打ったりすることなどにおいて助けあうことである。これはアッラーとその使徒が禁じられたことである。

為政者の許に入ってくる富の多くがそうであるように、不当に獲得された富で、正当な持主に返還することができなくなっているような場合には、たとえば、辺境の防衛や兵士たちの給与など、ムスリムたち全体の福利のために、そのような富を使うことが敬虔と篤信における助けあいになるのである。なぜならばこのような富の本来の持主がわからず、それを本人にも法定相続人にも返還することができない場合は、スルタンは、もし自分が不正を行ったのであれば、悔悟の念をもって、それをムスリム全体の福利のために使うことが義務となるからである。これはマーリクやアブー・ハニーファやアフマド・ブン・ハンバルなど多くの学者の意見であり、一人ならぬ教友たちからも（この説が）伝えられており、他の場所で述べたように、シャリーアの法源もそれを示している。

たとえ不正をはたらいたのが他の者（前任者）であったとしても、（現職の）支配者は不正に獲得された富を上に述べたように処理しなければならない。また支配者がそれを返還するのを拒んだ時には、本来の所有者たちやムスリムたちを無視してそれを無駄に使ってしまうような者の手にそれを残しておくよりも、その富の本来の所有者たちの福利のために費やすように援助する方が優っている。

シャリーアの核心は、アッラーの御言葉「出来る限りアッラーを畏れ身を守れ」〔第64章16節〕と「真の畏怖をもってアッラーを畏れ身を守れ」〔第3章102節〕と両『正伝集』に収められている預言者の言葉「もし私がお前たちに何かを命令したなら、そのうちのできることを果たせ」であり、また義務とは福利の実現とその完成、害悪の防止とその減少であることにある。また（利害が）対立する時には、小さな利を捨て大きな利を取り、小さな害には目をつむって大きな害を防ぐことがシャリーアの求めるところである。

罪と暴虐における助け手とは、不正な者が不正を行うのを助ける者である。一方、不正の被害者への不正を軽くしたり、不正に負わされているものを果たすのを助ける者は、不正の被害者の代理人であり、彼（不正の被害者）に金を貸したり、その（不正の被害者の）財物を不正な者の許に届けたりする者のような不正な者の代理人ではないのである。

その例としては、孤児の後見人やワクフの管財人が、不正な支配者から（自分が預かる）財産を（差し出せと）要求された時に、それを払うのに、それ（要求額）より少ない額に努めたり、あるいは考え抜いた（イジュティハードした）末に、彼（その不正な支配者）ではない他の人に（払うことに）したならば、彼は最善を尽くしたのであり、最善を尽くした者たちには咎はないのである。

▼17 責任能力があるすべてのムスリムが行うべき「個人的義務（ファルド・アイン）」に対して、誰かが行えば他のムスリムはその義務を免除されるが、誰も行わなければすべてのムスリムが罪に陥るような義務を「集団的義務（ファルド・キファーヤ）」と呼ぶ。ジハードや、死者の葬儀などが、集団的義務に当たる。

また同様に秘書や書記など所有者の代理人は、契約や受け取りや彼らから求められたものの支払いにおいて任されている者であり、不正な支配者の受け取りを代行してはならない。

また同様に村や町や市場や都市の民が不正を被っている時に、彼らの中で行いの正しい者が、自分、あるいは誰か他の人に利益誘導したり賄賂を受け取ることなしに、できる範囲で彼らの代わりの支払いを仲介するか、あるいは彼らの能力に応じてそれを彼らの間で分配するか、さらには彼らに代わって支払いや贈与を引き受けられるなら正しいことをしたことになる。

しかし多くの場合、こうしたことに身を染める者は、不正を行う者の代理人となり、利益誘導をし、賄賂を取り、望みの者に保護を与え、望みの者から搾取したりする。これは最悪の不正の者たちの中でも最悪な者であり、そのような者とそれを助ける者、そしてその同類の者たちは、地獄の棺に集められ、獄火の中に投げこまれる。

第6節　公共の財物の使途

（公共の財物の）使途について言えば、ムスリム全体に利益をもたらす者への俸給のように、ムスリム全体の共通の福利にとってより重要なものから順番に分配しなければならない。

そうした者には、まず勝利とジハードの担い手である戦士たちがおり、彼らはファイの分配を受けるのにもっとも相応しい。というのは、ファイは彼らなしには獲得されないからである。しかしファイの財物が彼らだけのものか、公共の福祉一般に使いうるのかについては、法学者の間に議論があるが、為政者の管理する他の財物については、サダカ（浄財）や戦利品のように用途が特別に定められたもの以外は、公共の福祉のために広く使うことができることで一致をみている。

ついで（国庫からの受給の）権利を有する者には、為政者、裁判官、学者、徴収、管理、分配に携わる財務官など、さらに礼拝の指導者や礼拝告知者（ムアッズィン）など、人々の上に立つ責任者たちが含まれる。

また軍馬や武器による辺境防衛や、堤や橋のような人の通る道とか運河のような水路に必要な施設の建設など、公共の利益に役立つことの費用や給与にあてることもできる。

また困窮している者も（受給の）権利を有する。しかしサダカ（浄財）以外のファイなど（使途）について彼らが他の者に対して優先されるべきであるか否かについては、法学者の間で見解が分かれている。ハンバリー派などにも二つの説があり、優先されると説く学者もあれば、他方でそのような財はイスラームのためのものであるから、遺産について（すべての）相続人が権利を有するように、（すべてのムスリムが）それを共有する、と主張する学者もいる。しかし正しくは（困窮者が）優先される。なぜならナディール族から獲得した富の分配において困窮者を優先した例のように、預言者は彼らを優先されたからである。またウマルも以下のように言っている。「この財には誰であれ他の誰かより大きな権利を持つことはない。ただ入信の早い者、有益なことを行う者、手柄のあった者、困窮者だけ（が例外）である。」（第二代カリフ）ウマルは彼ら（優先権を有する者）を以下のように四分した。（1）先駆けたちで、彼ら（のジハードなどの活躍）によって、これらの財物が獲得されたからである。（2）人々に宗教的、現世的利益をもたらす為政者や学者のように、利益をもたらすことでムスリムたちに役立つ人々。（3）アッラーの道において奮闘（ジハード）する兵士や、間者や密偵など、ムスリムたちを害悪から護るために義なる危険を冒した者。（4）困窮している者。

もしこれらの者のうちから進んでそれを辞退する者が出てきたならば、アッラーはその者を富ませ給うたのである。さもなければその者に必要なもの、あるいは働きに応じたものを与える。公益のための財についても、サダカ（浄財）についても、俸給がその人の用益と必要に応じていることを知るならば、それは戦利品や遺産（の配分）を共有する場合のように、同じ権利を持つ他の人々と同じ権利を持つということ以外には、それ以上については誰にも権利はないのである。

自由民にしろ解放奴隷にしろ髭の生えてないような稚児などや売春婦や、歌手や、道化師や、あるいは巫者や占星師のような易者などの禁じられたサービスに対して祝儀を与えるなどは言うまでもなく、イマーム（カリフ）は、血縁や愛情のような我執から、（受け取る）権利のないものを誰にも与えてはならない。

しかし「心をなびかせること（ta'līf al-qulūb）」の必要な者には、たとえそれを取ることが許されていないような者であっても、（公共の財から）与えることが認められる、いや、むしろ与えねばならない。それは至高なるアッラーがクルアーンにおいて「心をなびかせた者」へサダカ（浄財）からの下賜をお許しになった通りである。また預言者もファイなどから「心をなびかせた者」に分け与えたのである。「心をなびかせた者たち」とは、部族を統率する指導者（sayyid）のことであり、預言者は、タミーム族の指導者アクラゥ・ブン・ハービス、ファザーラ族の指導者ウヤイナ・ブン・ヒスン、ナブハーン族の指導者ザイド・ハイル・ターイー、キラーブ族の指導者アルカマ・ブン・ウラーサ・アーミリーや、スフヤーン・ブン・ウマイヤ、イクリマ・ブン・アビー・ジャフル、アブー・スフヤーン・ブン・ハルブ、サフル・ブン・ウマル、ハーリス・ブン・ヒシャームなど、捕われの身から解き放たれたクライシュ族の名士たちにも下賜したのである。また両『正伝集』が収録するところではアブー・サイード・フドリーは以下のように伝えて言っている。「アリーがヤマンにいた時、預言者に金鉱石を送った。アッラーの使徒はそれをアクラゥ・ブン・ハービス・ハンザリー、ウヤイナ・ブン・ヒスン・ファザーリー、キラーブ族のアルカマ・ブン・ウラーサ・アーミリー、それからナブハーン族のザイド・ハイル・ターイーなどに分配された。」（フドリーは続けて）曰く。「クライシュ族の人々とアンサールは怒って言った。『預言者はナジュドの豪族たちには下賜し、我々を無視した。』そこでアッラーの使徒は言われた。『私はただ彼らをなびかせるためにそうしたまでである。』そこへ髭の濃く顎骨の張り目が窪み秀でた額をした頭を丸めた男が進み出て言った。『アッラーを畏れよ、ムハンマドよ。』アッラーの使徒は答えて言った。『もし私がアッラーに背いたと言うなら、いったい誰がアッラーに従っているといえるのか。（アッラーは）地上の人々を差し置いて私を信頼されたのではないか。それなのにお前たちは私を信じないのか。』」（フドリーは続けて）曰く。「それからその男が立ち去ると、その場に居た人々の中の一人が、それはハーリド・ブン・ワリードであったとも言われるが、その男を殺させてほしいと願い出た。しかしアッラーの使徒は言われた。『この男の子孫から、クルアーンを読んでもそれが喉を越えることがなく、偶像崇拝者を放置しながらムスリムを殺し、矢が弓を離れるようにイスラームを離れる者が生まれよう。もし私にそれらの者が識別できるならば、私はそれらの者を殺すであろうに。』」

またラーフィゥ・ブン・フダイジュが以下のように伝えて言っている。「アッラーの使徒はアブー・スフヤーン・ブン・ハルブ、スフヤーン・ブン・ウマイヤ、ウヤイナ・ブン・ヒスン、アクラゥ・ブン・ハービスに一人あたり駱駝百頭を与えられた。ところがアッバース・ブン・ミルダースにはそれ以下しか与えなかった。そこでアッバース・ブン・ミルダースは抗議して言った。『なぜあなたは、私とウバイドが得た戦利品をウヤイナとアクラゥに分配するのですか。ヒスンもハービスもこの集団の中で

（わが父）ミルダースに勝りはしませんでした。また私とて、ウヤイナとアクラゥのどちらにもひけはとらない。今日侮辱された者は尊敬されることはないでしょう。』するとアッラーの使徒は彼のために駱駝を増やし百頭にされた。」ムスリム（ブン・ハッジャージュ）がこれを伝えている。ただし「ウバイド」とはアッバース・ブン・ミルダースの馬の名である。

「心をなびかせた者」には二種類、不信仰者の場合とムスリムの場合がある。

不信仰者の場合、金品を与えることによってその者がイスラームに改宗するというような利益が期待できる場合か、あるいは、そうすることによってしか逃れられないような損害を回避しようとする場合かのどちらかである。

ムスリムの有力者の場合も、彼あるいは彼の仲間の信仰の改善のように、彼への下賜によって利益が期待される。あるいは恐れによってしか支払わない者からの徴税、あるいは敵の撃退、あるいはその者がムスリムに及ぼす害がそれなしには防げない場合の抑制（が期待できるの）である。

この種の授与は、一見すると王たちが行うところの有力者たちへの厚遇、弱者の放置と同じであるが、行為（の価値は）はただ意図によってのみ決まるのであり、目的が宗教（イスラーム）とその信徒（ムスリム）たちのためであれば、それは預言者とそのカリフたちによる下賜と同じ範疇になるのである。しかし意図がこの世における権勢と堕落（的悦楽）であれば、それは（エジプトの暴虐な）フィルアウン（ファラオ）の大盤振る舞いと同じ類いになり下がるのである。

これを拒否するのは、預言者に対してそれを非難し上述のようなことを言ったズー・フワイシラのような、邪宗の徒に他ならないのである。またハワーリジュ派もまたその同類であり、信徒たちの長（第四代カリフ）アリーが利害考量のうえで仲裁を受け入れ自分の名を抹消しムスリムの婦人と子供を捕虜にしなかったことを非難したのである。[18]
預言者はこれらの者と戦うことを命じられた。なぜならば彼らは現世も来世も益しない邪宗を奉じているからである。多くの場合、誤った謙抑は臆病と吝嗇に似るのである。なぜならばどちらにも不作為（という消極性）があるからである。至高なるアッラーを恐れて不品行を避けることは、至高なるアッラーが命じられたジハードと慈善を単に臆病と物惜しみから怠ることに似ているのである。預言者は言われた。「人間の悪い性質とは心配性な貪欲と無謀な臆病である。」ティルミズィーは、これは真正なハディースであると言っている。

人は謙抑であると錯覚するか、みせかけようとして、ある種の行為をしないが、実はそれは単に高慢と名声欲でしかないことがある。預言者の「行為（の価値）はただ意図によってのみ（決まる）[19]」という言葉は、完全で包括的な表現なのである。肉体に霊魂があるように行為には意図があるのである。神に跪拝する者も太陽や月に跪拝する者もどちらも額を地に着ける姿勢こそ同じであるが、前者は被造物の中でもっともアッラーに近い者であるが、後者は被造物の中でもっともアッラーから遠い者なのである。

至高なるアッラーは「それから彼は、信仰し、忍耐を勧め合い、慈愛を勧め合う者たち（の一人）となった」[第90章17節]と仰せであるが、伝承にもあるように、最高の信仰形態は寛容と忍耐なのである。それゆえ人間の統治と政治は、寛大さ、すなわち贈り与えることと、勇敢さ、すなわち勇気なしには実現できない。いやそのことなしには現世も来世もうまくいくことはないのである。それゆえこの二つを

▼18 ハワーリジュ派は、六五七年のスィッフィーンの戦いで、アリーがムアーウィヤとの和議を受け入れ停戦したことを非難して、アリーの陣営から離反した。
▼19 ブハーリー、ムスリム、アブー・ダーウード、ナサーイィー、イブン・マージャ。

行わない者からは、その職務を取り上げ、それを他の者に移されるのである。それは至高なるアッラーが以下のように仰せの通りである。「信仰する者たちよ、おまえたちはどうしたのか、アッラーの道において突き進め、と言われると、大地にへたり込むとは。来世よりも現世に満足したのか。いや現世の楽しみは来世に比べればわずかなものにすぎない。もしおまえたちが突き進まなければ、彼は痛苦の懲罰でおまえたちを罰し、おまえたちでない民と替え給い、おまえたちが彼をわずかにも害することはない。そしてアッラーはすべてのものに対して全能なる御方。」〔第9章38～39節〕また至高者は仰せである。「さあ、おまえたち、これなる者、おまえたちはアッラーの道において費やすよう呼びかけられているのである。だが、おまえたちの中には出し惜しむ者がいる。そして出し惜しむ者があれば、彼は己に対して出し惜しむのである。そしてアッラーは自足した御方であらせられ、おまえたちは貧者である。それでもおまえたちが背き去ったなら、彼はおまえたち以外の民を代わりとなし給い、彼らはおまえたちの同類ではない。」〔第47章38節〕また至高なるアッラーは仰せである。「おまえたちのうち（マッカ征服の）勝利の前に費やし、戦った者は（それ以後にそうした者と）等しくはない。それらの者は後から費やし、戦った者たちよりも位階がより勝れている。だが、（前者と後者の）いずれにもアッラーは至善を約束し給うた。」〔第57章10節〕このように気前良さを意味する「費やし（インファーク）」と勇敢さを意味する戦いの命令は互いに結びつけられているのである。別の場所でも至高なるアッラーは「おまえたちの財産とおまえたちの命を捧げてアッラーの道において奮闘《ジハード》せよ」〔第9章41節〕と仰せである。

また至高者の御言葉により、吝嗇が大罪であることが明らかにされている。「アッラーが御恵みとして与え給うたものを出し惜しみする者たちは、それが自分たちにとって良いと考えることがあってはならない。いや、それは彼らにとって悪いことである。復活（審判）の日、彼らは自分が出し惜しみしたものを首に巻かれるであろう。」[第3章180節] また他の御言葉にもある。「金と銀を貯め込み、それをアッラーの道に費やさない者たち、彼らには痛苦の懲罰という吉報を伝えよ。」[第9章34節] 臆病もまた同様で以下のような至高者の御言葉にもある。「その日、彼らに背を向ける者は、戦闘のための方向転換か、(別の)一隊(の支援)に合流するためを除き、アッラーからの御怒りを蒙り、その住処は火獄《ジャハンナム》である。またなんと悪い行き着く先か。」[第8章16節] また以下の御言葉にも。「彼らはアッラーにかけて、彼らはおまえたちの仲間である、と誓う。だが、彼らはおまえたちの仲間ではなく、彼らは怯える民である。」[第9章56節] これはクルアーンとスンナに頻繁に言われており、誰もが認めていることであり、俗諺にさえ「槍の一撃もなければ、食器もない。」あるいは「騎士でもなければ、遊牧民の気前良さもない。」と言われているのである。

ここで人は三つのタイプに分かれる。

第一のタイプの人々は、現世の権勢と悦楽を求めて、来世の結末を顧みず、権力は贈賄なしには維持できないと考える。しかし彼らの振る舞うものは、不当な徴発によってのみ得られたものなのである。こうして彼らは気前のよい盗賊となるのである。「自分が食べ、また人を食わせられる者にしか、民衆の統治はできない。自分も食べず、人にも食べさせない清廉の士は、実力者たちに疎まれ、命や財産が奪われないまでも、彼らによって辞めさせるであろう」と彼らは言う。このタイプの人間は、現世の身近な結果しか見ず、現世と来世の行く末を見通せない。こうした者はもし悔い改めなどによってその報いを少しでもよくしようとしないかぎり、現世でも来世でも悲惨な末路を辿ることになろう。

第二のタイプの人々は至高なるアッラーへの畏れと宗教心を有しており、それが、彼らが悪であると考える他人に対する不正行為や禁忌の侵犯などを行うことを妨げる。それは善きことで義務でもある。

しかしそれだけではなく、彼らは、彼ら（第一のタイプの人々）のような禁忌を犯すことなく政治を行うことはできないと考え、（どんな場合も）無条件に政治を避けようとする。おそらく彼らの心には、宗教心とならんで臆病さ、利己心、狭量さが同居しているのである。彼らは行わないことによる害の方が、若干の禁忌を犯すことより有害であるような義務を放棄したり、あるいは逆にそれがアッラーの道から逸れることになるにもかかわらず、義務である行為を禁じてしまうことになる。また自己流の（誤った）解釈により、おそらくそれをさせないことが義務であるが、戦闘によってしか実行できないと信じこんで、ハワーリジュ派が行ったように、ムスリムたちと戦ったりすることにもなる。このような人々のもとでは現世も完全な宗教も立ち行かない。しかし時には、宗教のかなりの部分と若干の現世の事柄がうまくいくこともありうる。また彼らがイジュティハードを行った結果、過ちを犯したのであれば、（その過ちを）赦され、欠点が大目に見られることもある。また時には自分では善行を行っているつもりでいるが、現世の生活での努力は不毛であり、実は逆にもっとも有害な行為を犯している最大の損失者に成り下がってしまうのである。それは自分自身のために（公金を）手にしないだけでなく、他人にも何ものも与えず、有力者や暴君などを財貨や便宜によって懐柔しようともせず、むしろそれらの者の懐柔のための贈物を一種の不正、禁じられている贈賄とみなす人々の生き方なのである。

第三のタイプこそ、中庸のウンマ（共同体）であり、ムハンマドと、復活の日にいたるまでの民衆と選良を統べる彼の後継者たちの宗教の信奉者なのである。そしてそれは、諸般の状況の改善、宗教と宗教の必要条件である日々の暮らしの確立の必要のために、たとえその相手が有力者であっても財物と便益を提供し、自分自身に対しては高潔で権利のないものは取らないということなのである。彼らはこうして敬虔と慈善を兼ね備える。「まことにアッラーは、畏れ身を守る者たち、そして善を尽くす者たちと

共におわします。」〔第16章128節〕

こうでなくては（イスラームの）宗教的政治は立ち行かず、またこのやり方でなければ、宗教（的事柄）も現世（的事柄）も立ち行かないのである。この（第三のタイプの）者は、他の人々には彼らが必要とする食物を与えるが、自分自身は（イスラーム法で）許されたよいものしか食べない。それゆえ彼らの贈物に要する出費は第一のタイプの者が必要とする出費より少なくてすむのである。なぜならば人々は、自分でも（賄賂を）取る（統治）者には、清廉な（統治）者には期待しないようなものを期待するからである。一方、この第三のタイプの（統治）者のもとでは、第二のタイプの（統治）者のもとではなしえない人々の宗教の状況を改善することもできるのである。なぜならば清廉は力をともなってのみ、宗教の尊厳を高めるからである。

両『正伝集』に収録するところ、アブー・スフヤーン・ブン・ハルブが以下のように伝えている。ローマ皇帝ヘラクリウスが預言者についてアブー・スフヤーンに「彼（預言者）は汝らに何を命じているのか。」と尋ねたので、彼は「彼は我々に礼拝と、喜捨と、清廉と、縁者とのつながりを命じられた。」と答えた。また伝承によると「アッラーは、アッラーの友イブラーヒームにこう語られた。『イブラーヒームよ、あなたはなにゆえ私があなたを友としたかわかるか。それはあなたがもらうことより与えることを好むのを知っているからである。』」これこそ我々がこれまで述べてきた活計、また気前よい贈物、便宜供与のことであり、勇気と有害なものを排除することを意味する忍耐と怒りについても同様なのである。

この点に関しても、人は三つのタイプに分かれる。

第一のタイプは、自分自身とその主のために怒るが、第二のタイプは自分自身のためにもその主のためにも怒らない。第三のタイプは、両『正伝集』に収められ、アーイシャが以下のように伝えたように、自分のためには怒らない。

「アッラーの道のために戦う以外には、アッラーの使徒は、召使いであれ、婦人であれ、家畜であれ、どんなものであれ、決して殴打されることはなかった。彼はどんなことがあっても自分自身のために復讐されることはなかったが、アッラーの尊厳が汚された場合は別である。アッラーの尊厳が汚された時には、アッラーのために復讐を果たすまで、なにものも彼の怒りを静めることはできなかった。」

自分のためだけに怒り、その主のためには怒らない、あるいは自分のためにのみ貪り他人に分け与えない者は第四のタイプとなるが、このタイプは（為政者として）最悪であり、彼らのもとでは宗教も現世的事柄も立ち行かない。

完成された政治を行う正義の人とは、義務を果たし禁忌を避ける者である。また、与えることによって宗教が改善されるものを与え、自分たちに許されたものしか取らず、主の尊厳が汚された場合以外には怒らず、蓄財に節度がある者である。そしてこれこそ分配と出費におけるアッラーの使徒の性格であったのであり、諸事におけるもっとも完全なあり方なのである。

それに近づけば近づくほど、より向上するのである。ムスリムはそれに近づくように力を尽くして努めなければならず、至高なるアッラーがムハンマドを遣わされてもたらされた宗教の完全性を認識したうえで、自己の欠陥怠慢についてアッラーに赦しを請わねばならない。それは賞賛さるべき至高なるアッラーの御言葉にある通りなのである。「まことにアッラーはおまえたちに信託物を持ち主に返すこと、また、人々の間を裁く時には公正に裁くことを命じ給う。」〔第4章58節〕アッラーこそもっともよく御存知であらせられる。

第2部　掟と権利

第1章　アッラーの掟と権利

第1節　アッラーの掟と権利の特質

「人々の間を裁く時には公正に裁くことを命じ給う。」［第4章58節］という至高者の御言葉は、人々を裁くことはアッラーの掟（hudūd）と権利（huqūq）の規定に則らねばならない、との意味である。

両者（掟と権利）は二種類であり、第一は特定の個人を対象とするのではなく、その益がムスリム全般、あるいはその一定の範疇の者に及ぶものである。万人がそれを必要としており、アッラーの掟、アッラーの権利と呼ばれる。たとえば追い剥ぎ、窃盗、姦通者などに対する刑罰や、統治に関する諸事項、ワクフ、遺言の問題など、特定の個人を対象としないものである。これらは統治の諸任務の中でもっとも重要な事項である。それゆえ（第四代カリフ）アリーも「人々にはたとえそれが敬虔な者であろうと邪悪な者であろうと指導者（imārah）が必要である。」と言ったのである。「信徒たちの長よ、敬虔な指導者が必要なのはわかりますが、邪悪な指導者はなぜ必要なのでしょう。」と人々が問うと、彼は答えた。「それによってハッド刑が執行され、通行の安全が確保され、敵とのジハードが行われ、ファイが分配されるからである。」

この種（ハッド刑）については、誰かの訴えがなくとも、為政者は調査し執行しなくてはならない。同じようにそれについての証言は誰かの訴えがなくとも有効である。ただし法学者たちの間には、窃盗犯に対する手首切断刑については、被害者が盗まれた財の返還を要求することが必要かどうかについて議論がある。ハンバリー派にも二説があるが、被害者の求刑が必要でないことについては意見が一致している。しかし一部の法学者たちは盗んだ者に情状酌量の余地（shubhah）がない（ことを明らかにする）ように、盗品の返還請求を（刑の執行の）条件にするとしている。

この種の刑は、上流階級、一般の民衆、社会的弱者の別なく適用されねばならず、執り成しや賄賂などによる特赦は許されない。この種の犯罪には執り成しは許されない。それを執行しうるにもかかわらず、執り成しがあったために、執行を停止する（統治）者には、アッラーと天使と人間すべての呪いがかかり、アッラーはその者の償いも代償も受け取りにならない。その者はアッラーの御徴を安価で売る者の範疇に入るのである。

アブー・ダーウードは『スンナ集成』の中でアブドゥッラー・ブン・ウマルが以下のように語ったと伝えている。「アッラーの使徒は言われた。『執り成しによってアッラーのハッド刑のうちのどの刑であれ取りやめた者は、アッラーの御命令に確かに背いたことになるのであり、故意に虚偽の訴訟を行う者は、取り下げるまでアッラーの御怒りの内にある。また篤実なムスリムを中傷する者は言ったことを撤回するまで、混沌の中に留め置かれる。そこで「アッラーの使徒よ、「混沌の泥土」とは何のことでしょう。」と尋ねられると、「獄火の住人を圧搾した絞り汁である。」と答えられた。』」このように、ここで預言者は裁判官、証人、訴訟人について言及されているのであるが、それらの人たちは、裁判を構成する柱なのである。

また両『正伝集』の中でアーイシャが伝えるところによると、クライシュ族にとって最大の関心事が盗みをはたらいたマフズーム家の女性の問題であった時、「誰がアッラーの使徒に、彼女のことで執り成しできるか」と人々は言い合った。その結果そのようなことを敢えて行いうるのはウサーマ・ブン・ザイド以外にいない、ということになった。そのウサーマに向かって預言者は言われた。「ウサーマよ、あなたはアッラーのハッド刑について（赦免の）執り成しを行うのか。イスラエルの子らが滅亡したのは、彼らのうちの身分の高い者が盗みをはたらいた時には目をつむり、弱い者が盗みをはたらいた時には刑罰を科したからではなかったか。ムハンマドの魂がその御手の中にある御方にかけて、もし盗みをはたらいたのが、ムハンマドの娘ファーティマであったとしても、私は彼女の手を切り落とす。」

このハディースには教訓が込められている。つまりクライシュ族の中でもっとも血筋のよいのはマフズーム家とアブド・マナーフ家の両家である。アッラーの使徒は女の盗み、ある学者の説によると負債返還の拒否、他説によると窃盗であったと言われているが、これに対して手の切断を義務づけられたが、その女は最大の部族、最高の家柄の女性であり、仲裁に入ったのがアッラーの使徒の友ウサーマであったにもかかわらず、アッラーの使徒は怒り、アッラーが禁じられたこと、すなわち刑罰（の軽減のため）の執り成しのためにウサーマが介入することを禁じられたのである。さらに万世におけるもっとも気高い女性ファーティマを例に引いてアッラーが彼女からそのような疑いを晴らしておられるにもかかわらず、アッラーの使徒は例にとり「もし盗みをはたらいたのがムハンマドの娘ファーティマであったとしても私は彼女の手を切り落とす」とまで言われたのである。

一説によると手首を切られたこの女が悔い改めた後、預言者の許に来たが、預言者は彼女の面倒を見られたと言われる。また「窃盗犯が悔い改めれば、（罰として切り落とされた）彼の手は彼より先に天国に入る。また窃盗犯が悔い改めなければ彼の手は彼より先に地獄に入る」とも言われている。[1] またマーリクは『踏み均された道（ムワッター）』の中で以下のように伝えている。「ある一団が泥棒を捕まえ、（第三代カリフ）ウスマーンのところに連行しようとしていた。ズバイルが彼らの話を聞き、彼（泥棒）のために執り成しをしようとした。彼らが『ウスマーンのところに連れていかれてから執り成してください』と言うと、ズバイルは言った。『犯罪者が支配者の前に連行された後（誰かが執り成しをした）なら、執り成しをした者にも、執り成しされた者、つまり執り成しを受け入れた者にも神の呪いがあろう。』」

ある時サフワーン・ブン・ウマイヤがアッラーの使徒のモスクで自分の服を掛けて眠っていた。するとそこに泥棒がやってきてその服を盗んだので、彼（泥棒）を捕まえて預言者の許へ連行したところ、預言者はその手の切断を命じられた。そこで（サフワーンは）言った。『私の服のためにあなたは彼の手を切られるのですか。それなら私はその服を彼にあげます。』しかし預言者は『どうして私のところに来る前にそうしなかったのか』と言われ、泥棒の手を切断したのである。[2] スンナ集成者たちがこの話を伝えている。つまり預言者は（以下のことを）意味されたのである。「私の許に来る前なら、（お前はその窃盗犯を許すことが）できた。しかし（窃盗犯が）私のところへ連行されてきた後では、赦免によってであれ、執り成しによってであれ、賄賂によってであれ、いかなるものによってもハッド刑を停止することは許されない」ということなのである。それゆえ、私の知る限り、追い剝ぎや泥棒が為政者の許に連行された後

▼1　アブドゥッラッザーク・サンアーニー（ハディース学者、八二六年没）。
▼2　アブー・ダーウード、イブン・マージャ。

で悔い改めても刑罰は免除されず、たとえ悔い改めたとしても（刑を）執行しなくてはならない、ということで学者たちは一致している。

もし悔い改めた者たちがその悔い改めにおいて誠実であったなら、それ（刑罰）は彼らにとって贖罪となるのである。彼らに（刑を執行）させることは、悔い改めの完成の一部であり、人間の権利において権利の所有者に権利を完済すること、同害報復（キサース）の実行に相当するのである。その根拠は至高者の次の御言葉にある。「また、彼らの財産と子供たちがおまえの気を引くようなことがあってはならない。アッラーはただ彼らをそれによって現世で懲らしめ、不信仰者のまま彼らの魂が離れることを望み給うのである。」［第9章85節］「執り成し（シャファーア）」とは助けを求める者を助けて、その人が孤立していたのを対《つい》（シャファウ）にすることである。それゆえ、もし篤信と敬虔において助けるならば、彼の執り成しはよい執り成しとなるが、罪と暴虐を助けるならば、悪い執り成しとなるのである。敬虔とは（アッラーから）命じられたことであり、罪とは禁じられたことなのである。

しかしもし悔い改めを申し立てる者が、悔い改めにおいて不実であったなら、アッラーは不誠実の企みを成功させ給いはしない。至高者は仰せである。「アッラーと彼の使徒と戦い、地上で害悪をなして回る者たちの報いは、殺されるか、磔にされるか、手足を互い違いに切断されるか、その地から追放されるかにほかならない。これが彼らへの現世での恥辱であり、彼らには来世でも大いなる懲罰がある。ただし、おまえたちが彼らを取り押さえる前に悔い戻った者は別である。それゆえアッラーはよく赦し給う慈悲深い御方と知れ。」［第5章33～34節］アッラーは捕えられる前に悔い改めた者だけを（「お前たちが彼らを取り押さえる前に悔い戻った者は別である」と仰せになり）例外として排除されたのであり、逮捕後に悔い改めた者は（有罪の）原状にとどまるのである。それは（ハッド刑の）一般原則および、意味内容、理由などから知られるのである。これ（上述のようなケース）は罪が明白な証拠で証明された時である。有罪であることを認めて悔い改めた犯人の自白によって（犯罪が）明らかになった場合には、他の場所で論じた通り、（法学者の間で）議論がある。その場合はハッド刑の執行は義務ではなく、もし被告が刑の執行を求めれば刑を科し、そのまま去るならば、刑は科さずにおくのがよい、というのがハンバリー派の説である。「なぜあなた方は彼を放免しないのか」と述べた、とのマーイズ・ブン・マーリクが伝えたハディース、[3]「私は罪を犯した。だから刑罰を科してください。」と述べたハディースは、[4]これに即して解釈される。またアブー・ダーウードとナサーイーの『スンナ集成』が収録するところでは、アブドゥッラー・ブン・ウマルによると、預言者は言われた。「汝らの間ではハッド刑を免除しあえ。しかしハッド刑（に値する犯罪）が（為政者の許に）持ち込まれたなら、それ（刑罰の執行）は義務となる。」またナサーイーとイブン・マージャの『スンナ集成』の中でアブー・フライラが預言者から伝えるところ、彼は言われた。「地上で執行される刑罰は地上の人々にとって四十日の雨にも勝る。」つまりクルアーンとスンナの教える通り、罪は生活の窮乏と敵への恐れの原因となるからであり、一方ハッド刑がきちんと行われる時は、アッラーへの服従が現れ、至高なるアッラーへの反抗が減少し、恩寵と神佑がもたらされるからである。

姦通者、窃盗犯、飲酒者、追い剝ぎなどからは、公庫の補塡のためであれ、他の理由であれ、ハッド刑を免除するために金を取ってはならない。ハッド刑免除のために受け取られた金は、忌むべき不当利

▼3　アブー・ダーウード、イブン・マージャ。
▼4　ブハーリー、ムスリム。

得である。為政者がそれを行えば、ハッド刑を免除することにより義務を怠り、不当利得を得ることにより禁忌を犯すという二つの大罪を重ねることになるのである。至高なるアッラーは仰せになった。「教導師と律法学者は、彼らが罪深い言葉を語り禁じられたものを貪ることを禁じないのか。彼らのなしていたことのなんと悪いことよ。」〔第5章63節〕また至高なるアッラーはユダヤ教徒についても、彼らが「ビルティール（birtīl 賄賂のこと）」とか「贈物」などと呼んでいた収賄による不当利得を貪っていたため、「虚偽に耳を傾け、不法のものを貪る」〔第5章42節〕と仰せになっている。為政者は不当利得を貪る時、虚偽の証言などの嘘に耳を傾けざるをえなくなるのである。また「アッラーの使徒は贈賄者、収賄者、およびその間に立つ仲介者たちを呪われた」とスンナ集成者たちも伝えているのである。▼[5]

また両『正伝集』には以下のようにある。

「二人の男が預言者の許に訴訟を持ち込んだ。そのうちの一人が言った。『アッラーの使徒よ、我々の間をクルアーンに則って裁定してください。』またより学識があった相手が言った。『そうです。アッラーの使徒よ、我々の間をクルアーンに則って裁定してください。まず私の言うことを聞いてください。』預言者は言われた。『言ってみよ。』そこで彼は訴えた。『私の息子は彼の家で働いて、つまり雇われていた時、彼の妻と不倫をはたらいてしまいました。そこで私は羊百頭と召使い一人を渡して息子の罪を贖いました。しかし学識者たちが言うには、私の息子は百回の鞭打ちのうえ一年間の所払いであり、彼女は石打ちであるとのことです。』そこで預言者は言われた。『私の魂がその御手の中にある御方にかけて、私はお前たちの間をクルアーンに則って裁定しよう。まず百頭の羊と召使いはお前に返還される。またお前の息子は百回の鞭打ちのうえ一年間の所払いである。ウナイスよ、明日の朝彼の妻の所に行き、彼女に尋ね、もし彼女が（その事実を）認めれば石打ちにせよ。』そこで彼は彼女に尋ね、彼女が認めたため石打ち刑に処された。」

この伝承によると、罪人の刑の免除のために財貨が払われた時、預言者はその返還と共に刑の執行を命じられ、戦士や貧者などのムスリムのためといえども財貨を受け取られなかったのである。財貨を受け取ることなどによってハッド刑を免除することが許されないということで、ムスリムは合意（イジュマー）しており、姦通者、窃盗犯、飲酒者、反乱者、追い剝ぎなどからハッド刑の免除のために受け取られた金が忌むべき不当利得であるということでもイジュマーが成立しているのである。

世情の堕落の多くは、財貨や名声などを取って、ハッド刑を免除することから生じるのである。それはアラブやトルコやクルドの遊牧民、村落民、都市民、農民、カイスやヤマンの諸党派[▼6]、定着民の指導者や名士や貧者たち、将軍や将校や兵士たちなどの堕落の最大の原因なのである。またそれは民衆の間での為政者の権威と威厳の失墜や勢力低下の原因なのである。収賄や買収によって（ある人の）刑を免除すれば、心が弱くなり他の件でも刑罰を科すことができなくなり、呪われたユダヤ教徒の類いになるのである。買収（ビルティール）の語義は長方形の石なのであるが、それは賄賂の別名となっている。なぜならばそれは長方形の石が（それを口に入れた者の）口を塞ぐように収賄者が真実を語れないよう口を塞ぐからである。そのことは伝承にも「賄賂が門から入ると誠実は窓から出ていく」と言われている通りである。国家（daulah）のためといって取られようとも、罰金の名で呼ばれようとも、この種の財は、同じように不当な利得なのである。堕落した遊牧民が人のためだといって略奪を行い、その足で馬を駆っ

▼5 アブー・ダーウード、ティルミズィー、イブン・マージャ。

▼6 北アラビアのカイス（アドナーン）族、南アラビアのヤマン（カフターン）族の間には反目が記録されている。

て為政者のところへ赴き、彼にその馬などを差し出す時、いかに彼らが堕落における欲望を助長し、権威と権力の尊厳を失墜させ、臣民を堕落させることか。農民なども同様である。

　飲酒者も同じで、もし逮捕されてもいくらかの額の賄賂を支払った（ことで釈放された）なら、（自分も）捕まってもいくらかの保釈金を払えば為政者は不当利得（賄賂）として受け取るであろうと期待して、酒屋はどんなに喜ぶことであろう。有力者も同じで、たとえば農民が罪を犯してスルタンの総督やアミールの村に逃げ込んだ時のように、アッラーとその使徒に逆らって誰かをかくまいハッド刑の執行から守ったりするならば、庇護を与えた者も、アッラーとその使徒に呪われる者になる。ムスリムは彼の『正伝集』の中で、アリーが以下のように語ったと伝えている。「アッラーの使徒が言われた。『アッラーは罪を犯した者と罪人をかくまう者を呪い給う。』」それゆえ罪人をかくまう者はすべてその罪人の仲間であり、アッラーとその使徒はそうした者を呪われているのである。預言者が「執り成しでアッラーの刑罰を妨げる者は、アッラーの命に背いている。[7]」と言われているなら、自分の権力と実力によってハッド刑を妨げて、その代償に犯罪者から不正に金品を受け取る者はどうであろうか。特にそれが辺境の民についての刑罰である場合はよくない。もっとも悪いのは、名誉や富と引き換えに、法《のり》を超えた者たちを庇護することであり、その金を受け取ったのが国庫のためであろうと、為政者自身のためであろうと、秘密にであろうと、公然とであろうと同じなのである。それらはすべてムスリムたちのイジュマーによって禁じられているのである。

　売春宿や酒屋の上納金も同様で、金を取ってそれを黙認するか、誰かを手助けする者も同類なのである。このようにして取得された富は、娼婦に払う金、占い師へのお礼、犬の代金、「カウワード（ポン引き）」と呼ばれる淫行の仲介者への謝礼などとして支払われた金に似ている。預言者は言われた。「犬の代金は不浄である。占い師への礼金も不浄である。娼婦への払いも不浄である。」ブハーリーがこれを伝えている。娼婦への払いは「売春婦の転落」とも呼ばれる。そしてその中には奴隷や自由民の子弟の稚児への淫行の報酬も含まれる。占い師へのお礼とは占星術師などへの、彼らの言うところの予言の報酬としての贈物のことである。

為政者が賄賂を取って、禁じられていることを禁止しなかったり、その侵犯に対する刑の執行を怠るなら、彼は略奪品を賊と分ける強盗団の首領、不倫の密会を手伝って料金を取るポン引きの類いに成り下がり、その立場はルート（ロト）の妻の悪い老女に似てくる。彼女は彼（ルート）の客を売って悪人の手引きをした。彼女について至高なるアッラーは仰せである。「われらは彼と彼の家族を救った。ただし、彼の妻は別で、彼女は後に残った者たち（の一人）となった。」［第7章83節］、また至高者は仰せである。「おまえの家族を連れ、夜の一時《ひととき》に出立せよ。そしておまえたちのうち誰も振り返ってはならない。ただし、おまえの妻は別である。」［第11章81節］こうしてアッラーが悪の手引きをした悪い老女を罰し給うたのは、悪を行う邪悪な民への懲罰と同じだったのである。

それはつまり、そのすべてが罪と暴虐を助けるために金を取ることだからなのである。為政者が擁立されるのは、ただ善を命じ悪を禁ずるために他ならないのであり、それこそ統治の目的なのである。

もし為政者が金を取って悪を黙認するなら、敵との戦いにおいて自分を助けてもらうために雇った者が、敵に寝返って自分に敵対することになったのと同じである。あるいはアッラーの道のために戦うために徴収した金でムスリムたちと戦うようなもので、本来の目的と反対のことを行うことになるのであ

▼7 アフマド・ブン・ハンバル。アブー・ダーウード。

る。

それは、人間の幸福（salāḥ）が善の命令と悪の禁止に依拠していることによって説明できる。現世での生活と来世▼8の幸福は、アッラーとその使徒に対する服従のうちにあるが、それは善の命令と悪の禁止なしには達成されないからであり、それ（善の命令と悪の禁止）によって、このウンマは、人類の間に出現した最善のウンマ（共同体）となったのである。至高者は仰せになった。「おまえたちは人々のために引き出された最良の共同体《ウンマ》であった。おまえたちは良識を命じ、悪行を禁じ、アッラーを信仰する。」［第3章110節］また仰せになっている。「善に誘い、良識を命じ、悪行を禁じる一団《ウンマ》がおまえたちの中にあるようにせよ。」［第3章104節］「男の信仰者たち、女の信仰者たちは互いに後見である。良識を命じ、悪行を禁じ、礼拝を遵守し、浄財を払い、アッラーと彼の使徒に従う。」［第9章71節］また至高者はイスラーイール（イスラエル）の子らについて「彼らは自分たちのなした悪事を諌めあっていなかった。彼らのなしていたことのなんと悪いことよ。」［第5章79節］と仰せられた。また至高者は仰せられた。「それでも彼らがそれによって説教されたことを忘れると、われらは忌事を禁じた者たちを救い、不正をなした者たちを彼らが違背したがゆえに過酷な懲罰で捕えた。」［第7章165節］それによって至高なるアッラーは懲罰が下される時悪を禁じた者は救済されるが、不正な者は厳しい懲罰に捕らえられることを告げ給うたのである。また確かなハディースによると、（初代カリフ）篤信者アブー・バクルは、アッラーの使徒の説教壇から人々に説教して言った。「人々よ、あなた方はこの節『信仰する者たちよ、おまえたちにはおまえたち自身に対して（責任が課されている）。おまえたちが導かれたなら、迷った者はおまえたちに害をなすことはない。』［第5章105節］を読んでいるが、その意味を歪めている。私はアッラーの使徒が『人々が悪を見てそれを改めようとしないなら、アッラーは彼らにその懲罰を下し給う』と言われたのを聞いた。[9]」また別のハディースによると「罪は隠れていれば本人を害するだけであるが、顕わになったにもかかわらず、それが禁じられずに放置されれば、全体に害を及ぼす。」と預言者は言われた。[10]

上述のこの種のアッラーの掟と権利の最大の目的は、善の命令と悪の禁止である。善の命令とは礼拝、喜捨、斎戒、巡礼、正直、誠実、孝行、親戚付きあい、家族や隣人とのよい関係などである。それゆえ為政者が定めの義務の礼拝を行いうる者すべてに命じ、怠る者を罰さなければならないことはムスリムのイジュマーである。もし（礼拝を）否定する者たちが武装集団をなしている場合には、ムスリムたちのイジュマーによって、その（礼拝）拒否に対して戦争が遂行されねばならない。同様に浄財や斎戒などの無視や、近親婚や無法狼藉など（ムスリムたちの間で）明白に禁じられるべきこととしてイジュマーが成立している事柄を合法とすることなども同様に戦いの対象となる。万人の認めるイスラームの明白な律法の遵守を拒むすべての集団に対しては、宗教がすべてアッラーのものとなるまで、ジハードを続けることが義務となることで学者たちは一致している。

礼拝の拒否者が個人である場合については、礼拝をするようになるまで鞭打ち禁固に処さねばならないとも言われる。しかし悔い改めを促した後にもなお礼拝を拒めば、死刑が義務となる、ということで、学者の大多数が一致している。もし悔い改めて礼拝をしなければ死刑となるが、不信仰者として殺され

▼8 底本は ʿibād で「現世での生活と人間（ʿibād）の幸福は」だが、DAF版の maʿād で「現世での生活と来世（maʿād）の幸福は」と読む。

▼9 イブン・マージャ、アフマド。

▼10 タバラーニー、ハイサミー（シャーフィイー派法学者、九七三年没）、アブー・ヌアイム（歴史学者、一〇三八年没）、バイハキー。

るのか、ムスリムとして殺されるのかについては二説ある。サラフ（先師たち）の大半は不信仰者として殺される、との説を採っている。それはすべて彼ら（拒否者）が礼拝を義務であると認めている場合であり、それが義務であることを認めない者は不信仰者であることは、ムスリムたちのイジュマー（総意）である。既述のすべての義務を否定し、禁止事項を認めない者についても同様であり、それに対しては戦闘が義務である。

義務の無視や禁止事項の侵犯に対する懲罰こそは、アッラーの道のためのジハードの目的であり、クルアーンとスンナが教えている通り、ウンマに対する義務であることで、（学者の間で）一致があり、もっとも高貴な行為の一つである。

ある男が尋ねた。「アッラーの使徒よ、アッラーの道におけるジハードに匹敵する行為を私に教えてください。」（使徒は）答えられた。「あなたにはできない。不可能である。」しかし（男は更に）言った。「それを私に教えてください。」それで（使徒は）言われた。「戦士が出征している間、（昼間は）斎戒しそれを解かず、（夜は）礼拝に立ち弛緩せずにいることができるか。」男が答えた。「誰にそんなことができましょうか。」また（使徒は）言われた。「しかしそれがアッラーの道におけるジハードに匹敵する行為である。」▼11また（使徒は）言われた。「天国には百の階梯があり、それぞれの間隔は天と地ほどもある。そしてアッラーは御自身の道の戦士のためにそれを用意なされたのである。」この二つ（のハディース）は共に両『正伝集』に収められている。また預言者は言われた。「物事の初頭はイスラームであり、その支柱は礼拝であり、その鞍の頂はアッラーの道におけるジハードである。」至高なるアッラーは仰せである。「信仰者たちとは、アッラーと彼の使徒を信じ、その後に疑念を持たず、アッラーの道において己の財産と己自身によって奮闘《ジハード》する者たちにほかならない。それらの者、彼らこそ誠実な者である。」［第49章15

節〕また至高者は仰せである。「おまえたちは、巡礼の水の提供と禁裏モスクの差配をアッラーと最後の日を信じ、アッラーの道で奮闘《ジハード》した者と同様だとするのか。彼らはアッラーの御許では同じではない。そしてアッラーは不正な民は導き給わない。信仰し、移住し、自分たちの財産と命を捧げてアッラーの道で奮闘《ジハード》した者はアッラーの御許で一層大いなる位階にある。そしてそれらの者、彼らこそは成功者である。彼らの主は、彼の御慈悲と御満悦と彼らのための楽園の吉報を告げ給う。そして彼らにはそこでは永続の至福がある。彼らはそこでいつまでも永遠に。まことにアッラー、彼の御許には大いなる報償がある。」〔第9章19～22節〕

第2節　武装盗賊団に対する刑罰

それ（法定刑）には、アラブ、トルコマーン、クルドなどの遊牧民、農民、腐敗した兵隊、都市の無頼の輩《やから》などの武装盗賊団（muḥāribūn）や武器を持って路上などで公然と人を襲い金品を奪う追い剝ぎ（qāṭiʿ al-ṭarīq）に対する罰が含まれる。彼らについて至高なるアッラーは仰せである。「アッラーと彼の使徒と戦い、地上で害悪をなして回る者たちの報いは、殺されるか、磔にされるか、手足を互い違いに切断されるか、その地から追放されるかにほかならない。これが彼らへの現世での恥辱であり、彼らには来世でも大いなる懲罰がある。」〔第5章33節〕またシャーフィイーはその『遡及伝承集』において、追い剝ぎについてのイブン・アッバースから以下のように伝えている。「もし殺人を犯したうえで金品を

▼11　ブハーリー、ナサーイー。

奪ったのなら、死刑のうえ十字架にかけられねばならない。殺人を犯しただけで金品を奪わなければ、死刑だけで十字架にはかけられない。金品を奪っただけで殺人を犯さなければ、手足を交互に切断される。また道（の交通）を脅かしただけで何も奪わなければ所払いとなる。」

これはシャーフィイー、アフマド・ブン・ハンバルなどの学識者たちの多くの意見であり、アブー・ハニーファの説もこれに近い。彼ら（学識者）の中にはイマーム（カリフ）が自らの判断で刑を決める権利があり、たとえばその者が部下のいる（武装盗賊団の）首領である場合のように、たとえ（その者自身が）殺人を犯していなくとも、死刑に公益があると考えれば死刑にでき、金品強奪の危険と可能性のあるような場合は（実際には）強盗をはたらいていなくとも公益があると判断すれば（手足を）切断できると考える者もある。また彼らの中には、もし金品を強奪したなら手足を交互に切断し、死刑に処したうえ十字架につけるべきであると言う者もいるが、前の意見の方が多数説である。武装盗賊団がいったん殺人を犯したなら、イマーム（カリフ）はハッド刑として彼らに死刑を科さねばならず、決して死刑を免除してはならない、ということが学者たちのイジュマーである。それについてはイブン・ムンズィル▼12が学者のイジュマーを伝えている。この場合には怨恨や紛争などの個人的な理由による個人的殺人の場合と異なり、決定権は被害者の相続人にはないのである。個人的殺人の場合には、被害者の血（の権利）は被害者の後見人たちのものであり、殺すのも赦すのも、血の代償を取るのも彼らの自由なのである。なぜならばその殺人は個人的動機によるものだからである。

武装盗賊団の場合は他人の財産を奪い、広く世間に迷惑をかけるから、殺した方がよい。それゆえ彼らの死刑はアッラーの掟（ハッド刑）なのである。これについては法学者たちの間にイジュマーがある。

しかし被害者が奴隷で殺人犯が自由人であったり、あるいは被害者がムスリムであるが殺人犯が（異教徒の）ズィンミーや安全保障取得者（ムスタゥミン）であるなど、被害者が殺人犯と対等な地位にない場合については法学者たちは武装強盗の死刑の是非に関して意見が分かれている。最有力説によると処刑される。なぜならば他人の財産を奪えば手足を切断され、権利を侵害すれば禁固に処されるのと同じように、その公共の害悪により、ハッド刑として死刑に処されるのである。

　また武装盗賊が集団であり、うち一人が直接の下手人であり、残りがその助け手であり協力者であった場合はその下手人だけが死刑になるという説もある。しかし（学者の）大多数は、下手人と協力者に差はなくたとえ百人いようとも全員死刑である、との説であり、正統カリフたちからもそのように伝えられている。（第二代カリフ）ウマルは武装盗賊団の「頂」（ラビーア）を死刑に処した。「頂」とは高いところで見張りをする男のことで、そこから仲間のために誰か来るのかを監視するのである。なぜなら下手人は、協力者の力と支援があって初めて殺人が可能になったからである。

　もし集団が互いに協力しあい武装集団となったならば、その報酬も罰も共有すべきなのであり、それはジハード戦士と同じなのである。預言者も言われている。「ムスリムは血においてお互いに等しい。最下位の者も自らの責任を果たし、他の者と同じものを手にし、彼らの分遣隊も居残った者の許に返される。」と言われた。[13] つまり、ムスリム軍が分遣隊を派遣し、それが戦利品を獲得した場合、その分遣隊が獲得したものを軍はそれ（分遣隊）と共有する、という意味である。なぜならその分遣隊は本隊の背後からの支援と力のお陰で成功したからである。ただし分遣隊は本隊の兵より余分の加増に与かるのであ

▼12　シャーフィイー派法学者、九三〇年没。
▼13　ナサーイィー、アフマド、イブン・マージャ。

る。預言者は分遣隊に戦いの発端であればフムス（五分の一）の残りの四分の一、本拠地への帰還の後に派遣したのであればフムス（五分の一）の残りの三分の一の加増を与えたのである。また逆に軍（の本隊）が戦利品を獲得した場合は分遣隊もそれと分けあう。なぜならそれ（分遣隊）は軍（全体）の利益になるためのものだからである。預言者もバドルの戦いにおいてタルハとズバイルにそのように戦利品を分配されたのである。なぜなら預言者は彼ら両名を軍の利益のために分遣されたからである。武装集団を助ける者とそれを支援する者は、彼らに益となることであれ、損となることであれ、それを分けあうのである。（イスラームの）解釈をめぐってではなく虚偽のために互いに戦う、党派心と無明時代の遺恨により相争うカイス族とヤマン族のように共に不正な者たちも同様である。両『正伝集』が収録しているが、預言者も「二人のムスリムが互いに剣を抜いて戦うならば殺した側も殺された側も地獄に落ちる。」と言われ、「アッラーの使徒よ、殺した側はわかりますが、殺された側はどういうことなのでしょう。」と尋ねられて、「彼も仲間を殺そうとしたからだ。」と答えられたのである。[14]

殺人者が特定できなかった場合、一つの集団の全員が自分たちの奪った命や財産を他の集団に対して責任を負わなければならない。なぜなら一つの集団があたかも一つの身体のように、互いに助け合ったからである。アブー・ハニーファやアフマド・ブン・ハンバルなどの学者の大半によるとアラブの遊牧民がよくやるように金品を奪っただけの時は死刑にはならず全員が右手と左足を切断されるだけである。それが「手足を互い違いに切断される。」［第5章33節］というアッラーの御言葉の意味なのである。つまり暴行をはたらいた手と足が切断されるのである。その手と足は出血多量で死に至らないように止血のため煮た油で治療されねばならない。

それ（手足切断）は死刑より（犯罪）抑止効果が大きいこともある。死刑が忘れられがちなのと違い、アラブの遊牧民や綱紀の乱れた兵士たちは手足を切断された仲間をいつも見ていればその罪を思い起こし自制するようになるのである。またある種の邪な者は手足の交互切断より死刑を好む。それ（手足切断刑）は彼とその同僚にとってより苛酷な見せしめ罰となるからである。

武装盗賊団が武器を見せるだけで殺人も盗みも犯さず矛を収めて退散する、あるいは強盗をやめるなら「所払い」となる。「所払い」とは追放であり、彼らはその地方に住み続けることはできない。あるいはそれは禁固のことであるという説もある。あるいは追放にしろ、禁固などにしろ、イマーム（カリフ）が相応しいと考えることである、とも言われる。

シャリーアが定める処刑は剣などによる首切りによるべきである。なぜならばそれがもっとも最善の安楽死の方法だからである。同様にアッラーは人であれ、動物であれ、殺すことが認められたものは可能であるならばそのように殺すこと（安楽死）を定められたのである。預言者は言われた。「アッラーは万物に対する最善の対処を命じられた。殺す時にも最善のやり方で殺し、屠殺する時も最善の方法で屠殺せよ。お前たち一人ひとりナイフを砥ぎすまし。屠殺される動物を安楽に死なせてやれ。」ムスリムがこれを伝えている。「殺害においても、もっともやさしい者は信仰者である。」[15]またここで言われている磔刑とは、人々が彼らを見ることができるように、また彼らのこと（末路）を周知せしめるように、彼らを高い場所に掲げることである。学者の大多数の見解ではそれは死後のことである。しかし十字架につけられた後に殺されるのであるとする学者もいる。学者の一部は剣以外の手段で処刑することも許され

▼14　正しくはズバイルではなく、サイード・ブン・ザイド（バイハキー、イブン・アサーキル、DAF版参照）。
▼15　アブー・ダーウード。

るとし、直接殺さず死ぬまで高所に放置されるべきであるとさえ言う者もある。
みせしめは報復の場合しか許されない。イムラーン・ブン・フサインは言った。「アッラーの使徒が我々に説教された時、いつも我々に喜捨を命じ、我々が殺した不信者にさえ『みせしめの蛮行（muthlah）』を禁じられた。それゆえ我々は決して殺害後に耳や鼻をそいだり、腹を裂いたりして彼らの死体をみせしめにすることはなかった。ただし彼らが先に我々にそれを行っていた場合は別で我々も彼らに彼らが行ったように報復することもある。しかし至高なるアッラーの御言葉にある通りしないでおく方がよいのである。『もしおまえたちが罰するならば、おまえたちが罰されたのと同じものをもって罰せよ。だが、もしおまえたちが忍耐すれば、それは忍耐する者たちにとって一層良い。そして忍耐せよ。だが、おまえたちの忍耐はアッラーによるほかない。』〔第16章126～127節〕
この節は多神教徒たちがハムザなどのウフドの戦いの殉教者に「みせしめの蛮行」をはたらいた時降示されたという。つまり預言者が「アッラーが我々に彼らに対する勝利を与え給うなら、彼らが我々になした『みせしめの蛮行』を倍にして復讐しよう」と言われた時、アッラーはこの節を降示されたのである。もっともこの節はすでにマッカにおいて啓示されていたものである。たとえば「彼らはおまえに霊について尋ねる。言え、『霊はわが主の御命令による。』」〔第17章85節〕とか「昼の両端と夜の初めに礼拝を遵守せよ。まことに善事は悪事を追い払う。」〔第11章114節〕などもマッカで一度降示されたが、後にマディーナでそれを仰せになる必要が生じ、再び繰り返して示された、預言者は「我々は忍耐します」と言われたのである。またムスリムの『正伝集』の収録するところ、ブランダ・ブン・ハシーブは以下のように伝えている。「預言者は分遣隊であれ、軍隊であれ、あるいは私的な用事においてであれ、指揮官を派遣する時には、至高なるアッラーを畏れ、同行するムスリム、よく扱うことを命じ、『アッラーの御名によって、アッラーの道のために戦え。アッラーを信じない者と戦い、法を超えず、背信行為をなさず、みせしめの蛮行を行わず、子供を殺してはならない。』と常に言われていた。」武装盗賊団が金品を奪うために、砂漠ではなく、町中で武器を振り回した場合については、人々に助けを求めれば助けられるのであれば、それらは武装盗賊団ではなく、横領者や略奪者の類いだという意見もある。しかし、そうした者に対する判断は、町中でも砂漠でも同一である、というのが学者たちの多数意見である。これはよく知られたマーリクの説であり、またシャーフィイーとアフマド・ブン・ハンバルの弟子の多く、アブー・ハニーファの弟子の一部の意見である。

彼らは町中での方が砂漠でより、処罰されるにより相応しい。なぜなら都市は安全と安心の場であり、人々が助けあい、協力しあう場であるから、それに対する彼らの侵略は、激しい戦闘と抵抗を引き起こすからである。また彼らは人の住居を襲いすべての財産を奪う。一方（道中の）旅行者の場合には通常は財産の一部しか身につけていないから、（町中で略奪を行う者の方がたちが悪いという）こちら（の見解）が正しいのである。特にシリアでは「アーンマ」、エジプトでは「ミンサル（鳥のくちばし）」、バグダードでは「アイヤール」と呼ばれている徒党は、（呼び名がどうであれ）杖や、手か投石器で投げた石などで襲撃しようとも、やはり武装盗賊団なのである。一部の法学者から伝わるところでは、刃物による以外に強盗行為はないと語ったと伝えられている。また別の学者は異論のあるなしにかかわらず、強盗行為とは刃物か鈍器によるものであるということに対するイジュマーを伝えている。

正しくは、ムスリムの大半が考えている通り、どんな種類であれ金品を奪うために武器を持って戦ったのなら、その者は強盗であり追い剥ぎなのである。それはどんな種類であれ武器を持って不信仰者がムスリムと戦うなら、その者は敵兵であり、また剣であれ、槍であれ、矢であれ、石であれ、杖であれ、どんな手段であれムスリムが不信仰者と戦うならその者は、アッラーの道のために戦う戦士であるのと同じである。

また旅人に宿を貸し、そこで機会を待ち、孤立した時を見計らって殺して金品を奪ったり、あるいは仕立屋や医者などを注文と偽り家に呼び寄せて金品を奪うといったように、金品を奪うために偽って人を殺す者がいる。そのようなやり方は暗殺（ghilah）と呼ばれ、ある人々は彼らを「待ち伏せ人（muʻarrij）」と呼ぶのである。金品が奪われた場合、彼らを武装盗賊団の同類とみなすべきか、それとも彼らには同害報復（qawad）の規定が適用されるべきかについては、法学者の間に二つの説がある。第一の説によると、彼らは武装盗賊団と同じである。なぜなら策略による謀殺も公然たる襲撃による殺人もどちらも予防しようがないという点で等しいか、あるいは（被害者が）気付かないという点では前者の方がより有害だからである。第二の説によると武装盗賊団とはあくまでも戦いを公言する者を指すのであり、策略によって暗殺された者の復讐は、血（の報復）の権利者（wālī al-dam）の問題であることになる。第一の説がシャリーアの原則によりかなっていよう。なぜなら（被害者が）気付かないという点では後者（謀殺）の方がより有害だからである。

ウスマーンやアリーを殺害した者のように、スルタン（君主）の殺害者については、法学者たちの見解は割れている。彼らが武装盗賊団であり、ハッド刑で処刑されるべきか、彼らの処分は血の権利者の手に委ねられるべきかについては、ハンバリー派などでも意見が二つに割れている。というのはその殺害は公共的損害でもあるからである。

第3節　武装盗賊団への出頭命令が拒否された場合

これまでの議論はすべて犯人を逮捕しているとの前提での話であった。スルタン（支配者）かその代理人が、不法にではなくハッド刑を執行するために彼ら（に出頭）を求めたのに彼らがそれを拒否した場合は、全員を捕らえるまで彼らと戦うことがムスリムたちの義務であることには（学者たちは）一致がある。皆殺しにしなければならないような戦闘によってしか、彼らを屈服させることができないのであれば、彼らが殺人を犯していようといまいと、それ（皆殺し）に至ろうと戦わねばならない。その戦闘においては首を切るなり何なりと可能ないかなる手段で殺しても構わない。また彼らを守り助けて共に反抗する者とも戦わねばならない。前者はハッド刑の執行であるが、後者は戦闘である。そしてこれらの者との戦闘はイスラームの法を拒否する集団の処刑より重要である。なぜならばこうした者たちは宗教の施行でも王権の樹立のためでもなく、ただ生命と財の強奪と農業と牧畜の破壊のためだけに徒党を組んでいるからである。武装盗賊団のようなこうした輩《やから》は、砦や洞穴や山頂や涸れ川の谷底などに潜み、通りかかる者を襲うのである。彼らは為政者の軍隊がやってきて、ハッド刑執行のためにムスリムと団結への帰順を呼び掛けても、その軍に歯向かい撃退してしまうのである。巡礼などに追い剝ぎをはたらく遊牧民や、山頂や洞窟をねぐらとする山賊やシリアとイラクを結ぶ街道筋で追い剝ぎのために団結し、「盗賊（nāhiḍah）」と呼ばれている徒党などがこれにあたる。すでに述べた通り彼らとは戦われるが、彼らは不信仰者ではないので、信仰者たちとの戦争とは異なり、他人の財産を不当に奪っていなければ、彼らの財産が没収されることはないが、そう（不当に奪ったの）であれば賠償責任が生じる。たとえ略奪した当人が特定できない場合でも奪った金額に相当する額を彼らから徴収しなくてはならず、それがわかる場合も同じである。なぜならばすでに述べたように協力者と直接の実行者は同じだからである。しかし実行者が判明した場合、責任は彼にかかり、奪ったものを元の持主に返還しなくてはならない。彼ら（元の持主）に返還することができない場合には、彼らの征伐に加わった戦士団の報賞などのようにムスリム全体の利益となることのために使うべきである。

彼らとの戦闘の目的は、ハッド刑の執行のために、彼らを拘束することと、さらなる害悪の防止にある。彼らのうちの誰かが重い傷を負った場合も、その者が死刑に値するのでない限り、その者を（自然に）死ぬに任せ、とどめは刺さない。またもし彼らの一味が逃げその脅威が除かれたなら、その者がハッド刑に値するか、あるいは将来の結果を恐れるのでない限りは彼を追う必要はない。また彼らの一人でも捕虜にした場合には他の者に科されるべきハッド刑が彼に対し執行される。

法学者のなかには彼らに対しより厳しい見方をし、彼らの財産が戦利品となり五等分すべきだと言う者もいるが、多数意見はそれを否定している。彼らがイスラームのシャリーアから離反した集団の王国に合流し、彼らを助けてムスリムに敵対する時にはその敵対ゆえに征伐されねばならない。また追い剝ぎを行うわけではないが旅人から人、家畜、荷物などの通行料（darībah）、安全料（khafārah）を取り立てる者について言えば、その者は不法な徴税人（makkās）であり、彼には不法な徴税人に相応しい罰が科されるべきである。法学者の間でもこうした者の死刑が可能か否かについて意見が分かれている。確かに路上で襲撃が行われたわけではないから、彼らは追い剝ぎとは呼べない。しかし預言者が（姦通をした）ガーミド族の女性について「彼女は悔い改めた。不法な税（maks）を取る者でも、もし彼女と同じくらい悔い改めれば、赦されもしよう。[16]」と言われたことからもわかるように、復活の日には、不法な徴税人はもっとも苛酷な罰を受けるのである。
（武装盗賊団に）不正に金品を要求された者が、武装盗賊団と戦ってもよいことは、ムスリムのイジュマーである。戦うことができる以上、そうした輩《やから》に多少たりとも金を与える義務などないのである。預言者も言われている。「自分の財産を守ろうと戦って殺された者は殉教者である。自分の命を守ろうと戦って殺された者も殉教者である。また自分の尊厳を守ろうと戦って殺された者も殉教者である。[17]」

法学者はこのような者を「襲撃者（ṣāʾil）」と呼んでおり、（誤ったイスラーム）解釈によるのでもなく、権限もなく、不正をはたらいている者なのである。そのような者に要求されたのが金の場合、いかなる可能な手段によってそれを撃退してもよい。もし戦いによってしか撃退できないなら、戦われる。

もっとも、戦いを断念しなにがしかの金を与えることも許される。禁じられた者に不義を求めたり、人妻や奴隷少年に淫行を要求するなど、求められたのが貞潔である場合には、たとえ戦いになろうと可能な限り自己を守らねばならず、金品を求められた場合、それに屈しても許されるのとは異なり、決してそれを許してはならない。なぜなら金品の散財は許されるが身体や貞潔の汚辱は（たとえ自ら望もうと）許されないからである。また賊の目的殺人（自体）にある時の自衛は単に合法的であるのかそれとも義務であるのかについてはハンバリー派内部でも両方の意見がある。

これはすべての人々の間に支配者（ただ一人の）スルタンがいる場合である。もし ― アッラーよ、我らを守り給え ― 内戦が生じ、ムスリムの中に二人のスルタンが立ち、覇権を争う時、一方が他方

▼16 ムスリム。
▼17 アブー・ダーウード、ティルミズィー。

の領土内に侵攻し、刀剣を抜いた場合については、（領民が）内戦の中で自衛行為を取ってもよいのか、あるいは戦わずして降伏するべきかについては、ハンバリー派内などの学識者の間でも両方の意見がある。

スルタンが禁令を犯す武装盗賊団たちを取り押さえた時に、彼らが人々の財産を奪っていたなら人のものだったものを武装盗賊団から取り返し、元の持主に返還し、そのうえでその武装盗賊団たちの肉体にハッド刑を与えなければならない。窃盗犯の場合も同じである。もし彼らの罪状が確定した後に、その財を差し出すのを拒んだならば、被害者に奪ったものを差し出すか、代理人に払わせるか、その（隠し）場所を教えるまで禁固刑か鞭打ち刑で、彼らを罰しなくてはならない。それは、支払いが自分に課された権利の（支払いを）拒む者はみな罰されるのと同じである。アッラーはクルアーンにおいて、夫に反抗的な妻が果たすべき夫の権利を拒んだ時、夫は彼女がそれを果たすまで打つことを許し給うた。それゆえこれらの者たち（窃盗犯のケース）はなおさら適当なのである。そしてその請求と懲罰はその財産の元の持主の権利なのである。それゆえ持主がその財を彼ら（武装盗賊団）にあらためて与えたい、あるいは帳消しにしたい、あるいは彼らの懲罰を赦したいと望んだなら、ハッド刑の執行の場合と異なり、被害者にその選択権があるのである。一方、ハッド刑にはいかなる赦免もありえないのであり、また被害者に権利の放棄を強制することはイマーム（カリフ）にもできないのである。

もし（奪われた）財物が、彼ら（武装盗賊団）によってであれ、窃盗によってであれ、すでに蕩尽されて無くなってしまっている場合には、（加害者は）他の債務者がその支配義務を負い、（支払いが）困難な場合にも可能となるまでその義務が（延期されて）継続するのと同じように、その財の持主に対して返済する義務がある、とも言われる。これはシャーフィイーとアフマド・ブン・ハンバルの説である。また賠償と手首の切断刑が重複してはならない、とも言われる。これはアブー・ハニーファの説である。（加害者は支払い）不能な時ではなく、可能な時だけ賠償義務がある、とも言われる。これはマーリクの説なのである。

武装盗賊団を逮捕するためであれ、ハッド刑を執行するためであれ、奪われた財物を彼らから取り戻すためであれ、窃盗犯を捕らえるためであれ、自分個人のためであれ、逮捕のために派遣する軍のためであれ、スルタンは（奪われた）財物の持主（被害者）から代価を取ってはならない。というのは、それらの輩《やから》の逮捕は、アッラーの道におけるジハードの一種であるからであり、ムスリムの軍はそのために、ビーカール（ペルシャ語で「戦闘」の意味）と呼ばれるような戦闘に出陣するのと同じように、出陣するのであある。またそのために戦う（ジハードする）者の戦費は、その他の兵士たちに与えられるのと同じ財源から賄われる（べきなのである）。もしそれらの兵士たちがすでに十分な封土（イクター）かアター（俸給）をもらっていればよいが、そうでなければサダカ（浄財）の中から公共の福祉のための支出として遠征に必要な十分な費用が支給される（べきである）。というのはこれ（遠征）も、アッラーの道のためだからである。それゆえ商人が追い剝ぎにあった場合のように金品を奪われた旅人に浄財の支払い義務があれば、イマーム（カリフ）は彼らの財産の中から浄財を徴収しそれを、武装盗賊団を捕らえるための軍の俸給など、アッラーの道のために費やすことも許されるのである。またもし彼ら（賊）に強大な力があり、懐柔するしかない場合には、イマーム（カリフ）は彼らの首領たちに他の者たちの引き渡しに協力させるために、あるいは悪行を慎ませ、他の者たちを弱体化させるなどのために、ファイか公益のための財かザカート（浄財）などから与えるが、それは許される。これらの者たちは懐柔の必要な者の範疇に入るのであり、アフマド・ブン・ハンバルらの学匠たちも一人ならず、これと同じような意見を述べている。そしてこれはクルアーンとスンナとシャリーアの有力な解釈である。

イマーム（カリフ）は賊徒に対抗する能力に欠ける者、強奪の被害に遭った者から金を受け取った商人等の旅人などを賊徒征伐に派遣してはならない。むしろ強くて信頼の置ける軍勢を派遣すべきであり、それが難しい時には、順によりましな者から送るべきなのである。もしスルタン（支配者）の代官か村長などの誰かが、密かにあるいは公然と、賊徒に強奪を命じ、彼らが何かを奪いにきた時、彼らとその獲物を分配し、そのうえで、彼ら（賊）を（密かに）庇護した場合、彼らの（盗まれた）財の一部で、彼ら（被害者）を納得させようと、納得させせまいと、それは賊徒の首領よりも重大な罪である。なぜなら。前者（代官や村長たちの悪事）を防ぐことよりも、後者（賊）たちの襲撃を防ぐ方が容易だからである。それについては賊徒の共犯と支援者について言ったのと同じことが言われなければならない。もし彼ら（賊徒）が殺人を犯したなら、彼（共犯）も死刑というのが信徒たちの長（第二代カリフ）ウマル・ブン・ハッターブと学識者の多数意見である。そしてもし彼ら（賊徒）が窃盗を犯したなら、彼（共犯）の手も切断され、殺人を犯しかつ金品を奪ったなら、彼（共犯）も死刑の後十字架にかけられる。学識者の一部の説によると、手を切断し死刑に処し、更に十字架にかけられるべきだという。また彼が彼らに許可を与えなくても、彼らを逮捕したあとで富を彼らと分けあい、ハッド刑の権利と義務の一部を正すことを怠った場合は、どちらかを選択できるとも言われる。

ハッド刑のいずれか、あるいは至高なるアッラーのであれ人間のであれ権利（の返還）が義務である武装盗賊団や窃盗や殺人犯などを匿い、不当にではなくその者（罪人）に対して義務であることを遂行するのを妨害する者も、その罪に関してその犯人の共犯となるのであり、アッラーとその使徒はそれを呪っているのである。ムスリムはその『正伝集』においてアリー・ブン・アビー・ターリブが以下のように言ったと伝えている。「アッラーの使徒は言われた。『アッラーは悪を行う者と悪人を匿う者を呪い給う。』」それゆえ悪人を匿う者が逮捕されたなら、彼には彼（犯人）を引き渡すか、（居所を）教えることが求められる。もし拒めば、支払うべきものの支払いを拒む者が罰されることについて我々がすでに述べたのと同じように、その悪人を逮捕できるまで、いくたびも監禁や鞭打ちで罰される。人であれ財物であれ、差し出すことが義務であるものの差し出しを妨害する者は罰されなければならない。もし正当に探索されている財物のありか、人物の居場所を知っている者が、その妨害をしているなら、彼はそれを教え、それを示さなければならず、それを隠してはならない。なぜならそれは敬虔と畏神における協力だからである。

逆に財物や人物が不当に探索されている場合にはそれを教えてはならない。なぜならそれは罪と暴虐における協力に他ならないからであり、その場合にはそれを拒まなければならないからである。なぜなら不正に扱われている者の支援は義務であるからであり、両『正伝集』にはアナス・ブン・マーリクが以下のように言ったと伝えている。「アッラーの使徒が言われた。『不正を行う汝の兄弟と不正に扱われている汝の兄弟を助けよ。』私は尋ねた。『不正に扱われている者は助けます。しかし不正を行う者を一体どう助けよとおっしゃるのですか。』するとアッラーの使徒は『彼の不正を止めなさい。それが彼を助けることとなるのだ。』と答えられた。」またムスリムもジャービルから同じような趣旨の伝承を伝えている。両『正伝集』はバラー・ブン・アージブが以下のように言ったと伝えている。「アッラーの使徒は我々に七つのことを命じ、また七つのことを禁じられた。即ち我々に（1）病人の慰問、（2）葬儀への参列、（3）くしゃみをした者の健康の祈願、（4）誓約の完遂、（5）招待に応じること、（6）不正に扱われた者の援助、（7）平安の挨拶をかわすこと［「平安の挨拶を交わすこと」は写本には欠落、ムスリムの正伝集から補う］、を命じられ、（1）金の印章を指につけること、（2）銀器で飲むこと、（3）獣皮のじゅうたんや鞍の使用、（4）絹、（5）エジプト布地、（6）金襴緞子、（7）錦の服の着用を禁じられたのである。」

それゆえその（犯人の居所を）知っている者がその場所を教えるのを拒めば、それを白状するにいたるまで、禁固などにより彼を罰してよい。なぜならば、代理が不可能な自分だけが果たすべき義務を拒んだので、既述の通り罰されるのである。ただしその場合も彼が（犯人の居所を）知っていることを確認したうえでなければ罰してはならない。これは為政者や裁判官などが扱う事件において、言葉であれ行為であれ、義務を拒む者すべてに当てはまる原則である。それは、①「荷を担う（者）は他（者）の荷を担うことはない」〔第6章164節〕、②「荷を負う者は、他人の荷を負うことはない」〔第17章17節〕、③そして荷（罪）を負う者は、他の者の荷を負うことはない〔第35章18節〕、④重荷を負う者は他の者の荷を負うことはない〔第53章38節〕、という至高なるアッラーの御言葉や「邪悪な者は、自己に悪をなすだけではないか」という預言者の言葉[▼18]にあるように、ある人にその人以外の人が果たすべき義務（の遂行）を求め、他人の犯した罪の罰を科すことではない。つまりそれ（これらの言葉の意味）は、自分が代理人でも保証人でもなく、自分の許にその（他人の）所有物があるのでもない者が、他人が払うべき財物を請求される場合や、あるいは自分自身が罪を犯したのでもなく、義務を怠ったのでもなく、禁じられたことを行ったのでもなく、親戚や隣人の犯した罪のため罰せられるといった場合のことであり、（もちろん）そのようなことは許されないのである。一方、これ（我々の論じた例）は、自分自身の罪に対して罰を受けるのである。なぜならば（罰を被るべき犯人を匿う者は）（本来他者に）権利（のあるもの）の返済のため出頭を求められている悪者の居所か、あるいは正当な権利者に所有権のある財物の在処を知っていながら、党派的集団が互いに助けあうように、悪人にも便宜をはかり保護を与えるか、あるいは不正に扱われている者への敵意や憎悪のために、クルアーンとスンナとイジュマーにある義務である協力と支援を拒んだからである。至高なるアッラーは仰せになった。「民に対する憎しみがおまえたちを公正でなくなるよう仕向けさせることがあってはならない。公正にせよ。それが畏怖により近い。」[第5章8節]

それはアッラーのために働くこと、アッラーが義務となされた正義の実行を怠ることであるか、あるいはアッラーの教えに対して臆病になったり、無気力になったり、失望したりすることである。それはちょうど、アッラー、その使徒、その宗教、その啓典の遵奉を怠り、「アッラーの道に急げ」と言われて地に倒れ伏す者たちがするようなことである。そして、あらゆる点から見て、このようなことは懲罰に値することの範疇に入るということで、学者たちの見解は一致している。

このように(正しい)道を行かない者は、ハッド刑を勝手に免じ、アッラーの権利を踏みにじり、強者が弱者を食いものにするのである。それは、現物であれ債権であれ、不正に返済を遅らせた者の財産を預かりながら、それを公正な為政者に引き渡さず、それで自分の借金を返したり、そこから自分に課された義務である自分の家族、親戚、奴隷、家畜の扶養の経費を賄う者に似ているのである。

また人はしばしば他人のために、権利義務関係(ハック)が課されるのである。たとえば、親族が入用であるために出費を余儀なくされるとか、人を殺した者の親族に血の代償の支払いの責任がかかるというような場合である。

それは追い剝ぎや窃盗とその庇護者の場合のように、差し出すべき金品や人物を隠し、差し出さずにいることが判明している者、あるいはその場所を知っていながら、それを教えないでいる者であるとわ

▼18 ティルミズィー、イブン・マージャ。

かっている者に対する行政裁量刑なのである。ただし追手がその者を虐待したり不正に扱うことを懸念して、告知や引き渡しを拒むのであれば、その者は義人なのである。もっとも、多くの場合、この二つは区別しにくく、そのような懸念と我欲が混じりあっているため、真理と虚偽を区別する必要がある。

このようなことは、砂漠や都市の有力者の許へ、庇護を求める者がやってきた場合、あるいは両者の間に血縁関係、友情があった場合にしばしば生ずる。つまり、有力者たちは、たとえその者が被害者の権利を侵害した悪人であろうとも、自分たちが彼(逃亡者)を助けることに、ジャーヒリーヤの虚栄、罪の自慢、ならず者の間で名声をあげることを見いだすのである。特にその被害者が有力者であり、自分たちを呼びつけ、高圧的態度をとる場合には、自分たちの許に匿われている者を引き渡すことは屈辱であり、弱さの表れだと考えるのである。これは、一般的に言って、純粋にジャーヒリーヤなのである。そして、これこそ、宗教と現世の堕落の最大の原因の一つなのである。バクル族とタグリブ族の間に起きたバスースの戦いのような、アラブの遊牧民の間の戦争の原因もそれに他ならないと言われており、また、トルコ人やモンゴル人のイスラーム世界への侵入と、彼らがトランスオキシアナとホラサーンの諸王を征服した原因もそれである。

自らを低くする者をアッラーは高め給い、自分に権利のあるものを(寛大に)施す者は、自らを高めるのである。アッラーの御許でもっとも高貴な者(とみなされるの)は、もっとも主を畏れる者である。そして悪を誇る者、権利義務を蔑ろにし、罪を犯す者は、自分自身を低め、おのれを卑しめているのである。至高なるアッラーは仰せになった。「威力(栄誉)を願っていた者があれば、アッラーにこそ威力はそっくり属す。」[第35章10節]また至高者は「偽善者」について仰せになった。「彼らは、『われらがマディーナに戻れば、そこの有力者はきっと下賤の者を追い出すであろう』と言う。だがアッラーにこそ威力は属し、また、彼の使徒と信仰者たちにも。とこが偽信者たちは知らないのである。」〔第63章8節〕また、至高なるアッラーは、この種の人の性質について仰せになっている。「人々の中にはその現世での言葉がおまえの気に入る者がいる。そして彼はアッラーを彼の心中の証人とする。しかし彼は最も手ごわい論敵である。そして彼は背を向けると、地上に荒廃をもたらし、田畑と子孫を滅ぼそうと奔走した。だが、アッラーは荒廃を愛し給わない。そして『アッラーを畏れ身を守れ』と言われると、虚栄が彼に罪を犯させる。それで彼には火獄《ジャハンナム》で十分である。また、なんと悪い寝床か。」〔第2章204～206節〕

ある人に庇護を求められた者にとって、その求めた者が不正を蒙った者であった場合のみ、その人を助けることが義務となる。その場合、庇護を求めた本人の主張だけでは、彼が不正を受けた者とは決められない。なぜならば、人は、自分が不正をはたらくものであっても、不平不満を言うものだからである。それゆえ、その人についての情報は、むしろその人の敵などによって明らかになるものである。もし（庇護を求める者が）不正を行ったのであれば、できるならば、平和的な手段か公正な裁定によって、穏便にその者を不正から引き離すべきである。それが不可能なら、強制的にでも（不正から引き離さなければならない）。

カイスとヤマンなどのような部族の民や、互いに相争う都市や砂漠の民などのような妄執の虜の党派（ahl al-ahwāʾ）のように、全員が不正を犯している場合もありうる。あるいはまた、あいまいさや解釈の違いにより、また、両者の間に生じたことについての誤解とかにより、両者のどちらをも不正を犯していない場合もある。そのような時には、和解か裁定に努めなければならない。至高なるアッラーが仰せになっている通りである。「もし、信仰者たちの二派が闘争すれば、おまえたちは双方の間を正せ。そして、もし一方が他方に不当に振舞えば、不当に振舞う側と、そちらがアッラーの御命令に戻るまで戦え。それでもしそちらが戻れば、双方の間を公正に正し、公平にせよ。まことに、アッラーは公平な者たちを愛し給う。信仰者たちは兄弟にほかならない。それゆえ、おまえたちの兄弟両者の間を正し、アッラーを畏れ身を守れ。きっとおまえたちも慈悲を掛けられるであろう。」〔第49章9〜10節〕また、至高者は仰せになる。「彼らの密談の多くには良いことはない。ただし、喜捨、善行、人々の間の和解を命じる者は別である。そしてアッラーの御満悦を望んでこれをなす者があれば、われらはいずれ彼に大きな報酬を与えよう。」〔第4章114節〕

また、アブー・ダーウードは彼の『スンナ集成』の中で、預言者について以下のように伝えている。「『真理において自分の部族を支配することは党派心（ʿaṣabīyah）になりますか。』と尋ねられた時、預言者は『違う。』と答え、さらに言われた。『しかし、人が虚偽において自分の部族を助けるなら、それは党派心にあたるのである。』また、次のように言われた。『汝らのうち、最善の者は、自分の部族が罪を犯さない限りにおいてのみ、自分の部族を守る者である。』そしてまた、こうも言われた。『虚偽において自分の部族を助ける者をたとえると、井戸に落ちる駱駝の尻尾を（引き上げようと）引っ張る（者が駱駝と共に井戸に落ちる）ようなものである。』またこうも言われた。『ジャーヒリーヤ時代の挽歌を求める者には、その男の父の男根を噛ませておき、比喩を用いてはならない。』」

血縁、郷土、人種、法学派、神秘主義教団など、イスラームとクルアーンの呼び掛けから逸らすものはすべて、ジャーヒリーヤ時代の挽歌なのである。ムハージルとアンサールの二人の男が争い、ムハージルの男が「ムハージル（の兄弟）たちよ。」と言い、アンサールの男が「アンサール（の兄弟）たちよ。」と言った時、預言者は、「私がお前たちの間にいるというのに、ジャーヒリーヤ時代の言い争いを繰り返すとは。」と言って、そのことに激しく憤られたのである。[19]

第4節　窃盗罪のハッド刑

窃盗犯について言えば、クルアーン、スンナ、イジュマーにより、その右手を切断しなくてはならない。至高なるアッラーは仰せになった。「男の盗人と女の盗人は、彼らの手（首）を切断せよ。彼らのなしたことへの報いとして、アッラーからの見せしめに。アッラーは威力比類なく、英明なる御方。しかし、自らの不正の後に悔いて戻り、（行いを）正した者、アッラーは彼を顧み戻り給う。まことにアッラーはよく赦し給う慈悲深い御方。」［第5章38～39節］そして、証拠か自白によってハッド刑が確定した後には、禁固によってであれ、賠償金によってであれ、あるいは他のなににによってであれ、刑の執行を延期してはならず、何か、大事な催しのある時に、その手を切断しなくてはならない。なぜならば、ハッド刑の執行は、アッラーの道におけるジハードのように、アッラーの崇拝の一形態であるからである。ハッド刑の執行は、アッラーからの僕《しもべ》たちに対しての慈悲であることを知らねばならない。それゆえ為政者は、ハッド刑の執行において厳しくあらねばならず、アッラーの教えにおいて憐憫の情からハッド刑を免除してはならない。というのは、ハッド刑の目的は、（個人的）怒りの発散や民衆の支配欲などではなく、人を悪行から遠ざけることによる人々への慈悲なのであるから、それはちょうど自分の子供をしつける父親と同じなのである。もし（父親が）憐憫や甘やかしから母親がよくやるように、子供のしつけを怠れば、子供を損なうことになるのである。（父親は）ただ子供への慈愛と、子供の性質をよ

▼19　スユーティー（ハディース学者、シャーフィイー派法学者、一五〇五年没）。

くしようとする気持ちから、（できれば）厳しいしつけのなどしないで済ませたいと思いながらも、子供をしつけるのである。またそれは病人に苦い薬を与える医者と同じであり、身体の腐った部分の切断や、吸い玉療法、血管切開などと同じである。また人が苦い薬を飲み、安楽を得るために自分に労苦を甘受するのもそれと同じである。というわけで、これと同じように、ハッド刑も（アッラーにより）定められているのである。

同様に、為政者のハッド刑の執行における意志もそうでなければならない。為政者の目的が、被為政者に益を与え、害を除き、彼らの向上と、非行の禁止にあり、それによって至高なるアッラーの尊顔（を拝すること）とアッラーの命令への服従を望んでいるなら、アッラーは彼のために人々の心を柔和になさり給う。そうなると、彼には善きことの芽はたやすく訪れ、人間的な刑罰だけで用が足りるようになる。そのような為政者がハッド刑を科す時には、受刑者さえ納得するのである。ところが、もし彼の目的が、人々が彼を崇め、彼のために彼の望む富を貢ぐように、人々を支配し、権勢を確立することにあるなら、その目的が彼の上に報いとなってはね返ってくるのである。以下のような話が伝えられている。（ウマイヤ朝第八代カリフ）ウマル・ブン・アブドゥルアズィーズがまだカリフに就任する以前、預言者の町（マディーナ）における（ウマイヤ朝第六代カリフ）ワリード・ブン・アブドゥルアズィーズの代官だった頃のことであるが、彼は正しい政治を行っていた。ある時、人々に苛酷な刑罰を科していたハッジャージュがイラクからやってきて、マディーナの人々にウマルについて尋ねた。「お前たちの彼に対する恐れはいかほどのものか。」人々は答えた。「我々は彼（の顔）を正視できません。」また彼は尋ねた。「ではお前たちの彼に対する愛はどれほどのものか。」彼らは答えた。「我々は彼を自分の家族より愛しています。」また彼は尋ねた。「彼はお前たちをどう罰しているか。」彼らは答えた。「三回から十回の鞭打ちです。」そこでアル＝ハッジャージュは言った。「これが彼への恐れであるか。これが彼への愛であるか。これが彼の与える罰であるか。これはまさに天の恵みである。」

窃盗犯の手を切断した後は、止血の手当をしなければならない。そして、それ（切り落とされた彼の手）を首に掛けさせるのが望ましい。もしその者が再び盗みをはたらけば、今度は左足が切り落とされる。三回目、四回目について言えば、教友たちとそれ以後の学者の間に、それについて二つの説がある。第一の説によると、三回目、四回目にはその四肢を切り落とすべきであるという。これはアブー・バクルとシャーフィイー派の説であり、アフマド・ブン・ハンバルの一つの意見だと言われる。第二の説によると、（三回目、四回目には）彼は監禁されるべきであると言われる。これはアリーとクーファ学派の説であり、アフマド・ブン・ハンバルのもう一つの意見であるとされる。窃盗犯の手が切り落とされるのは、彼が（最低基準額に相当するものを）盗んだ場合に限られる。それ（最低基準額）は、四分の一ディーナール（金）か三ディルハム（銀）であるというのが、マーリク、シャーフィイー、アフマド（・ブン・ハンバル）らを含むヒジャーズ学派やハディース学者らの大半の学者の見解なのである。しかし、中には、一ディーナールか十ディルハムであると言う者もある。ともあれ、それ（最低基準額以上）を盗んだ者は、手を切断されるということでは、学者たちは一致している。

両『正伝集』に収められているイブン・ウマルの伝えるハディースによると、アッラーの使徒は三ディルハムの値の「ミジャンヌ（楯）」の場合には、（盗んだ者の手を）切ったという。ムスリムのテキストによると、これは「三ディルハムの価値の『ミジャンヌ』の場合、窃盗犯の手を切断した。」ということであり「ミジャンヌ（mijann）」とは「トゥルス（turs）装甲」のことである。また、両『正伝集』にあるアーイシャから伝わるハディースによると、彼女はこう語った。「アッラーの使徒は言われた。『四分の一ディーナール以上（の盗み）については手が切り落とされる。』」またムスリムのテキストでは、「四分の一ディーナール以上（の盗み）についてでなければ手は切り落とされない」とあり、またブハーリーのテキストでは、「預言者は、『四分の一ディーナール（の盗み）については手を切り落とせ。しかしそれ以下の場合には手を切り落としてはならない』と言われた」とある。そして当時は四分の一ディーナールは三ディルハムであり、一ディーナールは十二ディルハムであったのである。

保管場所（ḥirz）から金品を奪ったのでなければ窃盗犯とはならない。持主が紛失したものや、囲いの無い砂漠の木になっている果実や、牧者のいない羊などの（奪われた）場合には、手の切断刑は無く、その場合の盗人は、ハディースにあるように、罰されたうえ、損害の倍額の賠償が科されるのである。「倍額賠償（taḍʿīf）」の解釈については、学識者の間で意見が分かれている。倍額賠償を主張する者には、アフマド・ブン・ハンバルなどがおり、ラーフィゥ・ブン・フダイジュはこう語っている。「私は、アッラーの使徒が『果実や実の盗みに、手の切断刑は無い』と言われるのを聞いた。そして、『実（kathr）』とは、『ナツメヤシの核（jummār）』のことである。[20]」スンナ集成者たちがこれを伝えている。アムル・ブン・シュアイブがその父を経て祖父から伝えているハディースは以下のように言う。「私はムザイナ族の男がアッラーの使徒に以下のような質問をするのを聞いた。『アッラーの使徒よ、私は迷い駱駝について尋ねるために、あなたの所へやってきました。』そこでアッラーの使徒は答えて言われた。『その駱駝に蹄と皮袋があれば、それは木を食べ、水場に行くであろうから、それを放っておけ。そのうち誰かが捜しに来るであろう。』さらにその男は尋ねた。『では迷い羊はどうなりますか。』アッラーの使徒は答えられた。『お前か、お前の兄弟か、狼のものである。誰かが捜しに来なければ、それを集めてよい。』彼はまた尋ねた。『では餌場から盗まれた家畜についてはどうでしょう。』アッラーの使徒は答えられた。『その場合盗まれたものの二倍の値段の賠償と、みせしめの鞭打ちである。もし水場から盗まれた場合、その盗品の値段が楯の値（三ディルハム）に達したなら、手の切断である。』またその男は尋ねた。『アッラーの使徒よ、果実やそこから取られた外皮はどうでしょう。』アッラーの使徒は答えられた。『それを食べただけで着服しなかった（持ち帰らなかった）者にはなんのとがめもない。しかし持ち帰った者には、その値の二倍の賠償とみせしめの鞭打ちである。もし臼から盗まれた場合、その盗品の値段が楯の値に達したなら、手の切断である。その値段が楯の値に達しない場合には、盗まれた品の値の二倍の賠償とみせしめの鞭打ちである。』」スンナ集成者たちがこれを伝えている。ただし、ここに引用したのはナサーイーの書いている筋である。そのような理由で、預言者は次のように言われた。『置引き（ムンタヒブ）』や『予告犯（ムフタリス）』や『詐欺師』には手の切断刑は無い[21]。」

「置引き」とは衆人監視の下で何かを盗む者のことであり、「予告犯」とは何かを強奪する前に、取ることを予め知らせる者のことなのである。また「スリ（タッラール）」とは、財布、風呂敷、袖などを切り裂いて盗む者（バッタートゥ）のことであり、確かに手の切断刑に処せられるべきである。

第5章　姦通罪のハッド刑

姦通者について言えば、もしそれが既婚者（ムフサン）であれば、死にいたるまで石を投げられる。そ

▼20 アブー・ダーウード、ティルミズィー。
▼21 アブー・ダーウード、ナサーイー。

れは預言者がマーイズ・ブン・マーリク・アスラミーやガーミド族の女やユダヤ教徒らを石打ちに処した前例の通りであり、その後もムスリムたちは石打ち刑を行ってきている。ただし石打ちの前に百回の鞭打ちを行うべきかどうかについては、学者たちの意見は一致していない。ハンバリー派やその他の派でも、意見が二つに分かれている。

姦通者が既婚者でない場合には、クルアーンによって百回の鞭打ちのうえ、アッラーの使徒のスンナにより一年間の追放となる。ただし学者の中には、追放を義務とは考えない者もある。

多くの学者、あるいは学者の大半の意見によると、四人の証人がそれを証言するか、あるいは本人が四回それを自白するまで、姦通の容疑者に対するハッド刑は執行されない。しかし、中には、本人の自白の場合には一回で足りると言う人もいる。また、いったん自白した後、自白を翻した者については、ハッド刑は免除されると説く者と、免除されないと言う者がある。

「既婚者（ムフサン）」とは、自由身分であって責任能力がある者で、正式に結婚した自分の妻である女性と一回でも性的交渉を持ったことのある男のことである。性的交渉の点において、女性が男性と同じであるか否かについては、学者たちの間に二つの異なる意見がある。また、成人前の女性と男性の場合に既婚（イフサーン）に当たるか、またその逆の場合はどうかについても意見が分かれている。

シャーフィイーやアフマド・ブン・ハンバルら多くの学者の意見ではズィンミーにも「既婚者（ムフサン）」は当てはまる。なぜならば、預言者は、彼のモスクの門前でユダヤ教徒を石打ちに処したのであるが、それはイスラームにおける最初の石打ちであったからである。

夫も主人も無い女性が、まぎれもなく妊娠しているのが見つかった場合についても、意見が分かれており、ハンバリー派などでも二つの説がある。一つの説は、彼女にはハッド刑は科されないと言う。なぜならば彼女が、強姦や性交なしの妊娠、あるいは、無効の婚姻契約によって妊娠したということもありうるからである。（そのような女も）ハッド刑に処される、とも言われ、正統カリフたちからもそのように伝えられており、それがシャリーアの原則によりかなっている。またそれはマディーナ学派の見解でもある。なぜなら稀な可能性は、彼女が嘘をついている可能性や証人が嘘をついている可能性と同様に、考慮に入れる必要がないからである。

男色については、そのハッド刑は姦通者のハッド刑に等しいと言う者もあるが、それ以下だとの説もある。教友たちが一致して示した正しい見解は、両者が「既婚者」であろうとなかろうと、上になった者も下になった者も二人とも死刑である、というものである。スンナ集成者たちは、イブン・アッバースからのハディースを伝えている。「預言者は言われた。『ルート（ロト）の民の行為を行う者を見つけたら、している方もされている方も共に殺せ。』[22]」またアブー・ダーウードも、イブン・アッバースが、ある少年の性交の現場を見つけた時、預言者が「彼は石打ちである」と言われたと伝えている。またアリー・ブン・アビー・ターリブについても同様な話が伝わっているのである。

その（男色の）死刑については、教友たちの間に異論は無いが、その方法については諸説ある。「篤信者」アブー・バクルは火あぶりを命じたと言われているが、別の人は死刑、また、ある者から伝わるところでは倒壊によって死にいたるまで、壁を彼の上に崩すべきである。また死にいたるまで、悪臭を放つ場に閉じ込めておくべきだと言う者もあり、町の城壁の上に連れて行き、そこから突き落とし、その上から石を浴びせろと言う者もある。これはルート（ロト）の町の民に対してアッラーがなされた処置で

[22] アブー・ダーウード、ティルミズィー、イブン・マージャ。

あり、[23]イブン・アッバースの説でもある。もっとも、別の伝承によると彼は石打ち説を採ったと言う。そして、サラフ（先師たち）の大半はその意見であった。彼らは「なぜならアッラーはルートの民を石打ちになされたからであり、姦通者の石打ちの規定は、男色の石打ちの準用だったからである。二人が成人に達していれば、その二人が共に自由人であれ、奴隷であれ、一方が他方の奴隷である場合であれ、二人とも石打ちにされねばならない。一方が成人に達していない場合には、達していない者は死刑以下の罰を受けるべきであり、成人以外に石打ちはないのである。」と言う。

第6節　飲酒のハッド刑

飲酒に対するハッド刑は、アッラーの使徒のスンナとムスリムたちのイジュマーで確定されている。スンナ集成者たちは、預言者について複数の経路から以下のように伝えている。「酒を飲んだ者は鞭で打て。再び飲めば、また鞭打て。三度飲めば、また鞭打て。四度飲んだ時には、死刑にせよ。[24]」預言者が一度ならず飲酒者を鞭打たれたことは確かであり、彼の後の正統カリフたちとムスリムたちも彼に倣ったのである。

死刑（の規定）は廃止されたというのが学者の多数意見であるが、それはまだ有効であるとも言われる。またそれはイマーム（カリフ）が必要に応じて行うことのできる行政裁量刑（タァジール刑）であるという意見もある。

預言者が飲酒の罰としてナツメヤシの枝かサンダルで四十回打ったことはよく知られている。アブー・バクルもまた四十回打ったのであるが、ウマルはカリフ位にあった時には、八十回打ったのである。アリーはある時は四十回、またある時は八十回打った。学者の中には八十回が義務であると主張する者もある。また一部の学者は、義務は四十回であり、それ以上は、アルコール中毒になっているとか、鞭以外では飲酒を抑止できないような場合に、イマーム（カリフ）が必要に応じて行いうると言う。飲酒者の数が少なく、飲酒の質も軽ければ、四十回で十分なのである。これが有力な意見であり、シャーフィイーの意見であり、またアフマド・ブン・ハンバルのものとされる二つの見解のうちの一つである。

ウマルは、飲酒が増えると、その禁止の強化のために、罰として追放と剃髪をつけ加えた。また、もし飲酒者が四十回の鞭打ちに加えてパンの支給の停止[25]や解任によって懲らしめられれば、それもよい。ウマルは、代官の一人が酒の詩を読んでいるとの報告を受けた時、彼を解任したのである。

「酒（ハムル）」とは、アッラーとその使徒が禁じられたものであり、預言者は、葡萄、ナツメヤシ、イチジクのような果実、小麦、大麦のような穀物、蜂蜜のような分泌物、馬乳のような動物など、原料がなんであれ酔わせる飲料ならどんなものでも、それを飲んだ者の鞭打ちを命じられたのである。称えらるべき至高なるアッラーが、その預言者ムハマンドに酒の禁止の啓示を下された時、葡萄酒はマディーナの人々の許にはまったく無かったのである。というのは、マディーナには葡萄の木が無かったからである。それはシリアから輸入されたに過ぎず、民衆はナツメヤシの飲料（ナビーズ）を常飲していたのである。人を酔わせるものすべてを禁じ、そのようなものが「酒（ハムル）」であることを示したということは、預言者から発し、カリフたちと教友たちを経て不特定多数が伝えるスンナなのである。

▼23 聖書のソドムとゴモラの話。「創世記」第19章参照。クルアーンではたとえば第29章28〜34節。
▼24 アブー・ダーウード。
▼25 底本では「khabaru-hu（その便りが途絶えること）」だが、DAF版の読み「khubzu-hu（そのパンの支給の停止）」を採用した。

マディーナの人々は甘い「飲料（nabidh）」を飲んでいたのであるが、それは水を甘くするために、ナツメヤシや乾葡萄を水の中に「投げた（anbadha）」もの、つまりその中に「投げ入れた（yatrahu）」ものなのである。「nabdh」とは「tarh（投入）」を意味する。特に、ヒジャーズ地方の水は塩気があるので、そうしたのである。この意味の「飲料（ナビーズ）」は、ムスリムたちのイジュマーによって合法である。なぜならそれは酔わせる作用が無いからである。同じように、葡萄のジュースも、「酔わせるもの」になる前には、合法である。

預言者は、人々にそれらの飲料を、木の器やジャッラ（陶器）――それは土から作られた容器である――や、ヒョウタン、タール塗りの容器などに入れたまま放って置くことを禁じられた。そして、それをきっちりと栓をした容器に入れることを命じられた。なぜならば、飲料の醗酵は気がつかないほどゆっくり進み、往々にして人は十分醗酵したものを気づかずに飲んでしまうかもしれないからである。その点、容器にしっかりと栓がしてあれば、中で飲料が醗酵すれば、その容器が割れて、人々が禁じられたことを知らずに犯すこともないからである。一方、それらの（口に栓をしていない）容器は、（発酵しても）割れることがない（ので人々は発酵しているのに気づかない）。

預言者は、しかし、その後、「かつて私はお前たちに、（飲料を）容器に入れておくことを禁じたが、（これからは）、容器に入れたままにしておけ。ただし、酔わせるものを飲んではならない。」と言われて、容器に入れておくことの厳禁を緩和されたという伝承もある[26]。

しかし、教友たちやその後の学者たちの間では、このことに関して、意見が分かれている。「廃止」については聞いていない、あるいは、確認していないと言い、依然として「容器に入れておくこと」を禁ずる者もいる。また、緩和のハディースが確かだと信じ、以前の禁止は「廃止」されたとし、「容器に入れておくこと」を許可する者もある。また、一部の法学者たちは、教友たちのうちのある者たちが「ナビーズ」を飲んだと聞いて、それが「酔わせるもの」だと信じ、(たとえ「酔わせるもの」であっても)飲んだ者自身が酔わない限りは、葡萄やナツメヤシから作られたのでないある種の飲料を飲むことを容認した。また、ナツメヤシや乾葡萄の飲料を入れた料理にも目をつむるのである。

しかし、ムスリム一般の採る正しい見解とは、「酔わせるもの」はすべて「ハムル(酒)」であり、薬としてであろうとなかろうと、たとえ一滴たりと雖も、それを飲んだ者は鞭打たれねばならないというとである。というのは、預言者は、酒の薬用の是非について尋ねられた時、「それは『病気』であって、薬ではない。」[27]また「アッラーは、我がウンマに対して禁じられたものを薬とし給うことはないのである」と言われたのである。[28]

それゆえ、しっかりした証拠があるか、飲酒者本人が自白した場合には、ハッド刑(の執行)は義務となる。しかし、酒気を帯びていたり、飲んだものを吐くのを見つかった場合については、酒以外のものを飲んだ可能性、あるいは知らずにそれを飲んだり、無理やり飲まされたりした可能性もあるため、ハッド刑は科されるべきではない、と言う人もいる。それが「酔わせるもの」であるとわかった場合には、鞭打たれるべきであると言う人もいる。そして、ウスマーン、アリー、イブン・マスウードら正統カリフやその他の教友たちの説は後者であったと伝えられている。アッラーの使徒のスンナもそれを示しており、それによって人心が鎮まるものであり、マーリクの学説でもあり、アフマド・ブン・ハンバ

▼26 ナサーイー。
▼27 ムスリム、ナサーイー。
▼28 ブハーリー。

ルから伝わる有力説でもある。

葡萄の葉から精製されたハシーシュもまたハラームである。それを食べる者は、酒飲みが鞭打たれるのと同様に、鞭打たれる。それが理性と健康を損ない、無気力や放恣などの堕落に誘う点では、ハシーシュは酒より悪質である。言いあいや争いへ導くという点では、酒の方が悪質なのではあり、両者は共に至高なるアッラーの唱念と礼拝から逸らせるのである。

最近の法学者の中には、ハシーシュを食べることに対するそのハッド刑についての判断を留保する者がいる。というのは、ハシーシュは、クロロホルム（バンジュ）のように快感なしに理性を変性させるものであるが、昔の学者たちはそのようなものについて何も言ってないのであるから、それを食べる者はハッド刑ではなく行政裁量刑によって罰されるべきであると考えるのである。しかし実際にはそうではない。ハシーシュを食する者は、酒飲みと同じかそれ以上に、それに酔い、それに淫するのである。そして、もし彼らがそれを食べ過ぎると、放恣や無気力や健康と理性に与える害などに加え、アッラーの唱念と礼拝から逸らすのである。

しかし、固形食料が飲料でないことから、法学者たちの間ではハシーシュが不浄であるか否かについて論争がある。ハンバリー派などにも三つの説がある。

第一の説：飲料である酒と同じく不浄である。これが正しい見解である。

第二の説：それが固形であるから不浄ではない。

第三の説：それが固形であるか液体であるかで区別して考えるべきである。

どんな状態であれ、言葉のうえでも意味のうえからも、それはアッラーとその使徒が禁じられた「酒」と「酔わせるもの」の範疇に入るのである。アブー・ムーサー・アシュアリーは言った。「アッラーの使徒よ、我々がヤマンで作っている『ビトゥ』――蜂蜜を醗酵するまで水に漬けて放っておいたもの――と、『ミズル』――穀粒や大麦を醗酵するまで水に漬けて放っておいたもの――という二種の飲料についてお答えください。」(また続けて)言った。「アッラーの使徒は話の最後に全体をまとめる言葉を述べられた。『酔わせるものはすべてハラームである。』」両『正伝集』は一致して収録している。またヌゥマーン・ブン・バシールの伝えるハディースによると、アッラーの使徒は言われた。「小麦の酒もある。大麦の酒もある。乾葡萄の酒もある。ナツメヤシの酒もある。蜂蜜の酒もある。私はすべて酔わせるものを禁止する。」アブー・ダーウードなどがそれを伝えている。両『正伝集』の中で、ウマルに遡り、(ウマルが)アッラーの使徒の説教壇上から「酒(khamr)とは、理性を圧倒する(khamara)ものである。」と説教した、と伝えている。また彼の子(イブン・ウマル)によると、預言者は言われた。「すべて酔わせるものは酒であり、すべて酔わせるものはハラームである。」他のヴァージョンでは、「すべて酔わせるものは酒であり、すべて酒はハラームである。」となっている。ムスリムは『正伝集』にこの二つ(のヴァージョン)を収録している。アーイシャから伝わるところ、彼女は言っている。「アッラーの使徒は言われた。『すべて酔わせるものは酒であり、一ファルク(約五十四キログラム)で人を酔わせるものは、手のひらほどの量でもハラームである。』」これはティルミズィーがよいハディースであると言っている。スンナ集成者たちは、多くの伝承の経路によって以下のように伝えている。「酔わせるものは、たくさんでも少しでも、ハラームである。」ハーフィズ[29]はこれを真正なハディースに分類している。ジャービルによると、ある男が預言者に、彼の故郷で皆が飲んでいる、穀物から作るミズルと呼ばれる飲料について尋ね

▼29　イブン・ハジャル・アスカラーニー(ハディース学者、シャーフィイー派法学者、一二〇一年没)。

た。そこで預言者は尋ねた。「それは酔わせる作用があるかな。」その男は答えた。「はい。」預言者は言われた。「酔わせるものはすべてハラームである。アッラーは酔わせるものを飲む者には、混沌の火を飲ませ給う。」人々は尋ねた。「アッラーの使徒よ、『混沌の火』とは何のことですか。」預言者は答えられた。「業火の住人の飲物である。」ムスリムがその『正伝集』でこれを伝えている。イブン・アッバースが伝えるところ、預言者が以下のように言われた。「すべての禁じられたものは酒であり、すべての酔わせるものはハラームである。」アブー・ダーウードがこれを伝えている。

この問題に関するハディースは数多くあり、かつ詳細である。アッラーの使徒は、彼の語られた言葉の中で、理性を曇らし酔わせるものをすべてまとめ、一々区別なさらなかったし、食べ物か飲物によって選ぶこともされなかった。なぜならば、酒も料理に振りかけられることがあり、ハシーシュも水に溶かし飲まれることもあるからであり、すべての酒は飲まれもするし、食べられもするからである。また、ハシーシュも飲まれることもあるし、食べられることもある。それらはみなハラームなのである。先達らがその特定の品（ハシーシュ）に言及していないのは、それを食する習慣が、最近、つまり六世紀（西暦十二世紀）後半かそれ以降になって生じたからである。また、預言者没後に酔わせる飲料は種々生まれたが、それらはみなクルアーンとスンナの包括的な言明の中に含まれるのである。

第7節　姦通の誣告のハッド刑

クルアーンとスンナが規定し、ムスリムのイジュマーがあるハッド刑の中に、姦通の誣告罪に対するハッド刑がある。すなわち、ある「ムフサン」を、姦通か男色のかどで中傷した場合、彼には八十回の鞭打ち刑を科さなければならない。ただし、ここで言う「ムフサン」とは貞潔な自由人であり、また姦通罪のハッド刑の節で述べたように、合法的な婚姻において、妻との完全な性交渉を持ったことのある者である。

第8節　特定のハッド刑の規定の無い罪

（1）決められたハッド刑や賠償規定の無い違法行為には、以下のような例がある。子供や他人の女性との接吻、性交なしの肉体関係、血や死肉のような許されていないものの飲食、姦通以外についての中傷、保管場所以外からの盗み、また、僅かな額の盗みなどの罪を犯した者、あるいは、信頼を裏切った者、つまりその職務において背任行為をした、国庫、ワクフ、孤児の財産などの管理人、背任行為をはたらいた代理人や共同経営者、食物や衣服など（の商売）で不正な行為をした者、また、秤や単位をごまかした者、虚偽の証言をした者、あるいは、虚偽の証言を教え込んだ者、賄賂を取って判決する者、神が啓示されたものに則らずに裁く者、統治下にある臣民を虐げる者、ジャーヒリーヤ時代の頌歌を吟ずる者、あるいは、ジャーヒリーヤ時代の係争に固執する者など。このような罪を犯す者については、人々に対する彼らの罪の軽重に応じて、それに相応しいと考えられる行政裁量刑、みせしめの罰、訓戒を、為政者が考えるべきである。すなわち、罪人の状況に応じ、他人に与える害が多い場合には、少なかった場合とは違って、罰を増すべきである。また、悪に深く染まった者には、それが少ない者とは異なる懲罰を与えるべきである。女性や子供たちを襲う（常習）者には、一人の女性か、あるいは、一人の子供だけにしか手を出していない者には無い罰が科されるべきである。

このような行政裁量刑（の方法）には下限は無い。それは何かを言うことにより、また何かをすることにより、あるいは、何かを言わないことにより、また何かをしないことにより、人に苦痛を与えることすべてによって、罰されるのである。それゆえ、そのような罪を犯した者は、懲戒、非難、侮辱の言葉によって罰されるのである。あるいは、それが公益に合致するなら、悔悛するまで村八分や挨拶の拒否などによって、罰されることもありうる。預言者とその教友たちが「後に残った三人」[30]を村八分にしたように、また預言者とその教友たちがしたように解任によって罰されることもある。また戦線から離脱した逃亡兵のように、兵士をムスリム軍から外すといったことによって罰することもある。敵前逃亡は大罪であり、そのパンの支給[31]の停止は彼に対する行政裁量刑なのである。同様に司令官が重大な問題を起こしたら、行政裁量刑としてその職務を解かれることもある。

　また禁固によって罰されることも、鞭打ちによって罰されることもある。また、ウマルが偽証者について命じたと伝えられるように、顔を黒く塗り逆立ちの姿勢で馬に乗せることによって罰することもある。なぜならば、嘘つきは作り顔をする（顔を黒くする）ので、顔を黒く塗られ、本当のことの逆を話したので、逆さまの姿勢で騎乗させられたのである。

　行政裁量刑の上限について言えば、「十回の鞭打ちを超えてはならない」とも言われる。学者の多くは「それ（タァジール）はハッド刑を超えてはならない」と言うが、そこで彼らは三つの説に分かれる。「それによってハッド刑の下限を超えてはならない、つまり、自由身分の者については、自由身分のハッド刑の下限、すなわち、鞭打ち四十回か八十回を超えてはならず、奴隷については奴隷のハッド刑の下限、すなわち、鞭打ち十回か四十回を超えてはならない」と言う者がいる。また、「どちらに対しても奴隷のハッド刑の下限を超えてはならない」と言う者もいる。さらに、「罪の種類ごとにそのハッド刑を超えなければよいのであって、他の罪に対するハッド刑より重くなっても構わない。つまり、保管場所以外で盗みをはたらいた者のハッド刑は、手の切断を超えてはならないが、それ（手の切断）が執行されれば、それは誣告罪のハッド刑より重い。また、姦通以下のこと（淫行）を行った者の行政裁量刑は姦通者のハッド刑を超えなければ、姦通の誣告犯のハッド刑を超えてもよい」と言う者もいる。

ウマルは、自分の指輪に公印を彫り、それを用いて国庫の金を引き出していた男を百回鞭打ち、翌日また百回打ち、また次の日も百回打ったと言われている。また、正統カリフたちは、男と女が同衾しているのを見つけたら百回鞭打ったと伝えられている。また、預言者は、妻の女中と寝た男に対して、もし妻がそれを黙認していた場合は百回の鞭打ち、そうでない場合には石打ちにされたと言われている。これらの諸説はハンバリー派などに、最初の二つの意見はシャーフィイー派などに存在する。

マーリクらは、「罪によっては死刑にまでいたるものもある」との意見であったと言われている。ハンバリー派の学者にもそれに同調する者がある。たとえば、ムスリムたち内部に巣くうスパイが敵に内通して、ムスリムたちに不利になる利敵行為をはたらいた場合について、アフマド・ブン・ハンバルはその死刑については判断を留保したが、マーリクと、イブン・アキールなどのハンバリー派の一部は、その死刑を認めている。しかしアブー・ハニーファとシャーフィイーと、アブー・ヤァラーなどのハンバリー派の一部は、それを禁じている。

シャーフィイー派とハンバリー派の一部の学者は、クルアーンとスンナに反する新しい改変（bidʻah）

▼30　クルアーン第9章118節参照。
▼31　底本では「ujr（俸給）」だが、DAF版の「khubz（パン）」と読む。

を広めようとする者の死刑を認める。マーリキー派の多くもそうであり、マーリクらがカダル派の死刑を認めたのは、カダル派が地上に害悪を流したからであり、彼らがイスラームから離れたからではないと説明している。魔術師の死刑についても同じことが言われ、学者の多くはそれが処刑される（べきである）と考えている。ジュンダブが彼自身の言葉として、また預言者に遡りうる言葉として伝えるところでは「魔術師のハッド刑は、剣による首切りである。」ティルミズィーがこれを伝えている。ウマル、ウスマーン、ハフサ、アブドゥッラー・ブン・ウマルなどの教友たちも、その（魔術師の）死刑を伝えている。学者の一部は、それは、彼が不信仰を広めるからであると言うが、他の学者は、地上に害悪を広めるからだと言う。しかし、学者の多くは、その死刑を（行政裁量刑ではなく）ハッド刑であると考えている。同様に、アブー・ハニーファは、男色を繰り返したり、金品を奪うために人殺しを重ねたりする者などのように、罪を繰り返す者を、その種（の犯罪）が死刑の必要があるようなものであれば、死刑によって行政裁量刑で罰する（べきだと考える）。

ムスリムがその『正伝集』においてアルファジャ・アシュジャイーから、彼がアッラーの使徒が言われるのを聞いたという伝承「お前たちが一人の長の下で団結しているところへやって来て、お前たちの杖を割り（分裂させ）、団結を乱そうとして命令する者は死刑に処せ」は、悪人は、その悪が死刑をもってしか抑制されないなら処刑されるべきことの典拠とされている。また別伝では、「将来次々と、災厄が生じよう。団結しているこのウンマを分裂させようと図る者が現れたら、それが誰であれ、剣で殺せ」となっている。

飲酒の罪を四回繰り返した者に対するその処刑の命令についても同様に言われる。その典拠は、アフマド・ブン・ハンバルが『遡及伝承』に収めたダイラム・ヒムヤリーが言ったとの以下の伝承である。

「私はアッラーの使徒に尋ねました。『アッラーの使徒よ、我々は激しい労働が行われている土地に住んでいます。我々は小麦から飲物を作り、仕事に際する活力源に、また郷土の寒さの凌ぎとしています。』預言者は尋ねられた。『それは人を酔わせるか。』私は答えました。『はい。』すると預言者は言われた。『それなら避けるがよい。』そこで『人々はそれを止めようとはしないでしょう。』と言うと、彼は言われた。『もしそれを止めないなら、それらの輩《やから》は死刑にしなさい。』」それは、「悪を広める者」とは、「襲撃者（sāʾil）」のようなものであって、「襲撃者」は殺すことによってしか撃退できないならば、殺すべきなのである。

まとめるなら、刑罰は次の二種類となる。

第一は、過去に犯した罪業に対する報いとして、アッラーによるみせしめとして科されるものであり、飲酒者や姦通の誣告者の鞭打ち、賊徒や窃盗犯の切断刑などがこれにあたる。

第二は、将来における義務の遂行、禁止行為の回避のための刑罰であり、背信者にイスラームへの回心を呼び掛け、悔い改めなければ殺すのはこれにあたる。また礼拝や浄財や人間の権利（他人への債務の履行）を怠る者が、履行するまで罰されるのもそうである。

そして、第二の範疇における行政裁量刑は、第一の範疇のそれより重いのである。それゆえ、定めの礼拝を果たすまで、あるいは自己に課された義務を完遂するまで、何度でも鞭打つことが認められているのである。両『正伝集』にある、預言者が「アッラーの定められたハッド刑以外では、十回以上鞭打ってはならない。」と言われたとのハディースを解釈して、学識者たちの一派は、ここで言う「アッラーの定められたハッド刑」とは、「アッラーの権利に関連して禁じられたこと」を指していると解釈している。なぜならば、クルアーンとスンナの用法では、それは合法的なこと（ハラール）の終わりであり、禁じられたこと（ハラーム）の始めであるというふうに、「ハラールとハラームの境界」の意味で使われているからである。前者の例としては、「これがアッラーの諸法度である。それゆえ、それを越えてはならない。」〔第2章229節〕と言われており、後者の例としては、「それがアッラーの諸法度である。それゆえ、それに近づいてはならない。」〔第2章187節〕と言われている。

　しかし、（クルアーンとスンナで）決められた刑罰を、ハッド刑と呼ぶのは最近の用法に過ぎない。むしろ、このハディースの真の意味は、不服従の妻を夫が殴るといったような、自分の権利に関することで打つ場合には、十回を超えてはならないということなのである。

（2）シャリーアによる「鞭打ち」とは、鞭による中くらいの（あまりひどくない）打擲である。何事によらず中庸が最善なのであり、アリーも、「（強弱）二つの打擲の間の打擲、（強弱）二つの鞭の間の鞭」と言っているのである。「鞭打ち」には杖や棒を使ってはならない。といって、牛の腱では十分とはいえない。牛の腱は、むしろ行政裁量刑で用いられるべきなのである。

　ハッド刑においては鞭によって打たねばならない。ウマルは、行政裁量刑は牛の腱によって行ったが、ハッド刑を執行する時には鞭を持ってこさせたのである。また、その際全裸にしてはならない。痛みを妨げる詰物入りの服や毛皮だけを脱がせればよい。また、必要のない場合は、縛る必要はないし、顔も打ってはならない。なぜならば、預言者は、「お前たちのうちの誰かが戦う時には、彼に敵の顔を打たせてはならず、またその急所も打たせてはならない[▼32]。」と言われているからである。鞭打ちの目的は矯正であって、殺すことではない。背中、肩、腿などの各部を打たなければならない。

第9節　ジハード

アッラーとその使徒に反抗する者に対して、シャリーアの定める懲罰には二つの種類がある。第一は、前に述べた通り、個人であれ、集団であれ、すでに捕えられた者に対する罰である。第二は、戦争によってしか制圧できないような武装反乱集団に対する罰である。そしてその（第二の）基本は、アッラーとその使徒の敵である不信仰者に対するジハードである。そして、アッラーが使徒に授けて遣わされたアッラーの宗教への、アッラーの使徒の宣教が届いた者で、それに応えなかった者すべてに対し、「迫害がなくなり、宗教がそっくりアッラーのものとなるまで」［第8章39節］戦うことが義務なのである。

アッラーは、預言者を遣わされ、彼に人々をその宗教へと招くよう命じられたのであるが、（預言者が）マディーナに移住されるまでは、その教えに関して、誰を殺すことも、誰と戦うことも許し給わなかった。至高なるアッラーの以下の御言葉により、初めてアッラーは預言者とムスリムたちに戦うことをお許しになったのである。「戦いを仕掛けられた者たちには、不正を被ったがゆえに許可された。まことに、アッラーは彼らを援けることが可能であらせられる御方。（彼らは）正当な理由なしに自分たちの家から追い出された者たちで、彼らはただ『われらの主はアッラーである』と言っただけであった。そしてもしアッラーが人々を、彼らのある者たち（不正な不信仰者）をある者たち（ムスリム）によって撃退・抑制し給わなければ、修道院も教会も礼拝堂（シナゴーグ）も諸モスクも、──そこではアッラー

▼32　ムスリム。

の御名が多く唱えられる ― 打ち壊されていたであろう。そして確かにアッラーは彼を援ける者を援け給う。まことにアッラーは強く、威力比類なき御方。（彼らは）地上でわれらが彼らに勢威を与えると、礼拝に立ち、浄財を払い、良識を命じ、忌事を禁じた者たちである。アッラーにこそ物事の結果は属す。」〔第22章39～41節〕

そして、その後には、以下の御言葉により、至高なるアッラーは人々に戦うことを義務づけられたのである。「おまえたちには戦いが書き定められた、おまえたちにとっては嫌なものであろうが。だがおまえたちはなにかを、おまえたちにとって良いことでありながらも嫌うかもしれない。また、おまえたちはなにかを、おまえたちにとって悪いことでありながらも好むかもしれない。そしてアッラーは知り給うが、おまえたちは知らない。」〔第2章216節〕

そして、アッラーは、マディーナで降示された章の多くにおいて、その（ジハードの）義務を強調し、ジハードの重要性を示し、その義務から逃れる者たちを非難、それを偽善と心の病によって形容し給うた。至高なるアッラーは仰せである。「言え、もしおまえたちの父、子、兄弟、妻、一族、おまえたちが手に入れた財産、不景気を恐れる商売、おまえたちが満足する住居がアッラーとその使徒とその道における奮闘《ジハード》よりもおまえたちに好ましいのであれば、アッラーが命《めい》を齎《もたら》し給うまで待機せよ。そしてアッラーは邪《よこしま》な民を導き給わない。」〔第9章24節〕

さらに、至高なるアッラーは仰せになった。「信仰者たちとは、アッラーと彼の使徒を信じ、その後に疑念を持たず、アッラーの道において己の財産と己自身によって奮闘《ジハード》する者たちにほかならない。それらの者、彼らこそ誠実な者である。」〔第49章15節〕

また、至高なるアッラーは仰せになる。「断固とした一章が下され、その中で戦闘が言及されると、心に病がある者たち（偽信者たち）が、死（の恐れ）に気も漫《そぞ》ろな者の眼差しでおまえの方を見つめるのをおまえは見た。それで彼らに一層ふさわしいものは、服従と良識的な言葉である。そして、物事が決定された時には、アッラーに忠実であれば、それは彼らにとっては一層良かった。それでおまえたちが（アッラーの命に）背き去ったならば、おまえたちは地上で害悪をなし、おまえたちの血縁（関係）を断つのであろうか（断つのではないだろうか）。」〔第47章20～22節〕

これ（このような記述）はクルアーンに多くある。またジハードとそれを遂行する者の賞賛はその中で以下のように御仰せの「隊列の章」の中にある。「信仰する者たちよ、おまえたちを痛苦の懲罰から救う商売についておまえたちに示そうか。アッラーと彼の使徒を信じ、おまえたちの財産とおまえたちの命をもってアッラーの道に奮闘《ジハード》することである。それはおまえたちにとってより良い。もし、おまえたちが知っていたなら（そのようにせよ）。彼はおまえたちにおまえたちの罪を赦し、おまえたちを下に河川が流れる楽園と定住の園の中の良い住まいに入れ給う。それは大いなる成就である。」〔第61章10～13節〕

また至高者の以下の御言葉の中にもある。「おまえたちは、巡礼の水の提供と禁裏モスクの差配をアッラーと最後の日を信じ、アッラーの道で奮闘《ジハード》した者と同様だとするのか。彼らはアッラーの御許では同じではない。そしてアッラーは不正な民は導き給わない。信仰し、移住し、自分たちの財産と命を捧げてアッラーの道で奮闘《ジハード》した者はアッラーの御許で一層大いなる位階にある。そしてそれらの者、彼らこそは成功者である。彼らの主は、彼の御慈悲と御満悦と彼らのための楽園の吉報を告げ給う。そして彼らにはそこでは永続の至福がある。彼らはそこでいつまでも永遠に。まことにアッラー、彼の御許には大いなる報償がある。」〔第9章19～22節〕

また以下の至高者の御言葉の中にもある。「信仰する者たちよ、おまえたちのうち自分の宗教から背き去る者があれば、アッラーはいずれ彼が愛し給い、また彼らも彼を愛する民をもたらし給うであろう。信仰者たちには謙虚で、不信仰者たちには峻厳で、アッラーの道において奮闘《ジハード》し、非難する者の非難を恐れない。それはアッラーが御望みの者に与え給う御恵みである。そしてアッラーは寛大にして全知なる御方。」〔第5章54節〕

また至高者は仰せである。「それというのも、アッラーの道において渇きと疲労と飢えが彼らを襲い、また彼らが不信仰者を立腹させる踏み跡を踏みしめ、敵から獲得するものがあれば、必ずやその度に、彼らには善行が書き留められるからである。まことにアッラーは善を尽くす者たちの報償を損ない給わない。また彼らが少なくとも多くとも（戦）費を払い、谷一つ横切ろうとも、必ず彼らに書き留められて、アッラーは彼らがしてきたことの最良のもので彼らに報い給う。」〔第9章120〜121節〕

それゆえ、クルアーンとスンナの中における、人々の行為から生まれるものと、彼らの行う行為、ならびにジハードの命令についての言及、ジハードのさまざまな美点についての言及は、数えきれない程多いのである。それゆえ、ジハードは人間が任意で行う業の中でもっとも優れたものだということになる。また、それが、巡礼と小巡礼、任意の礼拝、任意の斎戒より優れていることについては、学者たちの意見は一致している。そのことはクルアーンとスンナも示しているし、預言者も言われている。「物事の初頭はイスラーム、またその柱は礼拝、その鞍の頂はジハードである。」[33]また言われた。「天国には百の階段がある。その段の格差は天と地の間隔にも等しい。アッラーはそれを彼の道のためにジハード（奮闘）する者のために用意し給うた」。これはブハーリーとムスリムが一致して伝える。また預言者は言われた。「足をアッラーの道の泥で汚している者に、アッラーは地獄の業火を禁じ給う。」ブハーリーがこれを収録している。また、預言者は言われた。「一昼夜の辺境防衛は、一カ月の斎戒と礼拝の連続に勝る。もし、そこで死んだとしても、その者は、行っていた行為の報酬を授かり、褒美を賜わり、死後の審問官の審判から守られる。」ムスリムがこれを記録している。またスンナ集成には、「神の道のための一夜の辺境防衛は、他の場所での千夜にも勝る。」とある。[34]

また預言者は言われた。「二つの目は、地獄の業火に捕らえられることはない。すなわち、神への畏れに泣く目と、神の道にあって夜通し監視を怠らなかった目である。」ティルミズィーはこれをよい伝承と言っている。またアフマド・ブン・ハンバルの『遡及伝承集』には、「アッラーの道における一夜の監視は、夜は礼拝に立ち、夜は断食をして暮らした千夜に勝る。」とある。両『正伝集』には、以下のようにある。「ある男が言った。『アッラーの使徒よ、神の道のためのジハードに等しいものを教えてください。』預言者は答えられた。『お前にはできまい。』しかし男は言った。『教えてください。』そこで預言者は答えた。『ジハード戦士が出征している間、斎戒を解かず、気を緩ませずに夜の礼拝を行い続けることができるかね。』男は答えた。『いいえ。』預言者は言った。『それがジハードに等しい行為なのである。』」また、『スンナ集成』によると、預言者は、「どのウンマにもそれぞれの信仰のための遍路の形がある。わがウンマの遍路はアッラーの道のためのジハードなのである。」と言われた。[35]

ジハードは（クルアーンにおいてもハディースにおいても）幅広く扱われている部門であり、他のどんな行為の報奨と徳についても、ジハードについてほどには詳しく説かれてはいない。その理由は考えれば、すぐ明らかになろう。というのは、ジハードのもたらす利益は、宗教と俗世の双方において、その遂行

▼33　ティルミズィー、イブン・マージャ。
▼34　アフマド・ブン・ハンバル、ハーキム。
▼35　アブー・ダーウード。

者と他の人々の両方におよび、かつ外面的と内面的な信仰行為のすべての種類を含んでいるからである。つまりそれは、（ジハードの）他の行為にはない、至高なるアッラーへの愛、彼ただ一筋の信仰、彼への絶対依存、彼への生命と財産の奉納、忍耐、禁欲、彼への祈念などのすべての（よき）行為を含んでいるからである。そして個人であれ集団であれ、それを行う者には、神助と勝利か、あるいは、殉教と天国か、二つのよきもののどちらかが常に与えられるのである。

人は必ず生きて、そして死ぬ。そこで現世と来世の至上の幸福を得るためにその生と死をジハードに用いることもできるが、それを避ければ両方の幸福を失うか、減ずることになる。人々の中には、宗教においてであれ、現世においてであれ、益が少ないにもかかわらず、苛酷な仕事を好んで行う者もある。しかし、ジハードはその双方（宗教と俗事）においていかなる苛酷な仕事にも勝って益がある。時に死が臨むまで、自己の安楽を望むが、殉教者の死は、もっとも易しい死、もっとも優れた死なのである。

シャリーアの定める戦争の基本はジハードである。その目的は、宗教がすべてアッラーのものとなり、アッラーの御言葉が至上のものと（して崇められるように）なることにある。それを妨げる者は、戦争を仕掛けられることでムスリムたちの意見は一致している。戦闘員に含まれない女、子供、修道士、老人、盲人、歩行のできない者などについては、彼らが言葉か行為によって戦闘に参加していたのでない限り、殺してはならないというのが学者の一般的見解である。（奴隷として）ムスリムたちの財産となる女と子供を除いて、不信仰という理由だけで、他のすべての者を殺してよいとする学者もいるが、前者が正しい見解なのである。なぜならば、至高なるアッラーが仰せになったように、戦闘が許されているのは、我々がアッラーの教えを広めようとした時に、我々に戦いを仕掛けてきた者に対してだけだからである。「アッラーの道において、おまえたちと戦う者と戦え。だが、法《のり》を越えてはならない。まことにアッラーは法を越える者たちを愛し給わない。」〔第2章190節〕スンナ集成にも、預言者が、ある戦争で、人々が女の死体の周りに集まっていたところへ通りかかった時、「この女は戦うことはできなかったろう。」と言われ、群衆の一人に向かって、「ハーリドを追いかけ、『女子供（dhurriyah）や賃労働者を殺してはならぬ。』と伝えよ。」と言われたと記されている。[36] 女子供について、預言者は、「弱った老人、小さな子供、女を殺してはならぬ。」と常々命じられていたと言われている。[37]

つまりアッラーは、人々の福利のために必要ならば、人を殺すことも認め給うたということである。至高なるアッラーは仰せになった。「フィトナは戦闘よりも重大（な罪）である。」〔第2章217節〕つまり人を殺すことには、害と悪があるが、不信仰のもたらす害と悪は、それにも勝るということなのである。しかしムスリムたちがアッラーの教えを確立しようとするのを妨げない者については、その者の不信仰の害は彼自身にしか及ばない。それゆえ、法学者たちは、「クルアーンとスンナに背くビドアを唱道する者には、黙っている者には科されない懲罰が科されねばならない。」と言っている。

また、ハディースにもある。「過ちは、それが隠れているなら、行為者自身以外を害することはない。しかし、それが表に現れれば、人々全体に害を及ぼすことは否定できない。」[38]

それゆえ、シャリーアは不信仰者を殺すことを義務づける一方、そのうちで捕虜となった者には、死刑を科すことを義務とはしていない。むしろ、戦闘であれ、船で運ばれてきたとか、道に迷ったとか、わなにかかったとかの戦闘以外のケースであれ、不信仰者の一人を捕虜としたならば、クルアーンとス

▼36 イブン・マージャ。
▼37 アブー・ダーウード。
▼38 タバラーニー、ハイサミー、バイハキー、アブー・ヌアイム。

ンナも示しているように、イマーム（カリフ）は、その捕虜について、殺すなり、奴隷にするなり、解放してやるなり、身代金か身代わりを取るなり、最善と思う処置をとればよい、というのが法学者の一般的意見である。ただし法学者の中には、釈放したり身代金と引き換えに解放することは、廃棄されたと考える者も存在する。

啓典の民とゾロアスター教徒については、イスラームに帰依するか、降伏して人頭税（ジズヤ）を支払うまで、彼らと戦わねばならない。

それ以外の宗教の信者については、人頭税を取ってよいか、否かについては、法学者間の意見が分かれてはいるが、多くの者はアラブからは取ることはできないと言う。賊徒がイスラームを名乗りつつ、なおかつ、周知の明白なシャリーアの規定を拒めば、それらの者に対しては、宗教がすべてアッラーに帰すまで、ジハードを遂行しなくてはならない、ということでムスリムは一致している。それゆえアブー・バクルや教友たちもみな、ザカートを払わない者たちと戦ったのである。教友の一部は最初彼らとの戦いについてためらっていたが、結局は同意した。ウマルはアブー・バクルに向かって言った。「あなたは人々とどう戦うつもりですか。アッラーの使徒は、『私は、人々が、アッラーの他に神はなく、ムハンマドはアッラーの使徒であると証言するまで、戦うよう命じられている。そして、人々がもしそう証言するなら、彼らが正当に支払うべきもの以上に、彼らの生命と財産が、私の手によって奪われることはない。彼らの裁きはアッラーに委ねられるべきである。』と言われています。」アブー・バクルは彼に答えた。「浄財（ザカート）は、『彼らが正当に支払うべきもの』にあたるのである。それゆえ、アッラーにかけて、もし彼らがアッラーの使徒にこれまで納めていたザカート（浄罪）を、私に納めるのを拒むなら、私はその拒否を理由に彼らと戦うであろう。」ウマルは後に述懐して言った。「まことにアッラーがアブー・バクルの胸を開いて戦いを決定させたとしか言いようがない。そして私も彼が正しいのを悟ったのである。」

預言者がハワーリジュ派との戦いを命じられたということについては、多くの経路によるハディースによって確認されている。両『正伝集』によるとアリーは言った。「私はアッラーの使徒がこう言われるのを聞いたことがある。『来世には年若く愚かな徒党が現れる。彼らは最善の人のような言葉を吐くが、その信仰は喉を越えない。彼らはあたかも矢が獲物を射ぬくように、イスラームの教えを射ぬいて飛び去る。彼らと出会い次第、彼らを殺せ。彼らを殺した者は、復活の日に彼らを殺したことの報奨を授かろう。』」また、ムスリムが伝える別伝によると、アリーは言った。「私はアッラーの使徒がこう言われるのを聞いたことがある。『私のウンマに、クルアーンを、お前たちがとても及ばないような読み方で読唱し、お前たちがとても及ばないようなやり方で礼拝をする集団が現れる。彼らは、クルアーンが彼らを支持していると思いながらクルアーンを読んでいるのであるが、実はそれは彼らを反証しているのである。彼らのクルアーン読唱は、喉を越えていないのである。彼らはあたかも矢が獲物を射ぬくように、イスラームの教えを射ぬいて飛び去る。もし、彼らに出会った軍隊が、彼らの預言者の言った通りのことが彼らに起こったのがわかったならば、（それだけで楽園に入れるハワーリジュ派殺害以外の善）行為を放棄したであろう。』」

このハディースにおいて、アブー・サイードはアッラーの使徒から伝えるところ、「彼らは信仰者を殺し、偶像崇拝者に呼び掛ける。もし、私が彼らを捕えられるなら、アードの民の抹殺のように彼らを殺したものを。」ブハーリーとムスリムが一致して伝えるハディース。ムスリムの伝える別伝によると、「私のウンマは二つに分かれ、一方はイスラームの教えを離れる集団となる。そして、二つのうちの正しい方が、正統な権利をもって、教えから離れていった者たちを殺すことになろう。」とある。そして、これらの者こそ、信徒の長アリーが殺した、イラクとシリアの人々の間に生じたフルーリーヤ（ḥurūriyah）と呼ばれる分派なのである。

預言者は、こうして両集団とも、もともとは彼のウンマに属すること、アリーの支持者の方が真理に近いことを明らかにされた。そして、イスラームから離れ、連帯を崩し、自分たち以外のムスリムの生命と財産の略奪を合法とみなす離教者と戦うことだけを勧められたのである。イスラームのシャリーアを離れる者とは、たとえ彼らが二つの証言（shahādah）を口にしていても、戦わなければならないことは、クルアーンとスンナとウンマのイジュマーによって確定されているのである。

しかし、法学者たちは、夜明け前の（義務礼拝の前の）礼拝の二回のラクア（跪拝）のように、確定されたスンナを無視する輩《やから》については、戦うことが許されるか否かについて二つに意見が割れている。

明確かつ詳細に規定されている義務および禁令の（無視の）場合については、彼らが定められた礼拝を遵奉し、ザカー（浄財）を納め、ラマダーン月に斎戒し、「アッラーの館（カアバ神殿）」に巡礼に詣で、兄妹婚や、忌むべきものの飲食や、ムスリム同士の生命と財産の侵害などの禁止行為を避けるようになるまで、そのために戦われることで（学者間の意見の）一致が成立している。

こうした者たちとの戦いは、何を理由に戦いが仕掛けられるかについての預言者の宣教が彼らに届いた後であれば、先制（攻撃）が義務となる。しかし彼らが（先に）ムスリムを攻撃した場合には、無法な賊徒や追い剝ぎとの戦いの項ですでに述べたように、彼らとの戦い（の義務性）は、より確定的となるのである。

不信仰者および、ザカー（浄財）不払い者やハワーリジュ派などのようにシャリーアの一部の規定を拒む者に対する、もっとも重要な義務であるジハードは、先制（攻撃）と防衛反撃が共に義務なのである。先制の場合は、（ムスリム全体にかかる）連帯義務であり、誰かがその義務を果たせば、他の者はその義務から免除される。一方、「信仰者たちのうち、支障もないのに座り込む者たちと自分の財産と己の命をかけてアッラーの道において奮闘《ジハード》する者たちとは同じではない。」［第4章95節］と至高なるアッラーも仰せの通り、ジハードに対する褒賞は、ジハードを行った者のものとなる。

　敵がムスリムに対する攻撃を意図している場合には、それに対する防衛は、攻撃目標となっているすべての者の義務となる。そして、そうでない者にも、至高なるアッラーが、「もし、彼らが宗教においておまえたちに援けを求めたなら、おまえたちと彼らの間に確約（盟約）のある民に敵対する場合を除き、援けがおまえたちに課せられる。」［第8章72節］と仰せであり、また預言者も、（他の）ムスリムを助けることを命じられたので、彼ら（攻撃対象となっている者）を助けることが義務となる。それはその者が傭兵（職業軍人：murtaziqah）であろうと、そうでなくても同じであり、すべての者は、その能力に応じて、身体と財産をもって、多少ともを捧げ、また、歩兵としてであれ騎兵としてであれ、それに参加することが義務なのである。

　ハンダクの戦いの年（ヒジュラ暦五年／西暦六二七年）に、敵がムスリムたちを攻めようとした時、アッラーは、誰にも戦いから逃れることを許し給わなかった。ただし、自ら敵を求めて先制するジハードに参加しないことはお許しになった。この時、アッラーはムスリムたちを二つのグループに分類なされた。居座ったままで何もしない者と、出かけていって戦う者にお分けになったのである。預言者に（兵役免除を）懇願した者を、「彼らの一部は預言者に（自宅に戻る）許しを願い出て、言う。『まことに、われらの家は脆弱（無防備に剝き出しに晒された状態）です。』しかしそれは脆弱（無防備に剝き出しに晒された状態）

ではない。ただ、彼らは逃亡を望んだにすぎない。」［第33章13節］と非難し給うたのである。これ（ハンダクの戦い）は、宗教と名誉（フルマ）と生命を防衛するための戦争であり、避けることのできない戦争であった。しかし他方はタブークの戦いのように、宗教の拡大、その威信の高揚、敵の威圧のために自らが起こした戦争なのである。

これまで述べてきたことは、武力反抗集団に対する懲罰の一種である。イスラームの領域に住む者で、武力反抗をしようとはしない者には、イスラームの五つの柱や、その他、信託物の返還や社会行為における契約の遵守などの諸義務を守らせねばならない。

男でも女でもすべての人の中で礼拝をしない者には、まず礼拝を命じ、それを拒めば、礼拝するまで罰せられねばならないことは、学者たちのイジュマーである。それでも礼拝しない場合は、悔い改めを求められ、悔い改めればよし、さもなければ、処刑されねばならない、というのが学者の大半の見解である。また、その際、その者は、不信仰者として処刑されるのか、背信者として処刑されるのか、あるいは、悪人として処刑されるのかについては、ハンバリー派にも二つの説がある。大半のサラフ（先師たち）は、その人が礼拝を義務であると認めていたとしても、実際に礼拝をしないことは不信仰とみなされると考えていたと伝えられる。礼拝が義務であること自体を否定する者が、不信仰者であることには、（学者たちの意見は）一致している。

親権者は、子供が七歳になれば、礼拝を命じる義務があり、もし十歳になれば殴ってでもそれを強制しなくてはならない。それは、預言者が、「子供たちが七歳になれば礼拝を命じ、もし十歳になれば殴ってでもそれを強制し、また男女の床を分けねばならない。」[39]と命じられた通りであり、礼拝に必要な義務の浄めなども同様である。

モスクとその指導者たちを調査監督し、ブハーリーが伝えるように、預言者が、「私が礼拝するのを見てそれに倣って礼拝せよ」と言われたように、人々に預言者の（行った通りの形での）礼拝を挙行するよう命ずることが、その完成である。またある時、預言者は、教友たちを前に説教壇の横で礼拝を実演し言われた。「私はただお前たちが私の後に従い、私の礼拝の仕方を知るようにこうしたのだ。」[40]

人々の指導者は、礼拝などにおいて、人々をよく監督し、彼の行ったことのうちで、宗教（生活）の完成にとって不可欠なことを、人々が見落とさないようにしなければならない。礼拝の指導者（イマーム）は、人々の前で完全な礼拝をしなければならず、特別な事情が無い限り、一人で礼拝する者には許される（礼拝が無効でなく成立する）範囲内での不完全さも、彼には許されないのである。巡礼の指導者、戦争の司令官も同様である。自分の金なら好きなように消費しても構わないが、売買や商売における代理人や後見人は、その依頼人とか被後見者の富を、最善の方法で使わなければならないのを、あなた（読者のこと）も知っていよう。しかるに、宗教の事柄はもっと重要なのである。法学者たちもこういう意味のことを述べているのである。

為政者たちが人々の宗教生活の向上を図れば、どちらの側の宗教にも、現世にもうまくいくのであり、そうでなければ世情は混乱するのである。そして、その基礎はひとえに、為政者の意図の正しさ、イフラース（アッラーだけを一筋に崇めること）とタワックル（アッラーへの絶対的信頼）にあるのである。このイフラースと、タワックルは、支配者たちと一般の民衆の向上に必要なものすべてを尽くしている。

▼39　アブー・ダーウード。
▼40　ブハーリー、ムスリム。

「あなたにこそわれらは仕え、あなたにこそ助けを求める。」〔第1章5節〕と礼拝において唱えるように、我々が命じられているのもそのためである。これらの二つの言葉は、天から下された諸々の啓典の内容を要約しているとも言われる。預言者が、かつてある戦争で、「審判の日の主宰者よ、あなたをこそ我々は崇めまつる、あなたにこそ助けを求めまつる。」と言われると、敵の首が肩から落ちたと伝えられている。▼[41] それはまた、「それゆえ彼に仕え、彼に一任せよ。」〔第11章123節〕、「アッラーにこそ諸天と地の隠されたものは属し、彼の御許に物事はことごとく戻される。」などの至高者の御言葉にあるように、クルアーンの多くの箇所で述べられている。また、預言者は犠牲の獣を屠殺する時、「アッラーよ、汝から、そして汝のもとへ。」と言われたのである。▼[42]

　特に為政者にとって最大の助けとなり、一般的に言っても、その他の者にも助けとなることは三つある。その一つは、アッラーへの一途な献身（イフラース）、祈願などによって、彼（アッラー）のみに拠り頼むこと（タワックル）である。次に、役に立つこととか富によって、人々に親切にすることである。それはサダカ（喜捨）である。第三に、人災や天災に対する忍耐である。「忍耐と礼拝に助けを求めよ。」〔第2章45節〕、「昼の両端と夜の初めに礼拝を遵守せよ。まことに善事は悪事を追い払う。これは念ずる者たちへの訓戒である。そして忍耐せよ、まことにアッラーは善を尽くす者たちの報酬を無にはなし給わない。」〔第11章114～115節〕、「それゆえ、彼らの言うことに耐えよ、そして、日の出前と日没前におまえの主への称賛をもって夜の一時《いっとき》にも讃美（礼拝）せよ。」〔第20章130節〕、また、「カーフの章」でも同じく「それゆえ、（預言者ムハンマドよ）彼らの言うことに耐えよ、そして、おまえの主を称賛と共に、日の出前と日没前に讃美せよ。」〔第50章39節〕、「おまえの心が彼らの言うことに締め付けられるのをわれらは確かに知っている。それゆえ、称賛によっておまえの主を称え、跪拝する者たち（の一人）となれ。」〔第15章97

〜98節〕などの至高者の御言葉において、アッラーは礼拝と忍耐を結びつけ給うているのである。

また彼（アッラー）が礼拝とザカー（浄財）を結びつけ給うた例は、クルアーンに非常にたくさんある。

それゆえ、礼拝とザカー（浄財）と忍耐の実践によって、為政者と臣民（被為政者）の状況は共に向上するのである。そして、もし人が、これらの包括的な名称に何が含まれるかを知ったなら、至高なるアッラーの御名を唱えること、彼に祈願すること、その啓典（クルアーン）の読唱、彼ただ一筋の崇拝、彼への絶対的信頼などは、礼拝の範疇に入り、不正を蒙っている者の支援、困っている者の援助、困窮している者の救援など、富によって、あるいは、便宜を図ることで、人々に親切を施すことはザカー（喜捨）にあたるのである。預言者も「すべてよいことはサダカ（喜捨）である。」と言われたと、両『正伝集』に記されている。それゆえ、明るい顔やよい言葉にいたるまで、すべてよい行いはこの範疇に入るのである。

両『正伝集』には、アリー・ブン・ハーティムが以下のように言ったと伝えられている。「預言者は言われた。『お前たちの中に、いつの日か、主がお話しになるのを聞かない者はいない。その時には、主とその者の間には、仲介者も通訳もいない。右を見ると自分が過去に行ったことしかなく、左を見ても過去の所業を見るばかりである。また、前を見れば、地獄の業火が彼を待ち受けているのである。ナツメヤシ半個によってでも、その業火から身を護ることのできる者は、そうすればよい。そして、もしそれすら見つけられない者は、よい言葉によってでも（身を護るがよい）。』」

▼41　タバラーニー、ダイラミー（ハディース学者、一一六二／三年没）、ハイサミー。
▼42　アブー・ダーウード、イブン・マージャ。

『スンナ集成』には、預言者が「よいことは、どんなことでも馬鹿にしてはならない。同胞に出会って、彼に笑顔を向ける、あるいは、水を乞う者の器に自分の水筒から水を入れてやるといったことでも。」と言われたと伝えられている。[43] また『スンナ集成』には預言者が以下のように言われたと伝えている。「『秤』の上に置かれるもので、もっとも重いものはよい性格である。[44]」また預言者はウンム・サラマに「ウンム・サラマよ、よい性格は現世、来世の幸福をもたらすものである。」と言われたとも伝えられている。[45]

忍耐には、苦境に耐えること、怒りの抑制、人々への寛容、欲望との戦い、高慢と驕りの除去が含まれる。至高者の仰せの通りである。「もしわれらが人間にわれらからの慈悲を味わわせ、それから彼からそれを取り上げれば、かならずや彼は落胆し、忘恩の不信仰者となる。また、彼を襲った悪しきことの後、われらが彼に恩寵を味わわせれば、必ずや『私から不幸は去った』と言う。まことに彼は歓喜し、得意になる。ただし、忍耐し、善行をなす者たちは別である。これらの者、彼らには赦しと大きな報償がある。」［第11章9～11節］また預言者に仰せになられた。「赦免（寛容）を取り、良識を命じ、無知な者たちから遠ざかれ。」［第7章199節］また至高者は仰せである。「おまえたちの主からの御赦しと楽園に急ぎ向かえ。その広がりは諸天と地ほどで、畏れ身を守る者たちに用意された。順境においても逆境においても（善に）費やす者、憤怒を押し止める者、人々を恕する者、アッラーは善を尽くす者たちを愛し給う。」［第3章133～134節］また至高者は仰せである。「良きことと悪しきことは同じではない。より良いものによって（悪を）追い払え。すると、おまえと彼の間に敵意がある者も、親密な後見のようになる。だが、それが与えられるのは、忍耐した者のほかにいない。それが与えられるのは、大いなる幸運の持ち主のほかにいない。またもしも悪魔からの扇動がおまえを唆すことがあれば、アッラーに守護を求めよ。まことに、彼こそはよく聞きよく知り給う御方。」［第41章34～36節］また至高者は仰せである。「一つの悪事の報いは、それと同様の悪事一つである。だが、免じ、（関係を）正す者、その報酬はアッラーの上にある。まことに、彼は不正な者を愛し給わない。」〔第42章40節〕などとも仰せになっているのである。ハサン・バスリー（禁欲家、七二八年没）は言っている。「復活の日が来て、玉座の奥から、『アッラーの御許に報酬のある者は立て。』と呼ばわる者の声がした時、よく赦し、よく和解した者だけしか、立ち上がることはできない。」

臣民に対し、よい意図をもって、至誠を尽くすことは、彼らの欲望にかなうことを行い、嫌がることを避けることではない。なぜならば、至高なるアッラーは、「もし真理が彼らの欲望に従ったなら、諸天と地とそこにいる者たちは荒廃したであろう。」〔第23章71節〕と仰せになり、また、教友たちに向かっても、「おまえたちの間にはアッラーの使徒がいると知れ。もし仮に、彼が物事の多くにおいておまえたち（のもたらす虚報）に従うなら、おまえたちは罪を犯すことになったであろう。」〔第49章7節〕と仰せになっているからである。

人々に至誠を尽くすとは、現世と来世において、人々の益となることを、たとえそれを嫌がる者が嫌がっても実行することである。ただしその際、人々が嫌っていることにおいて、彼らに優しくしなくてはならないのである。預言者は、「優しさとはどんなものであれ、その人を美しくし、驕慢はいかなるものであれ、人を卑しいものとする。」[46]と言われたと、両『正伝集』にも記されている。また、預言者は

▼43 アフマド、ナサーィー、イブン・ヒッバーン（ハディース学者、九六五年没）、ブハーリー、タヤーリスィー（ハディース学者、八一九年没）。
▼44 アブー・ダーウード、ティルミズィー。
▼45 タバラーニー、ハイサミー。

言われた。「アッラーは優しさを愛するお優しい御方であり、驕慢に対しては与え給わないものを、優しさに対しては与え給う。[47]」ウマル・ブン・アブドゥルアズィーズも言った。「アッラーにかけて、私は人々に苦い真理を与えることを望む。私は彼らがそれを逃れようとすることを恐れる。私は現世の甘さが現れるまで耐えよう。その時、私はその甘さを苦さと共に与えよう。彼らがそれ（苦さ）のために逃げるなら、それ（甘さ）によって止まるだろう。」

かくして、預言者は、彼の許に困った者が願い事を持ち込んだ時、その者の慰めとなる言葉を与えずに追い返したことはなかった。ある時、彼の親戚の一人が預言者に、彼をサダカ（浄財）徴収吏に任命し、そこから分け前をくれるよう頼んだ。しかし、預言者は「ムハンマドもムハンマドの一族もサダカ（浄財）に権利はない。」と言われ[48]、彼らにその職を与えることを拒み、代わりにファイから支給されたのである。

また、アリー、ザイド、ジャァファルが、預言者にハムザの娘について裁定を求めた時、彼はそのうちの誰にも有利な判決をせず、彼女を彼女の母方のおばに託された。そしてその後、よい言葉で全員の心を慰められたのである。すなわち、アリーには「お前は私から、私はお前から。[49]」、ジャァファルには「お前は体格、性格共に私に似ている。[50]」、ザイドには「あなたは我々の兄弟であり、庇護のもとにある」と言われた[51]。

為政者もまた、分配および裁判において、同じように振る舞う必要がある。なぜならば、人は常に、公職、金、便宜、贈物、ハッド刑の（免除の）執り成しなど、与えられることができないものを、為政者に求めるからである。もし可能なら、彼らには何か他のことで償ってやるか、あるいは、きつい言葉を使う必要がない限り、慰めとなる言葉によって断るべきである。なぜならば、懇願する者を拒絶すれば、必ず相手を傷つけるからである。特に、懐柔する必要のある者の場合は、そうなのである。至高なるアッラーは仰せになった。「乞う者については、邪険にしてはならない。」〔第93章10節〕また、こうも仰せになった。「近親には彼の権利（当然与えられるべきもの）を与えよ、そして貧困者と旅路にある者にも。だが、無駄に浪費してはならない。」〔第17章26節〕「もしおまえが、おまえが期待する主からの御慈悲を求めて彼らから離れるとしても、彼らには温和な言い回しで話せ。」〔第17章28節〕

誰かに（不利な）裁定を下す時、その人を傷つけることにはなるのだが、一方で、よい言葉と行為で慰めることができるならば、それが政治の完成なのである。それは医者が、苦い薬を飲み易くする甘いものを、病人に与えるのと似ている。至高なるアッラーは、ムーサー（モーゼ）をフィルアウン（ファラオ）の許にお遣わしになった時、「彼に優しい言葉で話せ、彼も訓戒を聞き入れるか、懼れるかもしれない。」〔第20章44節〕と仰せになられたのである。

また預言者は、ムアーズ・ブン・ジャバルとアブー・ムーサー・アシュアリーをイエメンに派遣された時言われた。「優しく扱い、困難なことを課すな。希望を持たせ、恐れさせるな。助けあい、争うな。」またある時、一人の遊牧民がモスクで放尿し、教友たちが彼に向かって詰め寄ったところ（預言者

▼46 ブハーリーにはなく、ムスリムのみが伝える。
▼47 ムスリム。
▼48 ナサーイー、ダーリミー（ハディース学者、八六八年没）、マーリク。
▼49 ティルミズィー、ナサーイー。
▼50 ブハーリー、アフマド。
▼51 アフマド、ハーキム。

は）彼らに言われた。「止めなくてよい。」　――　つまり彼の放尿を中断させるな　――　と言い、桶一杯の水を持ってくるよう命じてそこに水を撒かれた。そして預言者は「あなた方が派遣されたのは、人々を喜ばせるためであり、苦しめるためではない。」と言われたのである。この二つのハディースは両『正伝集』に収められている。

　このことは、自分自身であれ、家族であれ、臣民であれ、人を統治するためには必要なことである。なぜならば、人は、それがあると助かる取り分をもらえる時にのみ、真理を受け入れるものである。それらの取り分は、よい意図をともなえば、アッラーの崇拝と服従となる。飲食や着衣は人間にとって義務ではないか。やむをえない場合には、死肉を食べることさえ義務となり、それを食べずに死んだ者は地獄の業火に入る、というのが学者たちの通説となっているのである。というのは、それなくしては、アッラーを崇めることができないからである。それがなければ、義務が遂行できないことは、それ自体もまた義務となるのである。それゆえ、自分自身とその家族の養育は、他人の世話に優先するのである。また『スンナ集成』の中でアブー・フライラは以下のように伝えて述べている。アッラーの使徒が「施しをせよ」と言われた時、ある男が言った。「アッラーの使徒よ、私は一ディーナール[52]持っております。」使徒は言われた。「それを自分自身のために施しなさい。」その男がまた言った。「実は私はもう一ディーナール持っています。」使徒は言われた。「それをお前の子供のために施しなさい。」その男がまた言った。「実は私はもう一ディーナール持っています。」使徒は言われた。「それをお前の妻のために施しなさい。」その男がまた言った。「実は私はもう一ディーナール持っています。」使徒は言われた。「それをお前の召使いのために施しなさい。」その男がまた言った。「実は私はもう一ディーナール持っています。」使徒は言われた。「その使い途についてはお前自身の方がよく知っていよう[53]。」

ムスリムの『正伝集』の中ではアブー・フライラが伝えて言うところでは、アッラーの使徒は言われた。「あなたがアッラーの道に費やした一ディーナール、あなたが奴隷解放のために費やした一ディーナール、あなたが貧者に施した一ディーナール、あなたが家族のために費やした一ディーナール、そのうち天国での褒賞のもっとも大きいのは、あなたが家族のために費やした一ディーナールである。」同じムスリムの『正伝集』の中でアブー・ウマーマが伝えて言うところでは、アッラーの使徒は言われた。「アーダムの子よ、もしあなたが余剰を施すなら、それはあなたのためになろう。もしあなたがそれを握って離さなければ、あなたのためにそれは悪いものとなろう。ただし、生活費については責められることはない。まず、あなたの養う者から始めよ。上の手（施しを与える手）は下の手（施しを受け取る手）に勝るのである。」これは「彼らは、なにを（善に）費やすべきかとおまえに問う。言え、『余分なものを』と。」［第2章219節］という至高なる神の言葉の説明である。つまり（「余分なもの」とは）「余剰（faḍl）」のことである。

というのは、ある人にとって、自分自身や家族のための出費は、戦争のためとか貧者のための出費と異なり、個人的義務だからである。後者は、他の者が誰もそれを行わないなら、彼個人の義務となるとはいえ、基本的には連帯義務、あるいは、した方がよいとされる推奨行為である。たとえば、飢えた者に食物を施すのは義務であり、「もし乞食が正直であるなら、彼を拒んだ者は決して成功しない。」とアフマド・ブン・ハンバルの伝えるハディースにも言われている。アフマド・ブン・ハンバルは、もし乞

▼52 dīnār、金貨の単位でウマイヤ朝時代のものは金（九六・八％）四・二五gであった。
▼53 アブー・ダーウード、ナサーイー、アフマド。

食の言っていることが本当であるとわかったならば、彼に食物を与えることが義務となる、と言っている。また、アブー・ハーティム・ブスティーは、彼の『正伝集』に、次のようなアブー・ザッルの伝えた預言者からの長いハディースを収めている。そしてその中には、知識と叡智、そして、ダーウード（ダヴィデ）の一族の叡智が込められている。「賢者についての真理は、彼には四つの時があるということである。第一の時は、主と語りあう時、第二の時は、自己をみつめる時、第三の時は、彼に欠点を教え、彼自身の本質について話してくれる友人たちと共にいる時、第四の時は、法にかなっていて快いもので一人で楽しむ時である。そして、最後の時には、前の三つの時間への助けがある。」これは、合法的なよい快楽は、それら（三つ）のことを助けるために必要である、ということを教えているのである。

それゆえ、法学者たちは、正義とは、自らを磨き、飾るものを使い、自らを汚し、辱めることを慎むことによって、宗教と俠気における向上である、と述べているのである。また、アブー・ダルダーゥは、「私は真理を行う助けとするため、虚しいもの（バーティル）で、自分を奮い立たせることさえあった。」と言った。称えあれ超越者アッラーは、快楽と欲望を、基本的には人類の幸福を完成するために創造なさったのである。つまり、それによって、人は役に立つものを引き寄せ、同様に害となるものを退けるために怒りを創造され、耽けることが有害な快楽だけをお禁じになり、快楽に溺れる者を非難されているのである。

それゆえ、真理を行うために法にかなったよいものの助けを借りる者にとっては、そうすることは善行なのである。それゆえ、真正なハディースは以下のように言う。「預言者は、『汝らの一人ひとりの性器にもサダカ（喜捨）がある。』と言われた。すると人々が尋ねた。『アッラーの使徒よ、我々の誰かが、欲望を満足させて、それに褒賞があるのですか。』使徒は答えられた。『もしそれを禁じられたところに入れたなら、それによって罪を犯すことになるのではないかね。』人々は言った。『その通りです。』使徒は言われた。『禁じられたものに応報があるのに、法にかなうものによって応報がないなどということがあろうか。』」両『正伝集』の中でサァド・ブン・アビー・ワッカースは預言者が彼に以下のように言われた、と伝えている。「アッラーの御顔（拝謁）を望んで何かを費やすならば、妻の口に運んだ一片の食べ物といえども、それによって、天国での位階と栄誉を増さないことはない。」この問題についての伝承は数多くある。[54]

信徒には、すべての行為に意図がともなっており、その心と意図が正しいがゆえに、彼の行う法にかなった行為が、彼の正しい行為となる。逆に、偽善者は、その心と意図が汚れているゆえに、他人に見せるために行った見せかけの崇拝行為に対して罰を受けるのである。『正伝集』の中で預言者は言われている。「身体には、それが健康であれば、それによって身体全体が健康であり、それが病めば、それによって身体全体が病む部分がある。ほかでもなく、それが心（心臓、カルブ）なのである。」

懲罰は、義務を遂行し、禁止行為を避ける動因として、（シャリーアに）定められており、同じようにそれを助けるものもすべて（シャリーアとして）定められている。子供や家族や臣民のため、彼らへの善行の動機づけのために金品や褒め言葉などを与えるように、善行と服従への道、その手助けの道を易しくし、可能なかぎりの手段で、それを動機づけなければならないのである。それゆえアッラーの道のためのジハードのために、武力を強化し、戦いに馬を備えることの動機づけとなることから、馬や駱駝の競争や、弓くらべや、それらに対して賞金をつけることが、（シャリーアとして）定められているのであ

▼54　ムスリム。

る。預言者も競馬を催し、また、彼と後継者である正統カリフたちは、公庫から競馬の賞金を出した。懐柔の必要な「心をなびかせる者たち」への贈与も、同じ範疇に入る。なぜならば、「一日の初めに、現世の打算によってイスラームに入信した者も、その日の終わりには、イスラームが、太陽の下にある何ものにも増して、愛すべきものとなるのである。[55]」と言われているからである。

悪と、背神についても同じで、その中に（害に）勝る益がなければ、その原因の除去とその媒介の遮断、それへと導くものの根絶が必要なのである。その例として、預言者が禁じられたことが挙げられる。預言者は言われた。「男が女と二人だけになってはならない。なぜなら、その二人に加え、三人目として悪魔がいるからである。[56]」、「神と最後の審判の日を信ずる女性は、夫か血縁者の同行なしに、一日（以上）の旅をしてはならない。[57]」預言者は異邦人の女性と二人になること、共に旅をすることを禁じられた。なぜならば、それは悪への道であるからである。シャァビーによると、アブドゥルカイス族の使節が預言者の許にきた時、彼らの中に容姿端麗な少年がいた。そこで預言者は彼を自分の後ろに座らせて言われた。「まことにダーウードの過ちは、凝視に他ならなかった。[58]」

また、ウマルはマディーナで夜回りをしていた時、ある女が、「ああ、もし酒があったなら、私はそれを飲むだろう。ナスル・ブン・ハッジャージュがいたならば。」と詩を歌うのを聞いた。そこで、ウマルはそのナスルを呼び出した。ウマルは彼が美しい若者であるのを見て、彼の頭を剃ってしまった。しかし、その結果かえって美しくなってしまったので、女性たちが彼に迷わされないようにと、彼をバスラに追放したのである。

ウマルはまた、ある男が少年たちを侍らせていると聞いて、その男との交際を禁じたと言われている。というのは預言者が妻たちのところに入ってきた女装者（ムハンナス）を追放し、マディーナから女装者を追放するよう命じられたが、金曜（集合礼拝の日）には人々との商売を求められるように（マディーナに）入ることを許可されたからである。シャーフィイーやアフマドなどの法学者たちは、このスンナに従うことを明言している。また彼らは、「預言者が女装する男性と男装の女性、女性の真似をする男性、男性の真似をする女性を呪われただけでなく、姦通を犯した者を追放し、女装者も追放したことが立証されている。」と述べている。これらは真正な複数のハディースに記されている。その危害は、女性にも男性にも及ぶため、呪うだけでは足りず、追放に至ったのである。[59]

もし少年たちの中に、男あるいは女を誘惑する恐れのある者がいる時は、その少年の後見人は、彼が用もないのに外出したり、着飾ったりすることを禁じなければならない。特に、香を焚きしめて公衆浴場に連れていくこと、娯楽や歌の席に参加させることは禁じられるべきである。このようなことは行政裁量刑の対象となるのである。また同様に、醜行で知られた者が髭の無い美少年を奴隷として所有することも禁じられており、二人を分離しなくてはならない。

かつて証言において、証言の資格を失わせるなんらかの悪行を犯したことが周知である者が、裁判官の前で証言した時、その証言を採用してはならないし、また人は直接その者（証人）を知らなくとも、そ

▼55　ムスリムが伝える教友アナスの言葉。
▼56　アフマド、ティルミズィー。
▼57　ブハーリー、ムスリム。
▼58　イブン・ジャウズィー（ハディース学者、ハンバリー派法学者、一一一六年）、ダイラミー（ハディース学者、歴史家、一一一五年没）。
▼59　この段落は底本にはなく、DAF版から訳出した。典拠はシャーフィイーとブハーリー。

れを理由（悪評）に、彼を（法廷証言）欠格であると主張できる、ということで法学者たちは意見が一致している。

　預言者から以下のように確定的に伝えられている。ある時、彼の傍を葬列が通りかかった。人々がそれを誉め言葉で称えた。すると預言者は「決まった。」と言われた。その後また、彼の傍を葬列が通りかかったが、今度は人々はそれを悪口でけなした。するとまた、預言者は「決まった」と言われた。そこで人々はそれについて彼に尋ねた。預言者は答えて言われた。「最初の葬列は、あなたたちが誉め言葉で称えた。それゆえ、私は、『この葬列は天国行きと決まった。』と言ったのだ。次の葬列は、あなたたちがそれを悪口でけなした。それゆえ、私は、『それは地獄に入ると決まった。』と言ったのだ。お前たちは地上におけるアッラーの証人なのである[▼60]。」

　彼（預言者）の時代にさえ、公然と不品行を行う女もおり、預言者は「もし私が証拠なしに誰かを石打ちに処するとすれば、私はこの女を石打ちにするであろう。」と言われたのである[▼61]。それゆえ証拠なしには、ハッド刑が執行されることはない。ある者について、証言や信頼性などにおいて、排除し、警戒するには、直接に見知っている必要はなく、世間で周知の評判か、あるいは、友人関係によってその人を判断するというように、世評に準ずるもので十分である。

　イブン・マスウードが、「友達を見てその人を判断せよ。」と言っている通りである。これは、敵に対する警戒と同じく、その人によって起こる害悪の予防のためである。ウマルも、「（性悪説による）悪意の判断（スーゥ・ザンヌ）で人々から身を守れ。」と言っている。悪意の判断によってムスリムを罰することは許されない。それにもかかわらず、これはウマルの命令なのである。

　それゆえ為政者と学者は、不信仰や、不品行や、敵の宗教と現世の状態など、悪とその原因とその徴候について、その害悪から身を護るために、熟知していなければならない。そして密偵、つまりスパイを敵の許に潜入させることや、不信仰の諸相を知ることは、大いに公益にかなうのである。サラフ（先師たち）のある者が「イスラームに、ジャーヒリーヤ（イスラーム以前の無明）時代を知らない世代が育ち始めると、イスラームの把手は一つひとつ壊れていく。」と言ったと伝えている。それは、病とその原因を知らない者は、無事な見かけに欺かれることがあり、病の原因やそれ（病気）そのものを予防できないが、その原因と徴候を知る者は医者になることができるからである。[62]

▼60 ブハーリー、ムスリム。
▼61 ブハーリー、ムスリム。
▼62 この段落は底本にはなく、DAF版から訳出した。

第2章　人間に固有の掟と権利

第1節　生命

個別の人間に関する掟と権利について言えば、まず人の生命がこれに含まれる。至高なるアッラーは仰せになった。「言え、『来るがよい。おまえたちの主がおまえたちに禁じ給うたものを私が読み聞かせよう。おまえたちは彼になにものをも並び置いてはならない。そして、両親には善行を。また、困窮からおまえたちの子供を殺してはならない。われらがおまえたちと彼らを養う。また、顕れたものにしろ隠れたものにしろ醜行に近づいてはならない。また、アッラーが（不可侵として）禁じ給うた命を正当な理由なしに殺してはならない。それが彼がおまえたちに命じ給うたものである。きっとおまえたちは理解するであろう』、と。また孤児の財産には、彼が壮年（三十－四十歳）に達する（行為能力者となる）まではより良いものによってしか近づいてはならない。また升目と秤は公正に量りきれ。われらは誰にもその能力以外のものを課すことはない。また、おまえたちが語る時にはそれが近親であっても公正にせよ。また、アッラーとの約定は果たせ。それこそが、彼がそれを命じ給うたこと。きっとおまえたちは留意するであろう。また、これがまっすぐなわれの道であるがゆえに。それゆえ、それに従い、諸々の道には従ってはならない。さすればそれらがおまえたちを彼の道から離れさせる。それこそが、彼がそれをおまえたちに命じ給うたこと。きっとおまえたちは畏れ身を守るであろう。」〔第6章151～153節〕

また、至高なるアッラーは仰せである。「信仰者にとって信仰者を殺すことは罷りならない。ただし過失によるのは別である。」〔第4章92節〕　―　中略　―　「信仰者を故意に殺す者、彼の応報は火獄《ジャハンナム》で、彼はそこに永遠に。」〔第4章93節〕また至高者は仰せである。「それゆえにわれらはイスラーイールの子孫に書き定めた。それ即ち、人の命のゆえにでも、あるいは地上での害悪のせいでもなく人一人を殺した者は、人々すべてを殺したようなものであり、人一人を生かした者は人々すべてを生かしたようなものであると。」〔第5章32節〕

また預言者は「復活の日に、人々の間で最初に裁かれるのは流血（殺人）についてである」と言われたと両『正伝集』に記されている。

殺人は三種類に分かれる。

第一は、純粋な故意（の殺人）である。これは、罪がないと知っている者を、剣などの刃物によってであれ、鉄床や洗濯屋の槌など鈍器によってであれ、焼いたり、溺れさせたり、高所から突き落としたりするのであれ、死ぬまで首を絞めたり急所を掴み続けたり、あるいは、死ぬまで顔を覆ったり、毒を盛ったりするなどであれ、大抵の場合には殺すにいたる行為を意図することである。

このようなことを行った時には、その報復が義務であり、殺された者の親族は、殺人犯に対して意のままに殺すなり、赦すなり、血の代償を取るなり（選択）できるが、殺人犯本人以外を殺すことは許されない。至高なるアッラーは仰せである。「アッラーが（不可侵として）禁じ給うた命は正当な理由によるほか殺してはならない。不当に殺された者、われらはその後見（相続人）に権能を与えた。それゆえ、殺害において度を越してはならない。まことに、彼（後見）は援けられているのである。」［第17章33節］注釈書には「殺人犯以外を殺してはならない」と言われている。

アブー・シュライフ・フザーイーが伝えて曰く、「アッラーの使徒は言われた。『（身内が）殺されたか、傷害 ― 傷害（khabal）とは傷（jirāh）のことである ― を被った者には、その加害者を、殺すか、赦すか、あるいは、血の代償を取るかの三つの選択肢がある。もしそれ以外の四番目の方法を望むなら、その手を摑め（制止せよ）。上記のいずれかを、いったん選んだ（うえで実行した）後で、またやり直す者は、永遠の地獄がありその中に永遠にとどまる。』」スンナ集成者たちがこれを伝えており[1]、ティルミズィーはよい正しい伝承であると言っている。それゆえ、赦すか、血の代償金を取った後で犯人を殺した者は、犯人自身より罪が重いのである。一部の学者は、そのような者は、ハッド刑として死刑に処されるべきであり、殺された者の親族には選択権は無いと言う。

至高なるアッラーは仰せである。「おまえたちには殺された者たちについて同害報復（キサース）が書き定められた。自由人によっては自由人、奴隷によっては奴隷、女性によっては女性である。ただし、彼の兄弟から何らかの許しを得た者（に関して）は良識ある対応を続けること、そして彼には至誠をもって履行すること。それはおまえたちの主からの軽減であり、慈悲である。それゆえその後に法を越えた者には痛苦の懲罰がある。そしておまえたちにとって同害報復には生命がある。賢慮を備えた者たちよ。きっとおまえたちは畏れ身を守るであろう。」［第2章178～179節］

学者たちが言うには、殺された者の親族の心は怒りで煮えたぎり、殺人犯を殺すだけでは飽き足らないのか、殺人犯とその親族も殺すことも望むことがある。いやそれどころか、その部族の長や党派の指導者などの殺人犯の仲間まで殺してしまうこともある。殺人犯も最初に法を超えたわけだが、このような（報復）者たちも、（報復の）履行において法を超えているのである。それはシャリーアの埒外にいたジャーヒリーヤ（イスラーム以前の無明）時代の遊牧民や定住民らが当時行っていたことである。殺された者より身分が高い大物であるために殺すことが殺す者にとって重要であると考えることがあり、その結果（今度は逆に）、（報復に）殺された者の親族も、それに対して殺人者の親族からそれに釣り合う身分の者を殺すことになり、一方はある部族と同盟を結び援助を仰ぎ、他方はまた別の部族と同盟し、内乱と激しい敵対を呼ぶことにもなるのである。

その原因は、彼らが殺人の被害者の報復において同害報復という公正な慣例を捨てたことによるのである。それゆえ、アッラーは我々に、殺人の被害者の報復における公平と公正である同害報復を命じ、それによって生命を得ると教えられ給うたのである。（生命を得る）というのは（同害報復であれば）殺人犯以外の親族の血が流され（生命が救われ）ないからである。またもし殺そうと考えている者が、（同害報復で自分も）殺されることを知ったなら、殺すのを思いとどまるから（同害報復によって生命を得るの）である。

アリーと、アムル・ブン・シュアイブが父から、そしてその父は祖父から伝えたところによると、預言者は言われた。「信徒の命はみな等しい。信徒たちは、それ以外の者たちに対して一体であり、仲間の中でもっとも身分の低い者のためにも庇護を与えるよう努める。ムスリムが不信仰者のために殺されることはなく、（休戦）協定を結んだ者が協定の（有効期限）中に（殺されることも）ない。」アフマド・ブン・ハンバルやアブー・ダーウードらのスンナ集成者たちがこれを伝えている。アッラーの使徒は、ム

▼1　アブー・ダーウード、イブン・マージャ、ダーリミー。

スリムが命において等しい価値を持つ、つまり同等、平等であり、アラブがアジャム[2]に、クライシュ族やハーシム家の者が他のムスリムに、生まれながらの自由人が解放奴隷に、学者や為政者が無学な者や臣民（被為政者）に、勝ることはないと裁定されたのである。

これは、ジャーヒリーヤ時代の人々やユダヤ教徒の指導者たちの意見とは異なり、ムスリムたちの間では意見の一致が成立している。預言者の町（マディーナ）の近郊に住むユダヤ教徒は、クライザ族とナディール族の二つの部族に分かれていたが、血（生命）の価値においてナディール族がクライザ族に勝っていた。そこで、彼らは、これと姦通のハッド刑について、預言者に裁定を求めた。というのは、当時、彼らは姦通の刑罰を石打ちから顔を黒く塗ることに変えていたからである。彼らは、「もし（お前たちの預言者が）お前たちの間をそのように裁定するのなら、お前たちには証拠があろう。そうでなければ、お前たちは『律法（トーラー）』の規定を捨てているのである。」と言った。そこで至高なるアッラーは次のような啓示を下し給うた。「使徒よ、不信仰に急ぐ者たちがおまえを悲しめることがあってはならない。彼らは口では、『われらは信仰する』。と言いながら、心は信仰していない者たちである。――中略――もし彼らがおまえの許に来たなら、彼らの間を裁くか、あるいは彼らから背を向けよ。そしてたとえおまえが彼らから背を向けても、彼らはおまえをわずかにも害することは決してない。また、もし、おまえが裁くなら、彼らの間を公正に裁け。まことにアッラーは公正な者たちを愛し給う。――中略――それゆえ人々を懼れず、われを懼れよ。そして、われの徴とひきかえにわずかな代価を得てはならない。アッラーが下し給うたもので裁かない者、それらの者こそは不信仰者たちである。また、われらは彼らに対しその中で、命には命、目には目、鼻には鼻、耳には耳、歯には歯、傷には同害報復と書き定めた。」〔第5章41〜45節〕

こうして称えあれ超越者至高なる御方は、彼ら（ユダヤ教徒たち）が行っていたように自分たちの間である者を別の者より厚遇するのではなく、誰もが平等に扱われることを明らかにされたのである。（クルアーン引用続き）「われらはおまえに啓典を真理と共に下した。それ以前にあった啓典を確証し、それを看視するものとして。それゆえ彼らの間をアッラーが下し給うたものによって裁き、おまえにもたらされた真理から（離れ）、彼らの欲望に従ってはならない。おまえたちそれぞれのためにわれらは聖法と道を定めた。 ― 中略 ― そうして、ジャーヒリーヤ（イスラーム以前の無明時代）の裁定を彼らは求めているというのか。そして、確信する民にとって誰が裁定においてアッラーに優る者であるというのか。」［第5章48〜50節］

こうして称えあれ超越者アッラーは、ジャーヒリーヤの人々の慣行と異なり、ムスリムの命がすべて等価であると裁定されたのである。砂漠と定住の人々の間で起きる妄動の最大の原因は、無法と正義の放棄に他ならない。二つの集団の一方が、他方の成員の血（生命）や財産を損ったり、あるいは、他方の集団に対して、不当に支配し、公正に扱わなかったりした時に、もう一方の（被害者側の）集団も、それに対する正当な権利の履行だけでは満足しないことがある。アッラーの書（クルアーン）において義務とされたのは、（血）生命や財産などについて、アッラーの命じ給うた正義をもって人々の間を裁くことであり、多くの人々が行っていたジャーヒリーヤ時代以来の裁きのやり方を廃止することである。

また、調停者が調停を行う時も、至高なるアッラーが仰せのように、公正に調停しなければならない。「もし、信仰者たちの二派が闘争すれば、おまえたちは双方の間を正せ。そして、もし一方が他方に不

▼2 非アラブ、あるいはペルシア人。

当に振る舞えば、不当に振舞う側と、そちらがアッラーの御命令に戻るまで戦え。それでもしそちらが戻れば、双方の間を公正に正し、公平にせよ。まことに、アッラーは公平な者たちを愛し給う。信仰者たちは兄弟にほかならない。それゆえ、おまえたちの兄弟両者の間を正し、アッラーを畏れ身を守れ。」［第49章9～10節］

殺された者の親族には赦しを勧めるのが望ましい。なぜならば、それが彼らにとってもっともよいからである。至高なるアッラーも仰せの通りである。「傷には同害報復と書き定めた。それでそれを（免じて）喜捨とした者、それは彼にとって罪滅ぼしである。」［第5章45節］またアブー・ダーウードらの伝えるところによると、アナス（ブン・マーリク）は「同害報復の規定のある問題では、それがアッラーの使徒の許に持ち込まれたなら、使徒は必ずその赦しを命じられた。」と述べている。またムスリムが『正伝集』の中でアブー・フライラが以下のように述べたと伝えられている。「アッラーの使徒は言われた。『サダカ（喜捨）は財産を減ずるものではない。アッラーは赦しを行う僕《しもべ》の栄光を増し給わぬことはなく、またアッラーの御前に謙虚である者を高め給わないことはない。』」

これが、我々の述べた「平等」ということであるが、それは自由なムスリムに対して自由なムスリムということである。一方、ズィンミーについて言えば、ムスリムと等しくないと考えており、同様に不信仰者たちの国から来た使節や商人などの安全保障を認められた者もムスリムと等しくないことで一致している。しかし、中には、彼（ムスリム）と彼（ズィンミー）は等しいと言う者もある。同様に、自由人が奴隷（を殺した罪）によって（報復で）殺されるかについても議論がある。

殺害の第二の種類は、故意に似た過失（致死）であり、これについて、預言者は言われている。「鞭や杖で打つことによる故意に似た過失（致死）には、百頭の駱駝の賠償が科される。ただし、そのうちの四十頭は腹に子を宿した状態のでなければならない。[3]」これを「故意に似ている」と呼ぶのは、(犯人が)相手を通常なら死には至らない程度の打撃によって痛めつけることを意図しただけであり、殺すことを意図していないからである。

殺害の第三の種類は純粋な過失(致死)の類いである。たとえば、獲物や標的を射ったのが、知らずに、そして意図せずに、人間に当たってしまったというような場合であり、これには報復はない。この場合には、血の代償か賠償があるだけである。そして、この問題に関しては、学識者たちの書物の中で、多くの議論がなされている。

第2節　傷害

傷害についても、クルアーン、スンナ、イジュマーにより、同害報復(キサース)が定められている。たとえば、右手を関節から切り落とされた場合、被害者は加害者の手を同じように切り落とす権利がある。同様に、歯を抜かれたなら同じように加害者の歯を抜く権利があり、頭か顔を傷つけられて骨が見えているような場合には、同じように加害者を傷つけてよいのである。

また、身体内部の骨折とか、骨にまで達しない傷のように、同じ程度(の報復)が不可能な場合には、同害報復は定められていない。そういう場合には、血の代償か賠償が義務となるのである。

また、殴打、平手打ち、杖などによる殴打のような、手や杖による打撃に対する同害報復について言

▼3　アブー・ダーウード、ナサーイィー。

えば、一団の学者は、それについては同等であることが期しがたい以上、同害報復ではなく行政裁量刑が科されるべきであると主張している。しかし、それについても同害報復が定められているというのが、正統カリフたちや教友たちやそれに続く世代の人々から伝わる見解であり、アフマド・ブン・ハンバルら法学者がそれを明言しており、アッラーの使徒のスンナもそれを示しているのであり、それが正しい答えなのである。

アブー・フィラースは以下のように述べている。「ウマルが説教をし、ハディースを引用し、その中で『アッラーにかけて、私（預言者ムハンマドのこと）は、あなた方を打ったり、財産を取り上げさせたりするために、あなた方のところに私の代官を派遣するわけでは決してない。私があなた方の許に代官を派遣するのは、ただあなた方に宗教とあなた方の預言者のスンナを教えるためだけなのである。それゆえ、もしそれ以外の仕打ちを受けた者は、私に上訴せよ。そうすれば、わが魂をその御手に握っておられる御方にかけて、私はその者のために同害報復を執行しよう。』このハディースを聞いてアムル・ブン・アースが立ち上がって尋ねた。『信徒たちの長よ、もしムスリムの一人が、臣民の上に立ち、彼らを厳しく治めたとします。その場合でも、あなたは同害報復を執行するつもりですか。』ウマルは答えた。『勿論だ。ムハンマドの魂をその御手に握っておられる御方にかけて、私は被害を受けた者のために同害報復を執行する。アッラーの使徒が手ずから報復されるのを目撃した以上は、どうして報復せずにいられようか。ムスリムたちを打つな、彼らを侮辱するな、彼らの権利を侵害するな、しかし（もしそのようなことを行ってしまえば）彼らに償え。』」アフマド・ブン・ハンバルらがこれを伝えている。これは、為政者が臣民を不当に打った場合のことを指しているのである。法に定められた鞭打ちの場合について言えば、それには同害報復が無いというのがイジュマーである。なぜならそれは義務、あるいは推奨行為、合法行為だからである。

第3節　名誉棄損

名誉（棄損）についても同害報復が規定されている。つまり、ある者が誰かを呪うか、不利な祈願をした時は、彼（そうされた者）も同じことを行う権利があり、彼に嘘でない悪口を言った場合も同様（に被害者は加害者に悪口を言ってよいの）である。言われた方も同じことをしてよいのである。ただし、赦すならなおよい。至高なるアッラーも仰せである。「一つの悪事の報いは、それと同様の悪事一つである。だが、免じ、（関係を）正す者、その報酬はアッラーの上にある。まことに、彼は不正な者を愛し給わない。だが、不正の後に授けを得た（自衛した）者、そうした者には（咎める）道は課せられない。」［第42章40～41節］また預言者は言われた。「二人が罵りあった場合、謂われなく言われた方が度を越さない限り、（最初に罵り）始めた方が有責である。▼4」それで、これは「仕返し（インティサール）」と言われる。

「侮辱（shatimah）」とは、嘘は交えずに他人の醜行を暴露したり、犬やロバ呼ばわりしたりすることである。しかし（嘘で）誹謗された場合は、（言われた方は）相手に対して（仕返しに）誹謗をすることは許されない。また不当に不信仰者とか、罪人呼ばわりしたとすれば、不当に不信仰者であるとか、罪人だとか罵ることは許されないのである。また、自分の父、部族、同郷人などが呪われた場合も、それらの人々に対して不当な言葉を述べてはいけない。なぜならば、彼らがその人を不正に扱ったわけではない

▼4　ムスリム、アブー・ダーウード。

からである。至高なるアッラーは仰せである。「信仰する者たちよ、アッラー（の命令と禁止）の履行者、公正な証人となれ。民に対する憎しみがおまえたちを公平でなくなるよう仕向けさせることがあってはならない。公平にせよ。それが畏怖により近い。」［第5章8節］このようにアッラーはムスリムに、不信仰者への憎悪から公平を欠くことのないよう命じ給い、「公平にせよ。それが畏怖により近い。」と言われたのである。

ある人の名誉に関しての侵害が、その人自身の権利を侵害する禁じられたものであったなら、（加害者が）願った（同じ）ことによる不利な祈願のような、それと同等な報復が許される。

しかし、それがたとえば、虚言のように至高なるアッラーの権利を侵害する禁じられたものであった場合には、決して許されない。このように多くの法学者も、「酒を飲ますとか男色を強いるというような、そうすること自体が禁じられているやり方でない限り、もし焼くか、溺れさすか、窒息させるかなどで殺人を犯したなら、それと同じ方法でもって報復される。」と言っている。しかし、中には、報復による殺害はすべて剣による斬首であるべきだと言う者もいる。そして、前者の意見がクルアーンとスンナと正義によりかなっているのである。

第4節　誹謗など

（嘘の）誹謗などには同害報復がありえない以上、それには別の罰則がなければならない。クルアーンとスンナとイジュマーによって確定された「姦通の誣告罪」のハッド刑はこれにあたる。至高なるアッラーは仰せである。「淑女たちに（姦通の）罪を負わせながら、四人の証人を連れて来ない者たち、彼らを八十回鞭打ちにせよ。そして、彼らからは決して証言を受け入れてはならない。そしてそれらの者、彼らは邪な者である。ただし、その後、悔いて戻り、（己の行状を）正した者は別である。まことにアッラーはよく赦し給う慈悲深い御方。」［第24章4～5節］

それゆえ、自由なムフサンを、姦通や男色をしたと言って中傷した場合には、その者には「誣告罪」のハッド刑が科されるが、それは八十回の鞭打ちである。また他のことについての中傷の場合は、行政裁量刑で罰されねばならない。ただし、このハッド刑の執行を決めるのは、中傷された本人の権利であり、その人の請求なくしては、刑が執行されないということで法学者の意見は一致している。もしその人が赦せば、（刑は）免除されるというのが通説である。なぜなら、ここで侵犯されたのは、同害報復や財産と同じく、個人の権利だからである。しかし、他のハッド刑のように、（犯した罪と罰の）釣り合いが取れておらず、アッラーの権利が勝っているので、刑は免除されないという説もある。姦通の中傷のハッド刑が義務づけられているのは、中傷された者がムフサン、つまり貞潔な自由身分のムスリムである場合だけなのである。不品行で悪名の高い者を中傷してもハッド刑を科されない。また、不信仰者や奴隷の場合も同じである。

しかし、姦通誣告者が罰されるのは、それが夫でない場合に限られる。妻が妊娠はしなかったが姦通した場合でも、夫は妻を姦婦と責めることが許される。また妊娠して出産した場合には、自分の子でないものと親子関係にならないよう、妻を姦婦と呼び、彼女の子（の認知）を拒否しなければならない。このように夫が妻を姦通したと非難した場合は、アッラーがクルアーンとスンナで述べておられるように、妻は姦通を認めるか、あるいは、貞潔の誓いを行うかしなければならない。[5]

もし中傷者が奴隷ならば、自由人のハッド刑の半分となる。姦通や飲酒の鞭打ちも同様で、至高なるアッラーが、奴隷女について「彼女らが嫁がされた後、醜行をなした場合、彼女らには淑女に科せられる懲罰の半分が科せられる。」〔第4章25節〕と仰せだからである。ただし、死刑あるいは手の切断が義務の場合には、刑は半減されない。

第5節　婚姻

（個別の人間の）権利の一つに婚姻がある。至高なるアッラーが命じ給うたものに則って、両配偶者の間を裁くことが義務である。つまり、良識に則り（妻を）留め置くか、あるいは、至誠を尽くして離婚するかである。配偶者はどちらも、優しい心と寛大さを持って、相手の権利を尊重しなければならない。妻は夫に対して、婚資や離婚時の適当な扶養費など経済的権利を持ち、また性生活とその悦びのような肉体的権利もある。それゆえ、妻に手を触れないと夫が誓った場合、妻に離婚の権利があるというのはムスリムたちのイジュマーなのである。また妻との性交は夫の義務であり、夫が去勢されたり、あるいは、不能であって妻と交われない場合も同様に、妻には離婚の権利があるというのが、大半の学者の意見であるが、自然の欲求で十分なのであって、義務とするには及ばないという学者もある。正しくはクルアーンとスンナとその諸原則の示す通り、それは義務なのである。預言者も、アブドゥッラー・ブン・アムルが斎戒と礼拝に励み過ぎるのを見て、「お前の妻は、お前に対して権利を持っているのだよ。」と言われたのである。▼6

少なくとも四カ月に一度は、妻と交わる義務があるという説もある。また、精力と欲求に応じて、世間並みに交わるべきであり、それは離婚後の扶養義務が通り相場に準ずるべきであるのと同じである、という説もある。後者がより適切である。夫は、妻を傷つけない、あるいは彼女の義務を妨げないという条件で、好きな時に彼女を楽しむ権利があり、したがって彼女は彼を受け入れねばならないのである。（妻は）彼（夫）か（シャリーアの）立法者の許可なくして家を離れてはならない。法学者たちは、妻にとって、家を片付けたり、掃除したり、料理することなどの家事が義務であるか否かについて、意見が分かれている。義務であるとも、義務でないとも、その若干が義務であるとも言われている。

第6節　商行為

財産については、クルアーンとスンナに述べられている通りに、遺産相続人の間で遺産分配を行う時のように、至高なるアッラーとその使徒がお命じになられたように、正義をもって人々の間を裁かねばならない。その（遺産相続に関する）多くの問題について、ムスリムたちの間には論争があるように、売買、賃契約、代理、組合、贈与、ワクフ（寄進）、遺言など、契約や受け渡しに関する取引（mu'āmalāt）においても同様である。そして、取引における正義こそ、万世の支柱であり、それなくしては現世も来世も立ち行かないのである。

正義の中には、万人が理性によって知りうる明白なものもある。たとえば、売り手に代価を支払い、売り手が買い手に品物を引き渡す義務、分銅や秤のごまかしの禁止、誠実や率直の義務、虚言や背信や

▼5　クルアーン24章4～7節参照。
▼6　ブハーリー、ムスリム。

詐欺の禁止、貸与に対する返済と感謝などである。またその（正義の）中には、隠れたものもある。隠れたものについては、さまざまな（過去の預言者たちが齎した）シャリーアと、我々のシャリーアが規定しているのである。クルアーンとスンナが禁ずるさまざまな取引の通則は、結局、正義の実現であり、不正な金品の横領や、それに類する利息や賭博のような、大小の不正の禁止なのである。預言者が禁じられた利子と賭博には、不正確なものの販売、妊娠した動物の胎児の販売、空中の鳥の販売、水中の魚の販売、代金支払い期日を特定しない販売、搾乳していない羊の販売、贋物の販売、触り売り、投げ売り、一本のナツメヤシの実の一括販売、未熟な植物の販売、偽客商法、実る以前の果実などや、収穫からの取り分を条件にした土地の一部の耕作のような、無効な組合契約のように禁じられたものも入るのである。

これらの中には、わかりにくく紛らわしいため、その有効性に関して、ムスリムたちの間で意見が分かれているものもある。ある者はその契約や受け渡しを公正で有効と考えるが、別の者はその中に無効に帰結する不正を見る者もある。至高なるアッラーは仰せである。「信仰する者たちよ、アッラーに従い、使徒とおまえたちのうち権威を持った者に従え。おまえたちがなにかで争った時にはその件をアッラーと使徒に戻せ。もしおまえたちがアッラーと最後の日を信じるならば。それは最も良く、最善な結末である。」［第4章59節］

この問題の基本原則は、人間に必要な取引行為の中には、特にクルアーンとスンナがその禁止を示しているもの以外には、禁じられたものはない、ということである。それはアッラーに近づく手段である崇拝行為（ʻibādāt）においても、特にクルアーンとスンナがその制定を示しているもの以外は、命じられていないのと同様なのである。

なぜならば、アッラーを差し置いて、アッラーの禁じ給わぬものを禁じ、権威を与え給わぬものを神に併置し、アッラーが許可し給わぬものを宗教的義務として定めるとして、アッラーが非難し給う輩《やから》の考え方とは逆に、宗教とはアッラーが定め給うたものであり、ハラーム（禁忌）とは神が禁じ給うたことだからである。

アッラーよ、我々が、あなたが合法とし給うたものだけを合法とし、あなたが禁じ給うたものだけを禁忌とし、あなたが定め給うたものだけを宗教としますゆえに、われらに恵みを垂れ給え。

第7節　協議

為政者には協議が不可欠である。なぜなら、至高なるアッラーは預言者にそれを命じ給うたからである。至高者は仰せである。「彼らを赦し、彼らのために赦しを乞い、事においては彼らと協議せよ。それでおまえが決断した時にはアッラーに一任せよ。まことにアッラーは一任する者たちを愛し給う。」［第3章159節］また、アブー・フライラは「アッラーの使徒以上に、仲間とよく相談した者はいなかった。」と言ったと伝えられている。[7]

また、至高なるアッラーが預言者に協議を命じ給うたのは、教友たちの心を和らげるためであり、また後の者たちが預言者に倣うようにするためであり、また戦事や個別的事柄など啓示の下らなかったことについて、教友たちから意見を聞くためであったからなどと言われている。それなら（預言者でさえ協議を行ったなら）彼以外の者はより協議をするに相応しいのである。

▼7　ティルミズィー。

アッラーはその御言葉の中でそれ（協議）を行う信徒たちを賞賛し給うた。「アッラーの御許にあるものは、信仰し、彼らの主に一任する者たちにとってはさらに良く、さらに長続きする。そして大罪や醜行を避け、怒った時にも赦す者たち（にとっては）。また、彼らの主に応え、礼拝を遵守し、彼らの物事は彼らの間での協議であり、われらが彼らに糧と与えたものから（善に）費やす者たち（にとっては）。」［第42章36〜38節］

（為政者が）人々と協議して、誰かが、彼（為政者）が従うべきアッラーの書（クルアーン）、アッラーの使徒のスンナ、ムスリムのイジュマーを指摘すれば、為政者はそれに従わねばならない。それに違反するような者には、たとえ宗教と現世においていかに大人物であれ、服従することはない。至高なるアッラーは仰せである。「信仰する者たちよ、アッラーに従い、使徒とおまえたちのうち権威を持った者に従え。」［第4章59節］

ムスリムたちが互いに争っている問題については、全員から意見とその意見の理由を聞き、その中でアッラーの書（クルアーン）と使徒のスンナにもっともかなった意見が実行されねばならない。至高なるアッラーも仰せである。「おまえたちがなにかで争った時にはその件をアッラーと使徒に戻せ。もしおまえたちがアッラーと最後の日を信じるならば。それは最も良く、最善な結末である。」［第4章59節］

「権威ある人々（ūlū al-umūr）」▼8には、二つの種類がある。権力者たち（umarāʾ）と学者たち（ʿulamāʾ）である。それらの人々は、彼らが正しく振る舞えば、民衆もまた身を正すような人々なのである。それゆえ、この両者は、その言動において、アッラーとその使徒に服従し、アッラーの書（クルアーン）に従うように努めねばならない。また、難しい出来事にあたって、クルアーンとスンナの教示を知りうるなら、それに従うことが義務である。時間が足りなかったり、学徒の能力不足から、あるいは、（クルアーンとハディースの）典拠の優劣がつけられないなどという場合には、学識と宗教心に信の置ける者に盲従（タクリード）してもよい、というのがもっとも有力な説である。しかし、為政者は決して（誰にも）盲従してはならないとも言われ、またどんな時でも（誰にでも）盲従してもよいと言う者もあり、ハンバリー派にも、三つの異なった説がある。

裁判官や官吏に課せられたことについても同じであり、能力に応じて、それを果たさなければならない。それは、礼拝であれジハードであれ、すべての崇拝行為についても同じで、それらはみな、各自の能力に応じて義務となるのである。

不可能な場合については、アッラーは決して誰にもその能力以上のことを課され給わない。それゆえアッラーは礼拝者による浄めを命じられたが、水が無い時とか、あるいは、冷た過ぎるとか、怪我をしているとかで、水の使用が有害であるとの恐れのある場合には、綺麗な砂によって顔と手を撫でて浄めることを命じられたのである。

預言者は、イムラーン・ブン・フサインに、「立って礼拝せよ。ただし、それができなければ座って（礼拝せよ）。それもできなければ寝たままででもせよ。」と言われた[▼9]。こうしてアッラーは、以下の御言葉をもって、可能などんな状態でもよいから、規定の時間内に、礼拝を行うことを義務となし給うたのである。「諸礼拝と中間の礼拝を守れ。そして（礼拝時は）アッラーに対して従順に立て。それでもしおまえたちが恐れるならば、徒歩のまま、または騎乗のまま。そして安全になったらアッラーを念じよ。

▼8 「権威ある者」と訳した「ūlū al-umūr」は、字義は「諸事の管理者」を意味し、本書では「為政者」の訳語を当ててきたが、ここでは文脈から、「権威ある者」と訳した。

▼9 ブハーリー、アブー・ダーウード、ティルミズィー。

おまえたちが知らなかったことを彼がおまえたちに教え給うたとおりに。」〔第2章238～239節〕

このように、アッラーは、安全な者にも危険にある者にも、健康な者にも病人にも、居住者にも旅人にも、礼拝を義務となされたのであるが、クルアーン、スンナが示すように、その中でも、旅人と危険な状態にある者と病人には、それを軽減し給うたのである。

また、アッラーは、礼拝において、浄め、被覆（身体の覆い方）、キブラ[10]（礼拝で向かう方向）の設定などの義務規定を定め給うているが、そのうちアッラーの僕《しもべ》が（特定の状況下で）できないことについては、その義務を免除し給うた。それゆえ、船が難破したとか、盗賊に服を奪われた場合には、状況によっては、裸でも礼拝することができる。その場合には、礼拝のイマームは、他の人々にその者の陰部が見えないように、彼らの中央に立つべきである。

また、キブラの方角がはっきりしない場合には、人々はそれを示す根拠から推測するように努力（イジュティハード）しなくてはならないが、推定根拠が曖昧であれば自分たちにできるように礼拝すればよいのである。預言者の時代の人々も、そのようにしていたと伝えられる。

このことは、ジハードでも、公職でも、また他のいかなる宗教の事柄についても同じなのである。それらはすべて、至高なるアッラーの「出来る限りアッラーを畏れ身を守れ。」〔第64章16節〕という至高なるアッラーの御言葉と、「私がお前たちに何かを命じたなら、そのうちお前たちに出来ることを果たせ」という預言者の言葉に、含意されているのである。また至高なるアッラーは不浄な食物を禁じ給う一方で、「反逆者でなく、無法者でもなく余儀なくされた者には罪はない。」〔第2章173節〕とも、「彼は宗教においておまえたちに苦行（困難）を定め給わなかった。」〔第22章78節〕とも、「アッラーは、別におまえたちに難題を課そうとしておられるのではない」とも仰せになっているのである。

アッラーは不可能なことを義務として課されず、その僕《しもべ》たち（人間）に叛意がなく、不可避な時には、やむをえずせざるをえないことを、禁じ給いはしないのである。

第8節　指導者を選ぶ義務

人々の後見（wilāyah）は最大の宗教的義務であること、いや、それなくしては宗教が立ち行かないことを、知らねばならない。人間は互いに互いを必要としているゆえに、社会的な結びつきなしには、福利を達成できないのである。人々が集まるにあたっては、預言者も言われているように、頭（指導者）が必要である。「たとえ三人でも旅に出る時は、そのうちの一人を指導者に選べ。」アブー・サイードとアブー・フライラの伝えるハディースとしてアブー・ダーウードが収録している。また、アフマド・ブン・ハンバルもその『遡及伝承集』の中で、アブドゥッラー・ブン・アムルから、預言者が「砂漠にいる三人が、そのうちの一人を指導者に選ばずにいることは許されない。」と言われた、と伝えている。

つまり、預言者は、たまたま旅にある小さな集団にも一人の指導者を選ぶことを義務づけられたのだが、それによって他のすべての社会集団をも指し示されたのである。なぜなら、至高なるアッラーは、善の命令と悪の禁止を義務づけられたが、それは力と指導権（imārah）なしには実現できないからである。同様に、ジハード、正義、また、巡礼、集団礼拝、祭礼の実行、被抑圧者の救援、ハッド刑の執行など、アッラーが義務づけられたものは皆、力と指導権なくしては実行できないのである。

▼10　礼拝に際して向かうマッカのカアバ神殿の方向。

また（格言に）「スルタンは地上における神の影である。」[11]とか、あるいは、「不正なイマームの統治する六十年は、スルタンを欠く一夜に勝る。」と言われ、経験もそれを証明しているのである。また、フダイル・ブン・イヤードやアフマド・ブン・ハンバルなどの先師たち（サラフ）も、「もし我々の祈願が叶うなら、スルタンのために祈願しよう。」と言ったのである。預言者は言われた。「三つのことをすれば、神は汝らに満足し給う。まず、アッラーを崇め、なにものをもアッラーの同類としないこと。次いで、皆でアッラーの絆にしっかりすがり、分裂しないこと、最後に、アッラーがお前たちの諸事の管理を委ね給うた者に誠実に助言することである。」ムスリムがこれを伝えている。

また「ムスリムの心が敵意を示さないことが三つある。第一に、すべての行為を神のためだけになすこと。第二に、為政者への誠実な助言。第三に、ムスリム同士の連帯の堅持である。まことに彼らの祈願は彼らを守り包むであろう。」と預言者が言われたとスンナ集成者たちが伝えている。[12]

また、真正なハディースは彼（預言者）から以下のように伝えている。彼が「宗教とはよき助言である。宗教とはよき助言である。宗教とはよき助言である」と言われた時、人々が「誰のための助言ですか、アッラーの使徒よ。」と尋ねた。すると預言者は答えられた。「アッラー、その書、その使徒、ムスリムの指導者たちと、その民衆のためである。」[13]

それゆえ、宗教として、また、アッラーに近づくための奉献として、指導者職（imārah）を持つことは、（ムスリムたちの）義務である。指導者の職にあって、アッラーとその使徒への服従によって、アッラーに近づくことは、最高の奉献（クルバ）なのである。

しかしたいていの人がそれ（指導者職）によって堕落するのは、ただ権勢とそれにともなう富を求めるからである。カァブ・ブン・マーリクは、預言者がこう言われたと伝えている。「二匹の飢えた狼が、羊の群に送り込まれたとしても、富とか名誉への渇望が人の宗教心にとって有害であるほどには、狼は羊にとって有害ではない。」ティルミズィーは、これはよい正しいハディースであると言っている。（預言者は）富と名誉への渇望は、羊の群に飢えた狼を送り込むのと同じか、あるいはそれ以上に、宗教心にとって有害であることを教えられたのである。また、左手に帳簿を渡される者について、至高なるアッラーは、そのような者は、「『私の財産は私に役立たなかった。』『私から私の権威は消滅した。』」［第69章28～29節］と言う、と仰せである。

権勢を望む者の末路は、フィルアウン（ファラオ）のようになることにある。また、富を掻き集める者はカールーンのようになる。至高なるアッラーは、クルアーンの中で、フィルアウンとカールーンの様子を明らかにされ、仰せである。「彼らは、地上を旅し、彼ら以前の者たちの末路がどのようなものであったかを見ていないのか。彼ら（以前の者たち）は彼らよりも力と地上の事跡において勝っていた。だが、アッラーは彼らの罪ゆえに彼らを捕らえ給うた。そして彼らにはアッラーからの守り手などいなかった。」［第40章21節］至高なるアッラーはまた仰せである。「そうした来世の住まい（楽園）、われらはそれを地上で高圧も害悪も望まない者たちのためのものとした。」［第28章83節］

人間は四種類に分けられる。

第一のタイプは、人々に権勢を振るうことと、この世での放恣を望む者である。それはアッラーに対する反逆であり、これはフィルアウンやその徒党のような王や腐敗した権力者であり、最悪の人間であ

▼11 ウカイリー（九三四年没）、アブー・ヌアイム（歴史家、一〇三八年没）、バイハキー。
▼12 イブン・マージャ、ダーリミー。
▼13 ムスリム、ティルミズィー。

る。至高なるアッラーは仰せである。「まことに、フィルアウンはこの地で驕り高ぶり、その住民を諸党派となし、彼らの一派（イスラーイールの民）を虐げ、彼らの男児たちを惨殺し、彼らの女たちは生かしておいた。まことに、彼は害をなす者たち（の一人）であった。」［第28章4節］また、ムスリム（ブン・ハッジャージュ）がその『正伝集』の中でイブン・マスウードが以下のように語ったと伝えている。「アッラーの使徒は言われた。『わずかの量の驕りでも心の中にある者は、天国に入れない。また、心にわずかでも信仰のある者は、地獄の業火に入れられない。』ある男が尋ねた。『アッラーの使徒よ、私はよい服を着たいし、よいサンダルを履きたいと思っています。これも「驕り」に当たるのでしょうか。』使徒は答えて言われた。『いやそうではない。というのは、神は美しいものを愛される美しき御方だからである。「驕り」というのは真実を蔑ろにし、人々を軽蔑することなのである。』」ここで「真実を蔑ろにする」とは、それを拒み、否定することであり、「人々を軽蔑する」とは人を見下げ、馬鹿にすることなのである。

第二のタイプは、権勢は求めず、放恣だけを追求する窃盗を犯す犯罪者のような輩《やから》で、これは人間の中でも下劣な者である。

第三のタイプは、放恣は欲せず、権勢だけを求める者であり、宗教心がありながら他人に優越したいと望むような人間である。

第四のタイプは、楽園の民であり、現世における権勢も放恣も求めないにもかかわらず、至高なるアッラーが以下のように仰せのように、他の者より高い地位にあるのである。「弱気になってはならず、悲しんでもいけない。そしておまえたちの方が優位者である。もしおまえたちが信仰者であれば。」［第3章139節］また至高者は仰せである。「弱気になって和平を呼びかけてはならない。おまえたちが勝者でありながらにしては。そしてアッラーはおまえたちと共にあらせられ、おまえたちの行いを損ない給うことはない。」〔第47章35節〕さらに仰せである。「アッラーにこそ威力は属し、また、彼の使徒と信仰者たちにも。」〔第63章8節〕

権勢を欲した者のいかに多くが、（権勢を増すどころか）ただ没落を深めただけではないか。またもっとも高貴とみなされる者のいかに多くが、権勢も放恣も求めてはいなかったではないか。

それは、他の人たちを支配しようとすることは、不正だからである。人類は一つの種に他ならないゆえに、自分が頂点に立ち、仲間を自分の足下に置こうと望むことは不正なのである。それが不正であるから、人々はそのように振る舞おうとする者を憎み、敵対することになる。なぜならば人間は公正な者であっても、自分の仲間によって支配されることは好まないし、公正でないならば、自らが支配者になることの方を選ぶからである。

しかしながら、我々がすでに論じたように、理性によっても宗教によっても知られる通り、（人間は）誰かが他の人たちの上に立たなければならないのである。それは、頭がなくては身体が正しく機能しないのと同じである。至高なるアッラーは仰せである。「彼こそはおまえたちを地の継承者となし、おまえたちのある者をある者よりも位階を高め給うた御方。彼がおまえたちに与え給うたものにおいておまえたちを試み給うために。」〔第6章165節〕また仰せである。「われらこそが彼らの間に現世における彼らの生活手段を割り振り、彼らのある者を別のある者の上に位階を高めた、一方が他方を人夫（傭夫）とするために。」〔第43章32節〕

シャリーアは権力と富をアッラーの道に使うことを命じている。権力と富の（所有）目的が、アッラーに近づくことと、その道のためにそれを使うことであれば、宗教と現世は正されるが、権力が宗教を欠くか、あるいは、宗教が権力を欠く時、人々の状況は悪化するのである。『正伝集』[14]が預言者から「アッラーはあなた方の姿もあなた方の富もご覧にならない。ただあなた方の心と行いだけをご覧になるのである。」と伝えているように[15]、（アッラーに）従う者と背く者は、ただ、意志と善行によってのみ区別されるのである。

それゆえ、多くの為政者の心を富と地位が占め、その職務において真の信仰から逸脱しているために、多くの人が、指導者職は信仰と宗教心の完成とは両立しないと思うようになっている。また一方、人々の中には宗教心が勝るあまり、宗教がそれなしには成り立たないそうしたもの（富や地位）を避ける者がいる。他方、人々の中には、それ（富や地位）を必要と考え、それと宗教とは相容れないと考えて、宗教から遠ざかってそれを選び取る者もいる。そのような者の考えでは、宗教とは慈悲と謙虚の範疇に入り、高貴と栄光の範疇[16]には入らないのである。

宗教指導者たちの多くの、宗教を実現できず、その（宗教の）実践において試練が自分たちに降りかかるとの心配が強まる時、そのようなやり方では、自分の幸福も他人の幸福も達成されることはないと考える者は、自分たちの生き方を軟弱だとみなし、それを見下すことになる。これら二つの誤った道は、宗教的と自称するが、実際は、権力やジハードや財貨の助けによって宗教を実現しようとしない者の道と、権力と富と戦争には好んで向かうが、それによって宗教の実現を目指さない者の道である。このような二つの道は、怒りを蒙った者と過ちを犯した者の道なのである。第一は、過ちを犯したキリスト教徒の道であり、第二は、（神の）怒りを蒙ったユダヤ教徒の道なのである。

正しい道とは、神が御恵みを垂れ給うた預言者たち、篤信者たち、殉教者たち、義人たちの道である。それはまた、我々の預言者ムハマンドの道であり、彼の後継者であるカリフたち、教友たち、ならびにそれらの人たちの道を歩んだ者たちの道なのである。そして、これらの人々は、ムハージルーン（亡命者）とアンサール（援助者）からなる（ムスリムの）第一世代の人たち、および、彼らに善行をもってつき従った者たちであり、アッラーは彼らを嘉し給い、彼らも彼（アッラー）に満足したのである。アッラーは彼らのために、その下に川の流れる楽園を用意し給い、彼らはそこに永遠に住むのである。これこそ偉大な勝利なのである。

ムスリムの義務は、各自の能力に応じて、正しい道のためにイジュティハードする（力の限りを尽くす）ことである。統治の任にあたる者が、自らの統治行為において、できる限り、アッラーへの服従と、宗教の確立と、ムスリムたちの福利の実現を目指し、その統治において、できるだけ禁じられた行為を避けることに努めるならば、できないことについては責めを負わされることはない。ウンマにとっては、敬虔な者に統治を委ねる方が、邪悪な者に委ねるよりよい。

そして、力とジハードによって宗教を確立できない者も、できるだけ誠実な助言を（人々に）与え、ウンマのために祈願し、善行を愛し、自らも可能な限りの善行を行うなら、そのような為政者には、できないことが課されることはない。そして、至高なるアッラーが仰せの通り、宗教は、導きとなるクルアーンと助けとなる鉄によって、支えられるのである。アッラーのために、またその御許にあるものを求めるために、そのことにおいてアッラーの助けを請いつつ、クルアーンとハディースに則るようにイ

▼14 底本では両『正伝集』とあるが、DAF版に従い『正伝集』と読む。
▼15 ムスリム、イブン・マージャ。
▼16 底本のdīnayn（二つの宗教）ではなくDAF版のdayyinīnの読みを採る。
▼17 イブン・アビー・シーバ、タバラーニー、アブー・ヌアイム、ハイサミー。

ジュティハードする（力の限りを尽くす）ことが、すべての者の義務なのである。

かくして、現世が宗教に奉仕することができるのである。それは、ムアーズ・ブン・ジャバルが言った通りである。「人の子よ、お前は、現世における自分の分け前を、必要とするが、来世における自分の分け前はもっと必要である。もしお前が来世におけるお前の分け前を優先するなら、それが現世における分け前をもたらし、現世によき秩序をもたらす。ところが、現世の分け前を優先すると、来世の分け前はなくなったうえ、現世の分け前も危なくなるのである。[17]」この言葉の根拠は、預言者が述べられたとのティルミズィーの以下の伝承である。「朝起きた時、来世が至上の関心である者のために、アッラーはその人が抱える問題をすべて解決し、心に豊かさを与え給う。そして、現世は身を低めて彼に歩み寄ってくる。朝起きた時、現世のことが気掛りである者には、アッラーはその者の財産を消失させ、貧窮を彼に現前させ給うが、（いくら気に病もうと）現世からは定められただけ（の稼ぎ）しか得られない。」そしてその基礎は、至高なるアッラーの以下の御言葉にある。「われが幽精《ジン》と人間を創ったのは（われらの命により）彼らがわれに仕える（ことの）ためにほかならなかった。われは彼らから糧など望まず、彼らがわれを食べさせることを望まない。まことに、アッラー、彼こそは豊かに糧を恵み給う、力を備えた、強固なる御方。」［第51章56～58節］

我らは偉大なるアッラーに、我らと我らのすべての兄弟たちに、我らに対して愛で、嘉し給うような言葉と行いを、恵み授けてくださることを希います。まことに力と権能はいと高く偉大なるアッラーにのみ属します。万世の主なるアッラーに称えあれ。また、我らの長であるムハンマドとその一族とその教友たちに、最後の審判の日にいたるまで、神の祝福と大いなる平安がありますように。（終わり）

ファトワー：タタール（モンゴル）軍との戦いは義務か？

【質問】

かの六九九（西暦一二九九）年に侵攻してきたタタール（モンゴル人）は、周知のようにムスリムたちを殺し、その子弟を捕虜にし、居合わせたムスリムに略奪をはたらき、ムスリムたちを卑しめ、モスクを冒瀆し、特にエルサレムにおいて、狼藉をはたらくなどして、イスラームの尊厳を冒し、ムスリムたちの財産や公共の財庫から大金を奪い、ムスリムの男たちを大量に捕虜にし祖国から連れ出した。それにもかかわらず、彼らは信仰告白を固守していると主張し、彼らの言うところではイスラームの根本（だけ）は守っており、また彼らはムスリムたちのジェノサイドのお目こぼしの生き残りであることから、彼ら（タタール）の軍と戦うことは（シャリーアでは）禁じられていると主張している。

彼らタタールについて、法学者や宗教（イスラーム）の学匠たちの言うところは何か。また、彼らタタールと戦うことは合法なのか、あるいは、むしろ、義務であるのか。また、その合法性、あるいは義務の理由は何か。我らに正しいことを教え給え。アッラーの報償があなた方にありますように。

【解答】

アッラーにこそ称えあれ。彼ら（タタール）であれ、誰であれ、イスラームのシャリーアのうちで、不特定多数が伝える周知の明白な規定の遵守から離れる集団に対してはすべて、（初代カリフ）アブー・バクルと預言者ムハンマドの教友たちが、サダカ（浄財）の支払いを拒否した集団と戦ったように、彼らが信仰告白を行いそのシャリーアの一部を実践していようとも、そのシャリーアの総体を遵守するようになるまで戦わねばならない。この点に関しては（第二代カリフ）ウマルとアブー・バクルの（背教戦争の当否に関わる）議論の後、教友たちはクルアーンとスンナに則り、イスラームの真理のために戦うことで一致し、教友以降の法学者たちも意見が一致しているのである。

また同様にハワーリジュ派については、預言者が「彼らは自分たちの礼拝と比較し、お前たちの礼拝を（馬鹿にし）、自分たちの斎戒と比較しお前たちの斎戒を馬鹿にする」との言葉で、彼らが被造物、人類の中で最悪の輩《やから》であることを教えられたことが、異なる十の伝承経路によって検証されている。それゆえシャリーアの諸規定を守らない場合、単なるイスラームへの帰属が、戦いの免除理由とならないことが知られる。宗教がすべてアッラーのものとなり、（多神崇拝の）誘惑（フィトナ）がなくなるまで、戦うことが義務であり、宗教がアッラー以外のものに捧げられている間は、戦うことが義務なのである。

それゆえいかなる集団であれ、定められた礼拝、斎戒、巡礼を守らなかったり、あるいはムスリムの生命、財産の侵害、飲酒、姦通、賭博、近親相姦などの禁令を破ったり、あるいは、不信仰者とのジハードや啓典の民（キリスト教徒やユダヤ教徒）へのジズヤ（人頭税）の課税を行わないなど、（ムスリムならば）誰も拒むことも、怠ることも許されず、その義務性を否定すれば不信仰者とみなされる類いのイスラームの義務事項、禁止事項を守らぬ集団とは、たとえその集団がそれら（の事項の義務性）だけは認めていたとしても、（実践しないならば、）戦わねばならない。このことは、学者たちの間に異論がないことの一つである。

法学者の間で異論があるのは、ファジュル（黎明）（の義務の礼拝の前）の二ラクアの礼拝や、アザーン（礼拝告知）やイカーマ（礼拝開始告知）などの儀礼のスンナ（法学上、義務事項と奨励事項の中間領域）の場合、それに義務性があると認めず、行わない集団について、それ（スンナの無視）を理由に戦うべきか否かについてだけであり、それ（義務事項と禁止事項の無視）に対する戦いについて異論はないのである。

真理を明らかにする学者たちの考えでは、これらの集団は、信徒たちの長（第四代カリフ）アリーに背いたシリアの民のように、イマーム（カリフ）への服従を棄てて反抗する「叛徒」とは違うのである。なぜなら、後者は特定のイマームに対して服従から離れたか、彼を廃位するために反乱を起こしたからであるが、上述の集団は、サダカ（浄財）の支払いを拒んだ集団や、アリーが戦ったハワーリジュ派のように、イスラームそのものから離反しているからである。それゆえバスラやシリアの民との戦いと、ナフラワーンの民（ハワーリジュ派）との戦いにおいて、アリーの振る舞いには相違があった。バスラの民やシリアの民に対しては、同胞の間の振る舞いであったが、ハワーリジュ派に対してはそうではなかったのである。

教友の間でのイジュマー（合意）が確定しているアブー・バクルの戦い（背教戦争）や、ハワーリジュ派との戦いについては、預言者からも、（ハディースの）明文が伝わっている。しかしシリアの民やバスラの民との間に生じた内戦に関しては、それについて（ハディースの）明文が示していることは限られており、教友たちやその後の世代の人々の間でも意見が分かれているのである。また、法学の学匠たちの間でも、戦うべき「叛徒」とは、「（イスラームの）誤った解釈に基づきカリフに反抗する徒党」であり、単にカリフへの服従から離れた者ではないと考える者もあれば、そのどちらをも「叛徒」であるとする者もある。しかし、それらの者たちと、タタールには明瞭な違いがあるのであり、不特定多数が伝える周知の明白なシャリーアの諸義務を守らぬ徒党に対して戦うことの義務について、いかなる異論の存在も私は知らない。

この原則が確認されたならば、問題の民（タタール）は、その軍隊は、不信仰のキリスト教徒や多神教徒も含んでいるが、大多数は求められれば（イスラームの）信仰告白の言葉を唱え、使徒を称えてみせるようなムスリムを名乗る者からなるのであるが、礼拝をする者はごく少数にしか過ぎない。ラマダーンの斎戒（断食と禁欲）は（日常の）礼拝よりは守られている。また彼らはムスリムを他の者たちより優遇しており、さらに彼らの許では真面目なムスリムは敬意が払われている。彼らはイスラームを部分的に実践しており、イスラームの遵守の度合においてさまざまなのではあるが、彼らの大半の依って立つ立場、彼らが戦う立場は、イスラームの諸規定の多くを、あるいは、そのほとんどを無視していることを示している。なぜならば、彼らは最初にイスラームへの入信を義務づけたとしても、その諸規定の遵守を怠る者と戦おうとはしないからである。いや、むしろ彼らは、たとえアッラーとその使徒の敵である不信仰者であろうとも、モンゴル帝国のために戦う者ならば、むしろ賞賛したりそのまま好きにさせておくが、逆にモンゴル帝国から離反したり、反抗する者に対しては、たとえそれが模範的なムスリムであろうとも、戦うことを認めるのである。また彼らは不信仰者に対してジハードを行わず、啓典の民にジズヤ（人頭税）を課し卑しめることもなく、彼らの兵隊たちの誰であれ、太陽や月など好きなものを崇拝するのを禁じようともしない。つまり、彼らの行いから明らかなことは、彼らにとってのムスリムというものは、ムスリムたちにとっての、自分らの中の公正な者、行い正しい者、義務（のみならずそれ）以上のよいことを進んで行う者といった存在であり、彼らにとっての不信仰者とは、ムスリムにとっての、自分たちの中の不正な者、最低限の義務しか行わない者といった者に等しいということである。

また、彼らの多くは、彼らの支配者（スルタン）が禁じるのでない限り、ムスリムの生命、財産を不可侵としない、つまり、それに手をつけずにはおかない。彼らは支配者（スルタン）がそうしたことを禁じた場合にはそれに従うが、それは命じた者が王だからであって、イスラームの教えのみによるのではないのである。また、彼らの大半は、礼拝、喜捨、巡礼などの義務を遵守せず、自分たちの間の裁きをアッラーの定めに基づいて行わず、彼らの慣習法に基づいて裁くのであるが、それはイスラームに一致していることもあれば、背反していることもある。シャリーアの諸規定を守ったのはシャイザブルーンだけであったが、彼こそシャリーアの中で（現在タタールの）人々の間で知られているものを教え広めた者である。しかし彼ら（我々の論じているタタール）はイスラームに入信はしたが、そのシャリーアの諸規定を守ってはいない。

この範疇に入る者との戦いは、ムスリムのイジュマーによる義務である。イスラームの教えと、彼ら（タタール）の実状を知る者には、この点について疑問の余地はない。それゆえ、彼らとの和平と、イスラームの教えは決して両立しえない。たとえそのもたらす害悪が、居住地域内に限定されていても、イスラームの諸規定を守らないクルド人やアラブ人などの砂漠の民との戦いが義務であるのであれば、いわんや、彼ら（タタール）についてはどうであろうか。ただし、その戦いにおいてもシャリーアの定めによらなければならず、もしシャリーアの諸規定の遵守を彼らにまだ呼びかけていないのであるならば、先ずそれを呼びかけねばならない。それは敵地にある不信仰者が、もし信仰告白をまだ呼びかけられていないなら、まずそれを呼びかけられねばならないのと同じである。

もし彼ら（タタール）と戦う者が完全に一致するならば、それこそアッラーをもっともお喜ばせすること、その御言葉をもっとも高く誉め称えること、その教えの確立、アッラーの使徒への服従の極みなのである。もし彼ら（タタールと戦う者）の中に堕落や、権力の座を求めて戦うような不純な動機があったり、相手に法の定めを超えた仕打ちをしたりすることがあったとしても、そのような状態での彼ら（タタール）との戦いの害悪より、彼ら（タタール）との戦いを怠ることとの害悪の方が、宗教（イスラーム）にとってより有害であるならば、小さな害をともなうにしても、より大きな害を防ぐために、彼ら（タタール）と戦うことが義務となるのである。そしてこれは常に心に留めておくべきイスラームの原則の一つである。

それゆえ、敬虔であると邪悪であるとを問わず、誰とでも出陣するのがスンナとジャマーア（大同団結）の徒（スンナ派）の原則なのである。預言者も言われているように、アッラーは邪悪な者や不義の民を使ってでも、この宗教（イスラーム）を助け給うのである。なぜならば、邪悪な将軍か、あるいは、邪悪な軍隊と共に出陣するしかない時は、以下の二つのうちのどちらか、すなわち、そのような人たち（邪悪な将軍、軍隊）と共に戦いに出るのを止めて、その結果、宗教においても世俗のことにおいても、よりひどい害悪をもたらす者たちが権勢を振るうことになるのか、あるいは邪悪な将軍と共に戦い、それによってもっと邪悪な者の侵入を防ぎ、シャリーアのすべてではなくともその大半を実施するか、であり、こうした状況下にあっては後者が義務なのである。実際、正統カリフ期以降においては、多くの戦争は、このような形でしか行われなかったのである。

預言者から確かに伝わるところでは、「馬には復活の日にいたるまで、その前髪に報賞や戦利品のような幸福が結びつけられている」が、この真正なハディースは、アブー・ダーウードが彼の『スンナ集成』に収録し伝えている預言者の「戦争は私が遣わされてから、我がウンマの最後の者がダッジャール（末世に現れる悪の権化）と闘うまで続く。そして悪人の邪悪さも義人の正義もそれを止めることはできない」という言葉、そして、預言者が「我がウンマ（共同体）には、真理の上にあって勝利する一団が、復活の日にいたるまで存在するが、敵する者にも彼らを害することはできない」と言われたとの周知の伝承、そしてその他、「スンナとジャマーア（大同団結）の徒」（スンナ派）の諸党派が、スンナとジャマーアを離れ去るシーア派やハワーリジュ派とは違って、ジハードを行うべき対象との、敬虔であると邪悪であるとを問わず、将軍たちと同行するジハードに関して、参照することで意見が一致している諸々の（ハディースの）明文の意味を明らかにしているのである。

これはまた、彼（預言者）の「私の後に不正、背信、不義の将軍（支配者）たちが現れるだろう。そうした輩《やから》の虚偽を受け入れ手伝う者は、私の仲間ではなく、私の手でハウド（天国の池）に導かれることはない。そうした輩の虚偽（の行い）を認めず、その不正に手を貸さない者は私の仲間であり、私の手でハウドに導かれよう」という言葉とも合致するのである。

ひとは、もし、預言者が、将軍たちが復活の日にいたるまで行うべきジハードについて命じられたことと、不正な（支配者）者たちの不正を手助けすることを禁じられたことを知れば、イスラームの純粋な教えであるところの中庸の道とは、問題の民（タタール）のようにジハードの対象となるべき相手とは、もしそれはそうするより他にジハードを遂行することができない場合は、彼らよりもイスラームに近いすべての将軍や集団と共にジハードを行うが、共に戦う者であってもアッラーに背くことにおいては何事であれ協力してはならないことが知られる。アッラーへの服従となることにおいてのみそれらの者に従い、アッラーに背くことにおいては従ってはならない。創造者に背くことにおいて、被造物に従ってはならないからである。

　これこそ、このウンマの古今の選ばれた者たちの道であり、すべての責任能力者の義務である。またこれこそ、知識の欠乏に由来する贋の敬虔な生き方を選ぶハルーリー派（ハワーリジュ派）などの道と、支配者たちが敬虔でなくとも絶対的に服従する生き方を選ぶムルジア派の道との中間の道なのである。

　我らは、我らと我がムスリムの同胞たちに、アッラーが愛で嘉し給う言葉と行いを与え給わんことを希います。アッラーこそもっともよく知り給う御方であらせられます。我らが預言者ムハンマドとその家族と教友に、祝福と平安がありますように。

イスラームにおける行政監督（ヒスバ）

序

称賛はアッラーに属す。私たちは彼に助け、導き、赦しを求め、彼の許に悔い改め立ち返る。私たちはアッラーに私たち自身の邪悪、私たちの行為の害悪からの守護を求める。アッラーが導き給う者には迷わす者はなく、迷わせ給う者には導き手はいない。

アッラー唯一者の他に神はなく彼に協同者はないことを私たちは証言し、ムハンマドが彼の僕《しもべ》でありその使徒であることを証言する。（アッラーは）彼を「（最後の審判の）時」の前に福音を伝え、警告し、彼（アッラー）の御許可によりアッラーへと呼びかける者、啓蒙の灯として遣わされた。それゆえ（アッラーは）彼によって誤りから導き、彼により蒙昧から開眼させ、過ちから導かれる。そして彼によって（人々の）盲の目、聾の耳、硬い心を開かれた。それは（ムハンマドは）使信を伝え、信託を果たし、ウンマ（ムスリム共同体）に助言し、アッラーのために正しく彼のためのジハードを闘い、アッラーを崇拝し、ついにはその主から確信が彼に訪れたからである。アッラーよ、彼と彼の一統を祝福し、平安を授け給え。（アッラーが）一人の預言者にそのウンマのために報いられた最上の報いをもって私たちのために彼（ムハンマド）に報いられますように。

第1章　ヒスバ（行政監督）の原則

以下がヒスバ（行政監督）の基本である。

その基本は、イスラームにおける「職務（wilāyah）」のすべては、その目的が、宗教が完全にアッラーのものとなり、アッラーの御言葉が至高のものとなるためにあることを知ることにある。というのは、超越した至高なるアッラーが被造物を創造されたのはただそのためだからであり、そのために諸啓典を下し、そのために使徒たちを遣わされ、またそのために使徒（ムハンマド）と信徒たちもジハードを戦ったからである。至高なるアッラーは仰せである。「そしてわれが幽精《ジン》と人間を創ったのは（われらの命により）彼らがわれに仕える（ことの）ためにほかならなかった。」［第51章56節］また至高者は仰せである。「そしてわれらはおまえ以前にも、『われのほかに神はない、それゆえ、われに仕えよ』と啓示せずに使徒を遣わしたことはなかった。」［第21章25節］また仰せられる。「確かにわれらはすべての共同体に使徒を遣わした。アッラーに仕え、邪神を避けよ、と。」［第16章36節］

そしてすべての使徒たちから彼らすべてがその民に「アッラーを崇拝せよ、彼以外に汝らに神はない。」［第7章59節］と述べたと伝えられている。そして彼を崇拝するとは、彼への服従と彼の使徒への服従によるのであり、それが善（ハイル）、篤信（ビッル）、敬虔（タクワー）、善事（ハサナート）、奉献（クルバート）、永続するもの（バーキヤート）、よきもの（サーリハート）、善行（アマル・サーリフ）なのである。これらそれぞれの語の間に微妙な相違があるが、ここはそれを論じる場ではない。

またそれはそのために被造物が戦うものでもある。至高者は仰せである。「迫害がなくなり、宗教が

アッラーに帰されるまで彼らと戦え。」〔第2章193節、第8章39節〕
両『正伝集』が収録するアブー・ムーサー・アシュアリーによる伝承。「男が勇気により戦う、興奮から戦う、虚栄心から戦う、どれがアッラーの道にあるでしょうか。」と尋ねられ、預言者は言われた。「アッラーの御言葉が至高のものとなるために戦う者こそが、アッラーの道にあるのである。」

あらゆる人間は、現世においても来世においても、その福利（マスラハ）は、寄り集まり、協力、助けあいなしには実現されない。協力、助けあいは人々の福利を得るためであり、助けあいは人々の害を防ぐためである。それゆえ、「人間は本性上都市的存在（マダニー）である。」と言われる。人々が集まると、それによって福利を得るような（集団で）行うべき事柄、また（逆に）それには害があるために（皆が）それを避けるべき事柄が必ず生じ、人々はそれらの（福利の）目標の命令者、それらの有害事の禁止者に従う者となるものであり、人はすべて命令者、禁止者を必要とするのである。

それゆえ啓典の民にも属さない者や、無宗教の者であっても、自分たちの現世の福利が関わることについて自分たちの王たちに従っており、時に正しく、時に間違っている。また邪教の多神教徒たちや、（イスラームに）取って代わられた後、あるいは廃棄され取って代わられた後に（過去の）啓典にしがみつく啓典の民は、彼らの現世と来世の福利が関わることについて、（自分たちの王に）服従しているのである。

啓典の民以外は、中には死後の応報を信ずる者もいれば信じない者もいるが、啓典の民は死後の応報（の信仰）においては一致している。現世の応報については、地上の人間は一致しており、不正の応報が災いであり、正義の応報が幸福であることについて人々の間に争いはない。それゆえ、「アッラーは公正な国をたとえ不信仰なものであっても助け給うが、たとえ信仰していようと不正な国は助け給わない。」と伝えられているのである。
そして命令者と禁止者への服従が必要である以上、人はアッラーとその使徒の服従に入ることが最善であることが理解される。そして彼（アッラーの使徒）とは、善を命じ悪を禁止し、よきことは人々に許し、醜悪なことは禁じられた律法の書と福音書に述べられた文盲の預言者であるところの使徒なのであり、それゆえそれ（使徒への服従）が被造物（人間）すべての義務なのである。至高なるアッラーは仰せである。「そしてわれらが使徒を遣わしたのは、アッラーの御許可によって彼が従われるためにほかならない。そしてもし彼らが彼ら自身に不正をなした時におまえの許に来て、アッラーに赦しを乞い、使徒も彼らのために赦しを乞うならば、彼らはアッラーがよく顧み戻る慈悲深い御方であることを見出すであろう。」［第4章64～65節］また仰せである。「そしてアッラーと使徒に従う者、それらの者はアッラーが御恵みを授け給うた預言者たち、篤信者たち、殉教者たち、そして正しい者たちと共にある。またそれらの者はなんと良き仲間であることよ。」［第4章69節］また仰せである。「そしてアッラーと彼の使徒に従う者、彼はその者を下に河川が流れる楽園に入れ給い、彼らはそこに永遠に。そしてそれは大いなる成就である。だが、アッラーと彼の使徒に背き、彼の諸法度を越える者、彼はその者を獄火に入れ給い、彼はそこに永遠に留まる。そして、彼には恥辱の懲罰がある。」［第4章13～14節］
預言者は金曜集合礼拝の説教では常々言っておられた。「最善の言葉はアッラーの御言葉、最善の導きはムハンマドの導き、最悪の事柄は新規な物事（ビドア）である。」[1]また難事の説教では言っておられた。「アッラーとその使徒に従った者は正しく導かれているが、両者に背いた者は己自身を害しただけであり、アッラーを少しも害することはない。」[2]
至高なるアッラーはその使徒ムハンマドを最高の方策、シャリーアと共に遣わされ、彼に最高の啓典を下され、彼を人類に現れた最善のウンマ（共同体）に送られた。そして彼とそのウンマに宗教を完成され、彼らに恩寵を全うされた。そして（アッラーは）彼（ムハンマド）と彼がもたらしたものを信じる以外には楽園を禁じられ、彼がもたらしたイスラーム以外は誰からも受け入れられない。それゆえそれ（イスラーム）以外を宗教として求める者は決して受け入れられず、来世では喪失者の一人となる。

そして（アッラーは）その啓典の中で、人々が正義を行うために、啓典と鉄を下されたことを告げられた。至高者は仰せである。「確かにわれらは、諸々の明証と共にわれらの使徒たちを遣わし、人々が正義を行うようにと彼らと共に啓典と秤を下した。また、われらは鉄を下したが、その中には強い力と人々への益がある。また、それは、アッラーが、誰が見えないままに彼（アッラー）と彼の使徒たちを援けるかを知り給うためであった。まことに、アッラーは強く、威力比類なき御方。」［第57章25節］

それゆえ預言者はそのウンマに自分たちの為政者（諸事を司る者）たちの任用（tawliyah）を命じ、為政者に信託をその持主に返し、人々の間を裁く時には公正に統治する（裁く：yaḥkum）ことを命じられ、彼ら（ウンマ）には至高なるアッラーへの服従における為政者への服従を命じられた。アブー・ダーウードの『スンナ集成』の中で、アブー・サウードからアッラーの使徒が「三人が旅に出かけるなら、その一人を指導者に任じよ」と言われ、その『スンナ集成』の中でまたアブー・フライラからも同様（なハディース）が伝えられている。またアフマド師の『遡及伝承集（ムスナド）』の中でアブドゥッラー・ブン・アムルから預言者が「三人で砂漠に居て、その一人を指導者に任じないことは許されない。」と言わ

▼1　ムスリム
▼2　アブー・ダーウード。

れたと伝えられている。

（預言者が）最小の集団、最短期の集団に、その一人を指導者とすることを義務づけられたことは、それ（三人）以上（の集団）におけるその義務を示している。そしてそれゆえ、職務（wilāyah）は、それをアッラーに（献身して）近づくための宗教として引き受け、それにおいて能力に応じて義務を果たす者にとっては、もっとも優れた善行なのであり、アフマド師がその『遡及伝承集』で預言者から、「アッラーがもっとも愛でられる被造物（人間：khalq）は正義のイマーム（カリフ）であり、アッラーがもっとも憎まれる被造物は不正なイマームです。」と言われた、と伝えているほどなのである。

宗教の要諦、すべての職務が命令と禁止であるなら、アッラーがそのためにその使徒を遣わされた命令は善（ma'rūf）であり、そのために彼を遣わされた禁止は悪の禁止（munkar）である。そして至高者が「男の信仰者たち、女の信仰者たちは互いに後見である。良識を命じ、悪行を禁じる。」［第9章71節］と仰せられたように、これが預言者と信徒たちの性質であり、またこれは能力のあるすべてのムスリムに対する義務なのである。そしてそれは連帯義務であり、他の者がそれを行わない能力がある者には個別義務になる。そして能力とは権力（スルタン）と職務であり、権力者たちは他の者より能力が高いので、彼ら以外の者にはない義務が課されることになる。というのは義務がかかる対象は能力だからであり、すべての人間にはその能力に応じて義務があるからである。至高者は仰せである。「それゆえ、出来る限りアッラーを畏れ身を守れ。」［第64章16節］

イスラームの職務はすべて、それがスルタンの代理である最高軍司令公職であれ、警察公職であれ、裁判職であれ、帳簿係である財務職であれ、行政監督職のような下位の職務であれ、その目的は善の命令と悪の禁止に他ならない。

しかし公職者たちの中には、裁判官の下で証言する者、収入と支出の記帳が仕事である帳簿係、関係者に行状を知らせる統括係や記録係のような信頼されるべき証人のように「正しさ（スィドク）」が求められる者もいれば、彼らの中には総督、裁判官、行政監督官のような服従される受託者のように「正義（アドゥル）」が求められる者もいる。

すべての叙述文における「正しさ」と、言葉と行為の当為における「正義」によって、あらゆる状態が正されるので、この二つは対なのである。至高者も仰せである。「そしておまえの主の御言葉は真実と公正さにおいて完成した。」［第6章115節］また預言者は、不正な者たちについて述べられた時に言われた。「彼らの嘘を肯定し、彼らの不正に対して彼らを助ける者は、私には属さないし、私も彼に属さず、彼は（楽園の預言者の）『池（ハウド）』にいたることはない。彼らの嘘を肯定せず、彼らの不正に対して彼らを助けない者は私に属し私も彼に属し、やがて『池』にやってくるのである。」▼[3]

両『正伝集』の中で、預言者から「あなた方には正直（スィドク）が課される。正直は敬虔（ビッル）に導き、篤信は楽園に導きます。そして人が正直であり、正直であろうと努め続ければ、遂にはアッラーの御許で篤信者（スィッディーク）と書き留められる。嘘に気をつけよ。なぜならば嘘は堕落へ導き、堕落は火獄に導くからである。そして人が嘘を吐き続け、嘘つきに努め続ければ、遂にはアッラーの御許で大嘘つきと書き留められる。」そしてそれゆえ称えあれ超越した至高者は仰せらる。「悪魔がだれの上に降るかについて、おまえたち（マッカの住民等）に告げようか。彼らは、あらゆる罪深い大嘘つきの上に降る。」［第26章221～222節］また仰せである。「必ずやわれらはその前髪を引っ摑むであろう、（つまり）嘘

▼3 ティルミズィー、ナサーイー、アフマド。

つきで誤った（者の）前髪を。」［第96章15〜16節］

それゆえすべての為政者は、正直、正義の人に助けを求めなければならない。しかしもしそれが難しければ、たとえ嘘や不正があろうとももっともましな者、そして次いでましな者に助けが求められる。というのはアッラーはこの宗教を堕落した男、非道な民によって支えられるからである。そして義務はできることを行うことなのである。また預言者、あるいはウマル・ブン・ハッターブは言った。「もし誰かが、ある集団に対して、ある者を、その集団の中にその者よりアッラーが嘉される者が見いだされるにもかかわらず任用したとすれば、確かにアッラーを裏切り、その使徒を裏切り、信徒たちを裏切ったことになるのである。」▼4

それゆえ、たいていの場合、完璧な者はいないので、義務はただ存在する者の中でもっとも（アッラーから）嘉される者（の任用）なのである。それゆえ二つの善のうちのよりよい方を行い、二つの悪のうちのより悪い方を退けるのである。それゆえウマル・ブン・ハッターブは「私は堕落した者が強く、信頼できる者が弱いことをあなたに訴える。」と常々言っていた。それゆえ預言者とその教友たちは、両者共に不信仰者だったにもかかわらずローマ（ギリシャ）人とキリスト教徒のマギ教徒に対する勝利を喜ばれていたのである。なぜなら二派の一方がイスラームにより近かったからであり、ローマ人とペルシャ人が戦った時に、アッラーはそれについてクルアーン第30「ローマ章」を降示されたが、その物語は有名である。また同様にユースフ（ヨセフ）はファラオとその民が多神教徒だったにもかかわらず、エジプトのファラオの副官となり、可能な限り正義と善を行い、できる限り彼らを信仰へと呼びかけていたのである。

職務の一般性、特殊性、そして特定の職を引き受けた者が行うべきことは、言葉と状況と慣習によって決まるのであり、それには、シャリーアに定めはない。一部の土地と時代においては他の土地と時代では軍事職に入ることが司法職に含まれることもあり、また逆の場合もある。また行政監督職や財務職も同じである。

これらの職務のすべては本来、シャリーアに基づく職であり、宗教的役務である。それゆえ誰であれこれらの職務のどれかの職において公正に振る舞い、できる限り知識と正義によってそれを遂行し、アッラーとその使徒に服従すれば、その者は正しく敬虔な者となり、誰であれ、それにおいて不正をはたらき、知識なく行動するなら、その者は不正な悪人となるのであり、基準はただ「まことに、敬虔な者たちは至福の中にあり、背徳者たちは灼熱地獄の中にいる。」〔第82章13〜14節〕との至高者の御言葉に他ならない。

そうであるなら、この時代にはこの大シリアとエジプトの地における軍事職は、窃盗犯の手の切断や盗賊の懲罰などのような〈身体〉毀損を含む法定刑の執行を専管しているが、窃盗に対する鞭打ちのような〈身体〉毀損を含まない懲罰がそれに入ることもあるのである。また訴訟、争議、文書や証人がない容疑の訴えの裁定もそれに入ることがあるが、それは司法職が文書や証人がある場合に専管であるのと同じであり、また周知のようにそういう場合の権利の確定、裁定、ワクフの管財人、孤児の保護人の行状の審査などが専管であるのと同じなのである。一方、マグリブ（北アフリカ）など他の地では軍事職には裁判権はまったく入らず、裁判官が命じたことを執行するだけである。これは古い慣習（スンナ）に従っているのであり、それに関してさまざまな流派や慣行がある原因については他の場で述べておいた。

▼4 ハーキム、バイハキー。

第2章　礼拝

行政監督官（ムフタスィブ）について言えば、権力者、裁判官、登記係などの管轄ではない勧善懲悪（善の命令、悪の禁止：アムル・ビ・マウルーフ、ナフユ・アン・ムンカル）の権限を有している。宗教事項の多くは、為政者たちに共通しており、誰であれその義務を遂行している限り、その者に服従することは義務となる。それゆえ行政監督官には人々に定刻内に五回の礼拝を行うことを命じたり、礼拝しない者に対して打擲や拘禁によって罰することが課される。ただし、死刑については、他の者に回される。また（モスクの）礼拝指導者や礼拝告知者を任命することが課され、もし彼らの中で礼拝指導者の権限について怠慢であったり、定められた礼拝の呼びかけの時間を外れたりした場合は、（行政監督官は）その者にそれを課す。また（行政監督官は）自分にできないことについては武官、裁判官に助力を求め、服従される（権力）者はすべて、それを助け（る義務があ）る。

　というのは、礼拝は、行為の中で最善の善行であり、またそれはイスラームの支柱、そのもっとも重大な法規であるからであり、また二つの信仰告白と並べられており、他ならぬアッラーが昇天の夜にそれを義務づけられ、それについては天使たちの使徒を遣わすことなく媒介者なく（直接御自ら）使徒（ムハンマド）に語りかけられたのであり、預言者が彼のウンマ（共同体）に遺言した最後のものだからである。たとえば至高者の御言葉「一方、啓典を固持し、礼拝を遵守する者たち」[第7章170節]や「啓典でおまえに啓示されたものを読誦し、礼拝を遵守せよ。」[第29章45節]のように、アッラーの書（クルアーン）において、総論の後で各論として特に言及されているのである。

またそれは以下の至高者の御言葉のようにアッラーの書（クルアーン）のさまざまな箇所で忍耐や浄財や犠牲やジハードとも並べられている。「そして忍耐と礼拝に助けを求めよ。」〔第2章45節〕「また、礼拝を遵守し、浄財を払え。」〔第2章43節〕「私の礼拝も私の犠牲も」〔第6章62節〕「不信仰者たちには峻厳で、彼らの間では慈悲深い。」〔第48章29節〕「おまえが彼らのうちにいて、彼らを率いて礼拝に立った時には、彼らの一派をおまえと共に立たせ、彼らには彼らの武器を持たせよ。そして彼らが跪拝する時には、彼らにおまえたちの後ろに控えさせ、そしてまだ礼拝していない別の一派に来させ、おまえと共に礼拝させ、彼らには警戒と武器を備えさせよ。」〔第4章102～103節〕

その（礼拝の）問題は論じきれないほど重大であり、為政者のそれ（礼拝）に対する留意は（他の）すべての行為に対する留意より上であるべきなのである。そしてそれゆえマーリクなどが伝えている通り、「信徒たちの長（カリフ）」ウマル・ブン・ハッターブは彼の代官たちに以下のように書き送っていたのである。「私にとってあなた方のもっとも重要な問題は礼拝である。それを護り、それを遵守する者は、その宗教を護るが、それを疎かにする者は、それ以外のことは更に疎かにする。」

第3章　ごまかし

また行政監督官は金曜集合礼拝、集合礼拝、正直な言葉、信託物の返還を命じ、嘘や背信などの悪を禁じるが、容積と重量の測りを目減りさせること、工業製品、商品、負債におけるごまかしなどもそれに含まれる。至高なるアッラーは仰せられる。「災いあれ、量りをごまかす者たちに。（彼らは）人から量ってもらった時には満杯で取りながら、彼ら（他人）に量ったり彼らのために秤にかけたりした時には損をさせる者たちである。」〔第83章1～3節〕またシュアイブの物語について仰せられる。「升目を満たせ。また、損をさせる者たち（の一人）となってはならない。正確な天秤で量り、人々から彼らの物を減らしてはならない。また、害をなす者となって地上で悪を犯してはならない。」〔第26章181～183節〕また仰せられる。「まことにアッラーは変節漢で罪人であった者を愛し給わない。」〔第4章107節〕また仰せられる。「アッラーが裏切り者の策謀を導き給わない。」〔第12章52節〕

両『正伝集』の中でハキーム・ブン・ハッザームから伝えられるところ、アッラーの使徒は言われた。「売買人には別れるまでは取消権がある。もし二人とも正直で（契約を締結してその場を離れて）別れたなら、二人はその売買において祝福される。しかしもし二人が隠し事をし、嘘をついていたなら、二人の祝福は取り消される。」『ムスリム正伝集』の中でアブー・フライラが伝えるところ、アッラーの使徒が食べ物の山の傍を通りかかり、それに手を突っ込まれたところ、彼の指が濡れた。そこで（使徒は）言われた。「これはどうしたことか、食べ物売りよ。」（食べ物売りは）答えた。「それは雨に降られたのです。」そこで（使徒は）言われた。「なぜあなたは人々にそれが見えるようにそれを食べ物の上に置かなかったのか。私たちをごまかす者は私たちの仲間ではない。」異伝には「私をごまかす者は私の仲間ではない。」とありまます。預言者はごまかす者は、無限定な「宗教と信仰を有する者」の名には含まれないことを告げられたのである。また同じように「姦通者は、姦通を犯す時、信徒でありながら、姦通を犯すことはない。また酒を飲む時、信徒でありながら、それを飲むことはない。」と言われ、その者（姦通者、飲酒者）から、それによって（楽園の）報賞と（火獄の）懲罰からの救済を得るに値する信仰の本質を剥奪されたのである。ただし、それによって不信仰者と区別されそれによって獄火から出る信仰の基礎は残存している。

瑕疵の隠蔽や、預言者が通りかかって非難されたような商品の外見を内実よりよく見せるような、商品の偽装によってごまかしが商売に入り込むのである。また（ごまかしは）パンや煮物やレンズ豆や焼き物などを作る、あるいは織工や仕立て屋のように衣類を作るか、それ以外の製造物を作る人々のような者たちの製造業にも入り込む。それゆえ彼ら（製造業者）にもごまかし、背信、隠蔽を禁ずることが義務になる。

それらの者の中に貨幣や宝石や香料などを作る錬金術師がおり、彼らは金、銀、麝香、ミスク、宝石、サフラン、バラ水などを作り、それでアッラーの創造をまねる。アッラーはその僕《しもべ》（人間：イバード）たちが彼の創造のように創造することができるような何物も創造されることはない。そうではなく威力比類なきアッラーはその使徒が語られたことの中で「我が創造のように創造しようとする者以上に不正な者が誰かいるであろうか。蟻でも創ってみよ。蠅でも創ってみよ。」と仰せである。[5]

それゆえ、食物や衣類や住居のような製造物は創造物ではなく、人間は手を加えただけである。至高者は仰せである。「また、彼らへの一つの徴は、われらが彼らの子孫を満載の船に運んだことである。そして、われらは彼らにそれと似た彼らが乗るものを創った。」［第36章41～42節］また至高者は仰せである。「あなたがたは自分で刻んだものに仕えるのか。アッラーこそがあなたがたを創り給うたのに。またあなたがたがなすこともまた（アッラーが創り給うた）。」［第37章95～96節］

鉱物、植物、動物のような被造物は人間によって作ることが可能なものではない。ところが彼らはごまかしによって似せるのであり、それが錬金術の本質であり、それは紛い物作りなのである。これは広

▼5　ブハーリー、ムスリム。

大な領域であり、それについては専門家たちが本書では述べることができないほどの本を書いている。

また（禁じられるべき）悪には、リバー（不等価交換）の契約、賭博や、また生まれる前の胎児の売買、ムラーマサ[6]、ムナーバザ[7]のような未確定なもの（ガラル）の売買や、後払いのリバー[8]、上乗せのリバー[9]など、アッラーとその使徒が禁じられた契約が入る。また「ナジュシュ（さくら）」も同様で、それは買う気もない者が商品の値段をつり上げることである。また家畜の搾乳をやめる（ことで乳房が張って肉付きがよく見えるようにする）こと、そしてその他の多種多様な偽装も（同様）である。

二者関係であれ、三者関係であれ、一定の期間（貸付）で、ディルハム（銀正貨）をそれ以上のディルハムで得ることを目的とするのであれば、リバー取引も同様である。二者関係とは、二人が消費貸借（カルド）と売買、賃契約、散水契約（ムサーカー[10]）、播種契約（ムザーラア[11]）を組み合わせるなどによる。預言者が「先物（サラフ）と売買（の組み合わせ）は許されず、売買に二つの約款を付すことはなく、損害を負担しない限り利益はなく、あなたの手元にないものは売買できない。」と述べたことは確証されている。[12]ティルミズィーは、「（これは）真正なハディースです」と述べている。

また相手の商品を一定の期限で売り、その後相手がそれを彼に返すようなことも。アブー・ダーウードの『スンナ集成』の中で、預言者から「二つの売買契約で売買を行った者は、二つのうちの損な方を得るのでなければ、リバーを取ったことになる。」と言われたと伝えている。

三者関係とは、たとえば二人が両者の間に「リバー解禁者（ムハッリル）」を挟み、リバーを貪る者（実質的貸主）が彼（解禁者）から特定の商品を買い、その後でリバーを与える者（実質的借主）にそれを一定の期限をつけて売り、その後で、（解禁者が最初に買った価格より）減額したディルハム（銀正貨）で（リバーを与える者が）それをその持主（ムハッリル）に返し（売り）、その「解禁者」がそれ（差額）を儲けるようなことである。これらの取引の中には、(以下のように)ムスリムのイジュマー(コンセンサス)で禁じられているものがある。たとえば、それにおいてそのための約款がなされている、あるいはそれにおいてシャリーアに定められた取得以前に商品が売られている、あるいはシャリーアに反した約款によって(売買契約がなされて)いる、あるいはそれにおいて困窮者は猶予しなければならないので、債務を困窮者(ムアッサル)に移すようなものである。ムスリムのイジュマーによって、彼には商取引であれ、それ以外であれ、増やすことは許されないからである。またそれらの中には一部の学者が異論を述べているものもあるが、それらすべてが禁じられていることは、預言者や教友たちや後続者たちから(伝えられて)確定している。

第4章　価格操作、買占め

(禁じられるべき)悪の中には、市場に届く前に商品を受け取ることがある。なぜならば預言者は、それには売主のごまかし(タグリール)があるので、それを禁じられた。というのは値段が知られていないの

▼6　品物の山の中から買い手が品質を確認せずに適当に触れた品を売り手が売る売買。
▼7　品物の山の中から売り手が品質を確認せずに適当に投げ与えた品を買い手が買う売買。
▼8　体積、重量で取引される金銀など同種の商品同士をより多くの量の後払いで売買すること。
▼9　体積、重量で取引される金銀など同種の商品同士を等量以外で交換する売買。
▼10　成った実の一定の割合を対価に果樹に水をやって手入れをする契約。
▼11　収穫の一定の割合を対価とする小作契約。
▼12　アブー・ダーウード、ティルミズィー。

で、買主が彼からその価値以下で買うかもしれないからである。それゆえ預言者は、（買主が）市場に降りた時に、彼に取消権を認められたのである。欺瞞（ガブン）があった場合にその者に取消権が認められることには疑いはない。欺瞞がなかった場合にそれが認められるかどうかについては学者の間でも異論があり、それについてはアフマドにも二つの伝承がある。第一（の伝承）は、（取消権が）認められるが、それはシャーフィイーの説でもある。第二（の伝承）は、ごまかしがなければ認められない。そしてごまかしによる取消権が認められるのは、駆け引きのできない素人にであり、それはマーリクとアフマドなどの学説である。それゆえ市場の民には、駆け引きにたけた者にある価格で売り、駆け引きのできない素人やその価格を知らない者に、その価格以上で売ることは許されない。これは売主には（しては）いけないことである。

ハディースにも「素人をごまかすのはリバーである。」[13]とある。そしてそれは商品の受け取りに準じる。なぜなら来訪者は値段を知らないからである。それゆえ預言者は都市定住者が遊牧民に売ることを禁じられ、「アッラーが人々を互いに養いあうようにしなさい。」と言われたのである。イブン・アッバースは「『都市定住者が遊牧民に売ってはならない。』との彼の言葉は何ですか。」と言われ、「その仲買人になってはならない（との意味である）。」と言った。それは禁じられたことだが、それには購入者たちに害があるからである。なぜなら都市定住者が、人々が必要とする商品の売買で来訪者に頼っているのに、来訪者がその値段を知らせなければ、それは買主の害になるからである。それゆえ預言者は「アッラーが人々を互いに養いあうようにしなさい。」と言われたのである。また必要とされるものの買占めについて、ムスリムはその『正伝集』の中でムアッマル・ブン・アブドゥッラーから、預言者が「買占めするのは過ちを犯す者でしかない。」と言われたと伝えている。なぜなら買い占める者は人々が必要とする食べ物を買おうとするが、それを彼らに締め出し、彼らに対してその値上げを望むのであり、その者は購入者である民衆に対して不正だからである。それゆえ為政者は、人々が植えているのに自分の手許に必要としない食べ物がある者がいた場合のように、人々がそれを必要とするなら、人々に彼らの手許にあるもの（必需品）を、適正価格で売ることを強制する権限を有し、その者に人々に適正価格で売ることを強いるのである。

それゆえ法学者たちは言っている。「他者の食物を必要とする者が、（その他者が）その価格よりも高価でしか売ることを拒んだとして、選択の余地なく彼からそれをその適正価格で取ったとしたら、（食べ物の持主には）その（適正）価格しか権利はない。」ここから、価格には、不正であり許されないものがあり、また公正であり合法であるものがあることが明らかになる。もし（為政者が）人々への不正と彼らに正当な理由なく彼らが満足しない価格での売却の強制を課したり、アッラーが彼らに許されたことを彼らに禁じたなら、それは不正である。しかし適正価格の対価によって彼らの義務であることを彼らに強制するような正義を彼らの間に保証し、彼らに対して禁じられている適正な対価以上を取ることを禁じたなら、それは許されるばかりか義務なのである。

第一（の例）について言えば、アナスが伝えている。アッラーの使徒の治世に物価が上がり、人々が「物価統制をしては。」と言ったところ、「アッラーこそが控え、放ち、糧を与え、値段を決める御方です。私は、アッラーと見《まみ》えるのに、誰かが私に血や財産で私がその者に対して犯した不正を請求することがないことを望みます。」アブー・ダーウードとティルミズィーがこれを伝え、（ティルミズィーは）それを

▼13　バイハキー。

真正とみなしている。

それゆえもし人々が彼らの商品を彼らの側からの不正なく良識的に売買しており、物が希少であるか、人口が多いかで、価格が上昇したのなら、それはアッラーに帰されるのであり、人々にその原価で売るよう強制することは、不当な強制になる。

第二（の例）について言えば、商品の持主が人々がそれを必要としているにもかかわらず、それを良識的な価格より高価でしか売るのを拒むような場合で、ここでは適正価格でそれを売ることが彼らに対する義務となる。彼らに適正価格で売ることの強制以外に物価統制の意味はなく、その時、彼らはアッラーが強制したものを守らねばならない。

これより更に悪いのは、周知の人々にしか食べ物などを売らず、特定の商品が彼らにしか売られず（卸売り）、そしてまさにその彼らがそれを売り、もし彼ら以外がそれを売ったなら、不正に売主から課金を取ってか、不正はなくともそれに内在する悪により、妨げることである。そこでこの場合には、適正価格でしか売らず、人々の財産を適正価格でしか買い取らないように、彼らには物価統制が義務となることについては、一人の学者にも躊躇いはない。

なぜならば彼ら以外に同種のもの（商品）を売ること、あるいはそれを買うことを妨げるからである。もし彼らが自分の選んだものを売るか、自分が選んだものを買うかが許されれば、それらの財を売ることを望む売人たちに対する不正と、彼らから買う者たちへの不正となる。二つの点で、被造物（人々）に対して不正になるのである。もしその不正を（すべて）取り除くことができないなら、それをできる範囲で取り除くことが義務となる。このような場合には物価統制が義務となることに異論はない。その本質は彼らに適正価格でしか買ったり、売ったりしないよう強制することにある。

これはシャリーアにおいて、多くの場合に義務となる。売却の強制が正当でなければ許されないように、たとえば債務の返済や義務の扶養のための売却の強制のように、正当であれば、いくらかの場合に売却の強制は許される。適正価格でしか売らないようにとの強制も、正当でなければ許されないが、他人の食べ物を必要とする者や、他人の所有物の中での栽培や建築のような場合には許される。それで地主には、適正価格で、それ以上（払うこと）なく、それを引き取ることができる。同じような例はたくさんある。

預言者が「奴隷の自己の共有持ち分を解放したが、奴隷の値段に達する財産を持っていない場合、その者のために多くも少なくもなくそれに相応しい価格を算定しなさい。」と言われたように、奴隷解放の効果も同じである。

それで彼の共有者たちに彼らの持ち分（の価格）を与え、それでその奴隷を解放するか、そうできなければそのうちの解放できるだけを解放するのである。巡礼の準備や解放すべき奴隷や浄化の水のような儀礼のために何かの購入が義務である者も同じであり、適正な価格でそれを買わねばならず、彼が選んだものでしか、買うことを拒むことはできない。

その扶養が義務である者に対して課される食べ物や着物についても同じである。もし慣習的にその者に適切な食べ物や着物を適正価格で見つけたなら、相手が選んだもので、相手にそれを支給しない限り、それより安いものに替えてはならない。そしてそれに類するものは数多くある。

アブー・ハニーファとその弟子たちのように一人ならぬ学者たちが、不動産などを賃契約で分割する分割人が談合することを禁じている。なぜなら人々が彼らを必要としているところで、彼らが談合するなら、彼らに対して値をつり上げるからである。それゆえ、自分たちが儲かると決めた価格でしか売らないと談合した売人たちを禁じるのである。また同様に共有にすると談合した買い手たちも、人々の商品を買い尽くしてしまう方が得になるということで、彼らの一人が買うものについて共有してしまうなら、禁止する。ある種の商品を買うか、それを売る集団が、買ったものを買い尽くすと談合し、そしてそれを周知の適正価格以下で買い、彼らが売ったものを周知の値段に上乗せして、買ったものを増額するなら、それは商品の取得や定住者の遊牧民への売却やサクラによる値のつり上げよりはるかに有害であり、彼らが人々への不正に合意するなら、人々がその売買を必要としている時に、彼らの商品を適正価格より高く売り買いしなければならなくなってしまう。民衆一般がその売買を必要とするものは、その売買の必要が公共的なら、それは適正価格で売られなければならない。

第5章　連帯義務による産業統制

人々が農業、織物、建設が必要であるように、人々が人による製造業を必要とすることも、それに含まれる。なぜなら人間は食べる食物、着る衣類、住む家が必要だからである。自分たちに必要なだけの衣類が輸入されていない場合、たとえばかつてアッラーの使徒の治世に衣類はイエメンやエジプトやシリアから住民が不信仰者であったにもかかわらず輸入されており、不信仰者たちが織ったものを洗わずに着ていたのである。それゆえ土地の住民に必要なものが輸入されていなければ、彼らのために衣服を編む者が必要になる。また人々には外国から輸入するか、自分たちで植えるかした食べ物が必要であるが、大抵は後者となる。[14]また同様に彼らには住む家が要るので、建設業を必要とする。それゆえ、アブー・ハーミド・ガザーリーやアブー・ファラジュ・ブン・ジャウズィー（イブン・ジャウズィー）のようなシャーフィイーやアフマド・ブン・ハンバルの信奉者たちなどの一人ならぬ法学者が以下のように述べている。「これらの製造業は連帯義務である。なぜならば人々の福利はそれなしには成り立たないからである。たとえばジハードは連帯義務であるが、敵が国に迫っていたり、イマーム（カリフ）が誰かを招集したりしたような場合、個々人に特定され、個々人の義務になる。またシャリーアの知識を求めることは連帯義務であるが、各人がアッラーが命じられたこと、禁じられたことの知識を求めることのような、個々人に特定される場合は別で、その場合は個々人の義務になる。両『正伝集』の中には、預言者が『アッラーは幸福を望まれた者に対しては、その者に宗教の理解を授けられる。』と言われた、とある。」

アッラーが幸福を望まれる者は、（アッラーは）必ずその者に宗教における理解を授けられる。それゆえ宗教における理解を授けられない者は、アッラーはその者に幸福を望んでおられないのである。宗教とはアッラーがそれを携えさせてその使徒を遣わされたものであり、それはまたすべての人がそれを認め、実践しなければならないものであり、誰にもムハンマドについて、彼が伝えられたことを一般的承認で真実と認め、命じられたことについては一般的服従によって彼に従わなければならない。その後に、彼（預言者）からある伝承が確定すれば、彼には具体的にそれを認めねばならず、特定の命令を一定の筋から命じられたとすれば、彼にはそれに具体的に従わなければならない。また死体に沐浴を施すこと、死装束を着せること、葬礼を捧げること、埋葬もまた連帯義務であり、勧善懲悪（善の命令、悪の禁止）もまた連帯義務なのである。

職務（wilāyāt：後見的権威）は、信徒たちの長（カリフ）職やその下の王位や大臣職や、軍団の兵站の収

▼14　アシュアリー派神学者、シャーフィイー派法学者、一一一一年没。

入、あるいは支出のための文書の筆記であれ、計算の筆記であれ、書記職などや、戦争の指令職や、裁判、行政監督のようなものも、そのすべてが宗教的なのである。これらの後見職の枝葉は、ただ勧善懲悪（善の命令と悪の禁止）のためだけに定められたに他ならない。使徒は彼の預言者的都市（国家）において為政者が関わることのすべてを自ら引き受けられ、遠隔地についてはマッカにアッターブ・ブン・アスィードを、ターイフにはウスマーン・ブン・アースを、ウライナ集落にはハーリド・ブン・サイード・ブン・アースを代官に任命され、アリーとムアーズとアブー・ムーサーをイエメンに遣わされ、同様に遠征軍の指揮官を任命された。また浄財には徴収吏を遣わされ、彼らがそれ（浄財）をそれが課された者から徴収し、アッラーがクルアーンの中で指定されたその（受給）有資格者に支給する。徴税吏は、鞭だけしか身につけずマディーナに戻り、そこ（任地）にそれ（浄財）を支給すべき場所を見いだせば預言者の許には何も携えずに赴いたのである。

両『正伝集』の中で、アブー・ハミード・サーイディーから以下のように伝えられているように、預言者は代官たちへの計算を済ませ、また彼らの徴収と支出について監督されていた。

預言者はアズド族のイブン・ルトゥビーヤを浄財の徴税吏として派遣された。戻って（預言者が）彼を尋問すると、（その徴税吏は）言った。「これがあなたのものでこれは私に贈られたのです。」すると預言者は言われた。「この男はどういうものか。私たちが、彼をアッラーが私たちに委ねられた任務のために代官として派遣したのに、これがあなたのもの、これは私に贈られたものです、と言うとは。もし彼がその父母の家に座っていて彼に贈物がされるかされないか待っていたらどうか。私の魂をその御手にされた御方にかけて、アッラーが私たちに委ねられた仕事に、それから何かの役得を得たとすれば、復活の日にそれを首にかけてやってくる。もしそれ（役得として得たもの）が吠える駱駝であっても、いななく牛であっても、鳴く羊であってもである」。それから両手を天に掲げ、「アッラーよ、私は（伝道を）果たしたでしょうか、アッラーよ、私は果たしたでしょうか。」と、二回か、三回言われたのであった。ここで言いたいことは、連帯義務であるこれらの仕事は、その人間以外がそれを行わない時には、それはその者の個人的義務になる、ということである。特に他の者にはそれができない時にはそうである。もしある民の農作業、織物、建築などを人々が必要とするなら、その仕事は義務となり、もし彼らがそれを拒んだならば為政者（ワリー・アムル）は適切な対価で彼らにそれを強制し、彼ら（製造業者）に人々に適正な対価以上を求めさせず、人々に彼ら（製造業者）に彼らの権利以下しか与えないことで彼らに不正をはたらかせてもならない。

同様にジハードに備えている軍隊がその地の農作を必要とするなら、その生業が農業である者は彼らのためにそれを行うことを強制される。そして農民が軍隊のために農作業を強制されるように軍隊は農民に不正をはたらかないように強制される。

播種契約（ムザーラア）は学者たちの二説のうちのより正しい説では許されている。それは預言者の治世、正統カリフたちの治世のムスリムたちの慣行であり、アブー・バクルの一族、ウスマーンの一族、アリーの一族ら亡命者たち（ムハージルーン）の家々もそれを慣行としていた。またそれはイブン・マスウード[15]などの教友の高弟たちの説であり、またアフマド・ブン・ハンバル、イスハーク・ブン・ラーハワイフ、ダーウード・ブン・アリー[16]、ブハーリー、ムハンマド・ブン・イスハーク・ブン・フザイマ[17]、

▼15 ハディース学者、八五二／三年没。
▼16 ハディース学者、ザーヒリー派法学祖八八三／四没。
▼17 ハディース学者、シャーフィイー派法学者九二三年没。

アブー・バクル・ブン・ムンズィル[18]などのハディースを重視する法学者たちの学説であり、ライス・ブン・サアド[19]、イブン・アビー・ライラー[20]、アブー・ユースフ[21]、ムハンマド・ブン・ハサン[22]などムスリムの学者たちの学説でもある。

預言者は亡くなるまで、ハイバルの民と、そこから取れる果実と作物を条件に彼らを働かせておられ、その取引は、ウマルが彼らをそこ（ハイバル）から追放するまで続いていた。そして（預言者は）彼らに彼らの財でそれを活用するよう条件づけられた。種は預言者のものではなく、彼らの持ち出しだった。それゆえ学者たちの二つの説のうちの正しい説では、種は労働者の持ち出しであることが許される。そればかりか、教友たちの一部は、種は労働者が出す以外にはない、と述べている。

預言者が禁じられたのは、土地の貸し出しと作物の分配であり、彼らが地主に特定の土地の作物を条件づけていたことが詳しく述べられているが、このような条件は（クルアーンとスンナの）明文と学者たちのイジュマーで無効である。そしてそれは匿名組合契約で資本家に一定額のディルハム（銀正貨）を条件づけるのと同じであり、これが許されないことには一致がある。なぜなら商行為は公正の上に成り立つものであり、これらの商行為は一種の協業（ムシャーラカ）であり、協業はただ協業者の一方が三分の一、あるいは二分の一などと一定の割合を得ることでしかないため、もし一方に一定額と定めるなら、それは公正ではなく不正となるからである。

一部の学者たちはこうした協業（ムシャーラカ）は不定（マジュフール）の対価による賃契約の範疇に入ると考え、彼らは「類推がその禁止を要請する」と言う。そして彼らの中には撒水契約（ムサーカー）、農作契約（ムザーラア）は禁ずるが、必要に鑑みて、匿名組合を合法とみなす者もいる。なぜならディルハム銀（正価）はアブー・ハニーファが述べているように賃契約はできないからである。また彼らの中には、マーリクの説やシャーフィイーの旧説のように無条件にか、シャーフィイー派の新説のようにナツメヤシとブドウに対してのみ撒水契約を合法とみなす者もいる。なぜなら木は土地と違って賃契約ができないため、撒水契約に準じて必要とされる農作契約も合法とみなすのである。そこでシャーフィイーの説のように土地が大半であれば撒水契約に準じて農作契約も合法とみなしたり、あるいはマーリクの説のようにそれを三分の一と算定したりしているのである。

先人たちと諸都市の法学者たちの大多数は、これは協業の範疇に入り、労働が目的とされている賃契約の範疇には入らない、と述べている。というのはそのすべての目的は収穫される果実と農産物であり、両者は匿名組合と同じように一方はその身体（労働）によって、他方はその財によって協業しているからである。

それゆえ学者たちの二つの説のうちの正しい方では、この協業に瑕疵があった場合には、適正賃金ではなく適正割合であり、利益や増加分の中からそのケースで慣行であるところの三分の一や、二分の一が義務となり、決められた賃金（の支払い）は義務とならない。なぜならばそれはその（一方の提供した）財と同額か、何倍にもなってしまうことがあるからである。瑕疵のある契約においても義務となることは、有効なもの（契約）で義務となるものに準ずる。有効なもの（契約）において義務となるのは決められ

▼18 シャーフィイー派法学者、九三〇年没。
▼19 ハディース学者、七九一年没。
▼20 ハディース学者、七〇二年没。
▼21 ハナフィー派法学者、七九八年没。
▼22 シャイバーニー、ハナフィー派法学者、八〇五年没。

た賃金ではなく、利益のうちの決められた一定の割合であるので、瑕疵のあるもの（契約）においてもそれに準ずるものが義務となるのである。

農作契約は賃契約よりも原則的であり、正義と法理によりかなっている。なぜなら賃契約と異なり両者が共に儲け（マグナム）と損害（マグラム）を分けあうからである。というのは（賃契約では）地主が彼（労働者、小作人）に賃金を払い、雇用主は作物を得ることもあればえないこともあるからである。

学者たちは、これが許されるか、あれが許されるかについて見解を異にしている。正しくはその土地が封土であろうと封土でなかろうと双方共に許されている。そして四法学派に属する者にもそれ以外のムスリムの学者たちの中にも「封土の賃（貸借）契約は許さない。」と言う者を私は一人も知らない。教友たちの時代からこの私たちの時代まで封土を賃（貸借）契約してきた。ところが私たちの時代の一部の者たちが「受封者は用益を所有していないので借主が借地を貸すのと同じことになる。」と述べ、この説を言い出した。しかしこの類推は（以下の）二つの点で誤っている。

借主の用益は彼の権利ではなく、貸主がそれを彼（借主）にそれを（無償で）贈ったのである。ムスリムたちの土地の用益はムスリムたちの権利であり、為政者は、彼ら（ムスリムたち）の間で彼らの権利を配分する配分者であり、貸主のような（用益の）贈与者ではなく、受封者はその資格の定めにより用益を享受し、それは寄進の受益対象者がその用益を享受するのと同じかそれ以上なのである。

第一。（寄進の受益対象者は）死ぬ可能性があり、学者たちの二説のうちでより正しい説ではその死によってその賃（貸借）契約は解約され、寄進の受益対象者にその寄進を賃（貸借）契約することが許される。それならば受封者は、彼の死などでその賃（貸借）契約で解約されるため、封土を賃（貸借）契約することはなおさら許されるからである。

第二。もし貸主が賃（貸借）契約を許されているなら、封土の賃（貸借）契約のような賃（貸借）契約も許されており、為政者は、農耕契約か賃（貸借）契約によって、彼らがそれ（封土）によって受益するためだけに彼らに授封するのであるから、賃（貸借）契約を受封者たちに許すのである。それゆえ賃（貸借）契約と農作契約によるその受益を禁ずる者はムスリムたちに対してその現世と来世を損なうことになる。というのは店舗や（賃貸）アパートなどの場所は、受封者は賃貸借契約によってしかそれから受益することはできないからである。また農地や果樹園は、一般的に賃貸借契約や農作契約や撒水契約によってそれから益を得ることができる。

「四分法（ムラーバア）」も農耕契約の一種で、そこから外れるものではない。ただしそれにおいてそのために働く者を定額の賃金で雇う場合は別であり、それは僅かな者しか行わない。なぜなら時に財を失い何も得られない事があり、正義によりかない、健全な天性が選好する双方が儲けと損を分かちあう協業とは違うからである。これらの問題については他の場所で論じておいた。

第6章　価格統制

ここで言いたいことは、為政者が生産者たちに農業や仕立てや建築のような人々が必要とする生業を強制する場合、適正な賃金を決めるということである。使用者は生産者の賃金をそれより下げることはできず、生産者はそれ以上を求めることはできない。それはそれによって労働が特定されているからで、それが義務となる価格統制なのである。

人々が、戦争のための武器や橋など自分たちのためにジハードの手段を作る者を必要とし、適正賃金で使用した場合、使用者たちは彼らへの不正はできず、労働者たちは彼ら（使用者たち）を必要とする以上、自分たちの権利以上のものを求めることはできない。

これが労働における価格統制である。財における価格統制においては、ジハードの武器を必要とするなら武器を持つ者は適正な対価でそれを売らねばならず、彼らが武器を出し惜しんで敵が支配するようなことになってはならない。あるいは彼らのために彼ら（ジハード戦士）が選ぶ財を彼らに差し出さなければならない。そしてイマーム（カリフ）が、ジハードの戦士を指名すれば定まり、ジハードはそれらの者の個人的義務となる。

また両『正伝集』には（預言者から彼が）「人には、その逆境にあっても順境にあっても、乗り気なことにも気の進まないことでも、嫌なことでも（カリフに）聞き従うことが義務になる。」と言われたと伝えられている。

そしてもし自らの身体と財とでジハードを行うことが義務であるなら、どうしてジハードで必要とされるものを適正な対価で売ることが義務でないことがありえようか。

（身体的に）自分でジハードができない者は、学者たちの二つの見解のより正しい説によると、その財によるジハードが義務となる。それはアフマドから伝わる説の一つでもある。アッラーはクルアーンの一箇所ならぬ箇所で財と身体によるジハードを命じておられる。至高なるアッラーは仰せである。「それゆえ、出来る限りアッラーを畏れ身を守れ。」［第64章16節］

また預言者も言われている。「私が何かを命じたなら、できる範囲でそれを畏れて身を守りなさい。」両『正伝集』に収録されている。それゆえ財によるジハードができない者に身体によるジハード（の義務）が免じられないのと同じで、身体によるジハードができない者には財によるジハード（の義務）は免じられない。また身体障碍者にその財から彼以外の者が彼の代わりにそれで巡礼に行くだけのものを拠出することを義務づけ、可能な者にその財で巡礼することを義務づける者は、明らかに矛盾したことを言っているのである。

それにはアッラーの使徒の時代にはマディーナの住民の人々がそうであったように、家で自分で粉を挽いたりパンを焼いたりできないので、自分たちのために粉を挽く者、パンを焼く者を必要とする場合もこれに含まれる。というのは彼ら（使徒の時代のマディーナの住民）の間には賃契約で粉を挽く者、パンを焼く者はおらず粉やパンを売る者もおらず、穀粒を買って自宅で粉に挽きパンを焼いていたので、価格統制を必要としなかった。それで穀粒を余らせた者はそれを売り、人々はそれを貿易商から買っていた。それゆえ預言者は言われた。「貿易商は糧を得るが、買い占める者は呪わる。」また言われた。「誤った者しか買い占めなどしない。」ムスリムがその『正伝集』に収録している。

預言者から彼が粉挽きからのカフィーズ（ブッシェル：重量の単位、報酬契約）を禁じられたと伝えられているのは信憑性薄弱な、いや虚偽のハディースである。というのはマディーナには、粉挽きもパン焼きもその需要がなかったのでいなかったからである。同じくムスリムたちが諸国を征服した時にはムスリムたちはジハードに専従していたため、農民は皆不信仰者だった。それゆえ預言者はハイバルを征服した時、教友たちはそれを耕すことができなかったため、それを耕作させるためにユダヤ人に与えたのである。なぜならばそれ（耕作）にはそこ（ハイバル）に定住する必要があったからである。それを征服した者たちは樹下で（預言者に）忠誠を誓った「満悦の誓い」[23]の民であり、彼らは約千四百人であり、ジャ

▼23　六二八年のフダイビーヤの和約の前になされた。

ウファルの船の人々も合流したのであり、彼らは預言者が彼らの間でハイバルを分配した者たちであった。もし彼らの一団がその耕作のためにそこに定住したなら彼ら以外にはできない宗教の福利が滞ってしまったであろうからである。しかしウマル・ブン・ハッターブの治世には諸国が征服されムスリムが増えるとユダヤ教徒が不要になったので、彼らを追放したのである。というのは預言者は「私たちが望む間は彼らがそこにいることを認めよう。」と言われたからで、異伝では「アッラーがあなた方に認めさせられる間は。」とある。

（預言者は）その死に際に彼ら（ユダヤ教徒）のそこ（ハイバル）からの追放を命じられ「ユダヤ教徒とキリスト[24]教徒をアラビア半島から追い出せ。」と言われた。それゆえムハンマド・ブン・ジャリール・タバリーらの一団の学者たちは「不信仰者はムスリムが彼らを必要としない限り、ムスリムの土地にはジズヤ税によっても（定住が）認められない。もし彼らが必要でないならハイバルの民のように追い出せ。」と述べている。この問題には論争があるが、ここはその場ではない。

ここで言いたいことは、人々は粉挽きやパン屋を必要とする、ということである。そしてこれには二つの側面がある。

第一：家にいる者たちのために製粉しパンを焼く者たちのように彼らの技術を必要とする場合。彼らは賃金を受け取る権利があるが、彼らが必要とされている時には他の生業の者たちと同じく適正な賃金以上を請求する権利はない。

第二：その技術と売買を必要とする場合。つまり小麦を買いそれを製粉する者と、それをパンに焼き市場でパンを買わねばならない人々の需要のためにそれをパンとして売る者を必要とする場合である。彼らが人々の輸入された小麦を買って人々がその小麦を必要とするにもかかわらず小麦粉とパンを彼らの望むもので売ることを許せば、それは大きな害がある。というのはそれゆえ彼らは商人となり、四法学祖やムスリムの学者たちの大半の見解では商売の浄財が義務として課される。

それで労働しようとも労働しなくても、食べ物を買おうと着物でも動物でも、ある国から別の国に運ぶ移動をしていようと、売れ時まで手元において（値上がりを）待っていようとも、小店主のようにいつも売り買いする経営者であっても、彼らにはすべて商業の浄財が課される。もし人々の求めに応じて小麦粉とパンを作らなければならないなら、既述の通り強制されるか、誰かと特定しては彼らの誰にも強制することなく人々が必要とすることを自発的に行うかのどちらかである。どちらの仮定においても、彼らには小麦粉も小麦も価格統制に服し、小麦と小麦粉を適正価格でしか売らず、自分たちにも人々にも損がないように良識的な価格の利益を得る。

そして価格統制について学者たちは（以下の）二つの問題で見解が割れている。

第一：もし人々の間で高値でありながら、一部の者が更に高く売ることを望んだ場合、マーリクの学説では市場ではそれは禁じられるが、値下げは禁じられるのかについては両説ある。

シャーフィイーや、アブー・ハフス・アブカリー[25]、カーディー・アブー・ヤウラー[26]、シャリーフ・ア

▼24 クルアーン学者、ハディース学者、九二三年没。
▼25 ハンバリー派法学者、九九七／八年没。
▼26 ハンバリー派法学者、一〇六六年没。
▼27 ハンバリー派法学者、一〇七六／七年没。
▼28 ハンバリー派法学者、一一一五／六年没。
▼29 ハンバリー派法学者、一一一九年没。

ブー・ジャウファル[27]、アブー・ハッターブ[28]、イブン・アキール[29]らアフマドとその学徒（ハンバリー法学派）については、それを禁じ、ユーヌス・ブン・サイフがサイード・ブン・ムサイヤブ[30]経由で（マーリクが）その著『ムワッタ（踏み均された道）』の中で伝えている（以下の）事績を典拠としている。「ウマル・ブン・ハッターブが、市場で自分の干しブドウを売っているハーティブ・ブン・アブー・バルタアの傍を通りかかり、彼に『値段をあげるか、私たちの市場から（その商品を）引き上げよ』と言った。」

それにシャーフィイーと彼が伝えることで彼に同意する者たちは、答えて言う。ダラーワルディー・ブン・サーリフ・タンマールがカースィム・ブン・ムハンマド経由でウマルから（以下のように）私たちに語った。

「（ウマルが）目の前に干しブドウが入った二つの籠を置いたハーティブの傍を通りすぎました。そこで（ウマルが）彼にその二つの値段を尋ねました。そこで（ハーティブが）彼に一ディルハムで二ムッド（二バイント）と値段をつけた。そこでウマルが言った。『干しブドウを積んだ駱駝の隊商がターイフからやって来ているが、彼らはあなたの値段を参考にする。だから値段を上げるか、あなたの干しブドウを家の中に入れて好きに（値段をつけて安く）それを（自宅で）売るかどちらかにせよ。』しかしウマルは戻って、反省し、ハーティブの家を訪れて言った。『私があなたに言ったことは、私が知っていることでもなく、（公権）裁定でもなく、あれはただ私がそれで町の人々に良かれと思っ（て言った）たことだ。ですからあなたが望むように売れ。』」

シャーフィイーは述べている。「このハディースの含意するところはマーリクが伝えていることと矛盾しない。ただ（マーリクは）そのハディースの一部だけを伝えたのか、あるいは彼からそれを伝えた者がそれを伝えたのであり、その者はそのハディースの最初と最後だけを語ったのである。それで私は『人は自分の財について権限を与えられており、自分で納得しない限り、誰もそれ、あるいはその一部を奪う権利はない。ただし彼らが強制されるケースは別だが、これはそれにあたらない。』」

マーリクの説でもあり、私も同意見である。アブー・ワリード・バージー[31]は以下のように述べる。

値引きした者がつけるように命じられるのは、人々の大多数が考える値段である。もし人々の中で一人、あるいは少数者だけが値引きをしていたなら、大多数の値段に合わせることが命じられる。なぜならば考慮されるべきは大多数の状態であり、それに則って商品の価格が決められるからである。

イブン・カースィム[32]がマーリクから、「人々は5では矯正されません」については（以下のように）言ったと伝えている。「私の考えでは、それにおいて市場の額を考慮しなければならない。市場で、たとえば一ディルハムで値がついていれば、それから値下げする者が矯正されるように値をつり上げる者も矯正されなければならないのか、については、アブー・ハサン・ブン・カッサール[33]は言う。『値段を下げた者』とのマーリクの言葉について私たち同学は意見が異なっており、バグダード学派は『人々が八個を売っているのに、一ディルハムで五個を売る者』を意図している。」と述べているが、エジプト学派の一部は「人々が8で売っているのを5で売る者（を意図している）」と述べている。（イブン・カースィムは）言った。「私の考えでは二つ共に禁じられている。なぜなら、人々が5を売って

▼30 タービイー（後続者、教友に続く世代）、七一五年没。
▼31 ハディース学者、マーリキー派法学者、一〇八二年没。
▼32 マーリクの弟子、八〇六年没。
▼33 マーリキー派法学者、一〇〇八年没。

いるのに、8を売る者は、市場の人々に対して、彼らの商売を損い、混乱やいさかいを招くからであり、すべてを禁ずることに福利があるからである。」

アブー・ワリードは述べている。「これが市場の人々に対する規定であることに異論はない。貿易商に関しては、ムハンマドの書[34]には『輸入業者が市場で人々より安値で売ることに問題はない』とある。」

イブン・ハビーブは述べている。「小麦と大麦は人々の価格以外にはない。そうでないなら引き上げられる。」また述べている。「小麦と大麦の貿易商については、望みのままに売ることができるが、彼らは自分たちでも市場の人々の定めに倣う。もし彼らの一部が安くしても放置される。もし値下げする者が増えれば、そのままの者に彼らが売るように売るか、引き上げよ、と言われる。」

イブン・ハビーブは述べている。「これは食べ物であれ、食べ物以外であれ、嵩で量られないもの、重さで量られないものではなく、嵩で量られるもの、量で量られるものについてである。なぜならばそれ以外のものは、同質性がないので、価格統制ができないからである。」

アブー・ワリードは述べている。「嵩で量られるもの、重さで量られるものが等しい場合を意図している。相違するなら良品の売り手はそれ以下のものの価格で売ることを命じられはしない。」

私は言おう。学者たちが価格統制について争っている第二の問題については、市場の人々には、人々が義務を果たす限り、人々が超えてはならない限界が定められることはない。これは、学者の大勢の見解では、それは禁じられ、マーリク自身についても、彼から伝えられた有名な説（は禁止説）である。イブン・ウマルやサーリムやカースィム・ブン・ムハンマドからも禁止説が伝えられている[35]。アブー・ワリードは「サイード[36]・ブン・ムサイヤブ、ラビーア・ブン・アブー・アブドッラフマーン、ヤフヤー・ブン・サイードから、彼らがそれについて許した（アルハサ）と述べているが、彼らの言葉を伝えていない。」と述べています。

アシュハブがマーリクから伝えるところ、市場の持主は屠殺人たちに対して羊肉三分の一ラトル、駱駝肉には二分の一ラトルと価格統制し、さもなければ市場から出ていかせた。彼は言った。「もし彼らに対して彼らが買ったと思う額を価格としても問題はない。しかし私は彼らが市場から立ち去るのでは、と恐れる。」

この説を支持する者たちは、これは人々に対して価格の上昇を防ぎ、彼らに害も与えないので人々の利益になると以下のように論ずる。「人々に売却を矯正するわけではない。売り手と買い手にとってそれには利益があると考えられるため、為政者が定めた額以外で売ることを禁ずるだけである。」

（学者の）大多数については、既述の預言者のハディースを論拠としているが、それはアブー・ダーウードなどが、アラーゥ・ブン・アブドッラフマーンがその父を介してアブー・フライラが以下のように述べたハディースである。

一人の男が預言者の許にやって来て彼に言った。「アッラーの使徒よ、私たちに価格統制してください。」すると（預言者は）言われた。「いいえ、私はアッラーに祈る。」それからその男がまた預言者の許にやって来てまた彼に言った。「アッラーの使徒よ、私たちに価格統制してください。」すると（預言者は）言われた。「いいえ、アッラーが価格を決められ、（値を）上げ、下げられる。私は誰に対しても不正がない状態でアッラーに見えることを望んでいる。」

▼34 アブドゥルマリク、マーリキー派法学者、八五二年没。
▼35 七四九〜五九年没。
▼36 七六〇／一年没。

（学者の大多数は）言う。「なぜならば人々に売却を強制することは義務ではないから、あるいは彼らに許されたことを禁ずることは彼らに対する不正であり、不正はハラーム（禁止）だからである。」

それが合法であると考える者が考えるところのその性質については、イブン・ハビーブは述べている。「イマーム（カリフ）はその物品の市場の人々の顔役を集め、彼ら（顔役）の誠実さを示すために彼ら以外も臨席させることが望ましい。そして彼らに、彼らがどのように買い、売っているのかを尋ね、彼らと一般民衆にとっての問題解決があることを、彼ら（民衆）の立ちあいのもとで彼ら（民衆）を納得させるのである。それゆえ彼らに価格統制に強制するのではなく、納得（のうえで自発的にその値をつけ）させるのである。」（イブン・ハビーブは）述べている。「そのうえでそれを合法とみなす者はそれを合法とみなすのである。」

アブー・ワリードは言う。「その理由は、それによって売り手と買い手たちの利益の知に達するからである。それで売り手には彼らが得る儲けをもたらすが、それで人々に損害を与えることはないからである。しかし彼ら（売り手）が納得しない儲けがない額で価格を強制するなら、それは価格の破壊と糧品の隠匿と人々の破滅をもたらす。」

私は言おう。これについては学者たちの意見が割れている。自分たちが売るべきものを売ることを人々が拒んだ場合、そこではなすべきことを命じられ、それをなさなければ罰っせられる。また適正価格で売ることが義務である者も同じで、それより高値でしか売らないと拒むなら、為すべきことを命じられ、なさなければ罰せられることは疑いない。

「アッラーが価格を決められ、（値を）上げ、下げられる。私はあなた方の誰も血（心身）や財における不正（の賠償）を私に請求しない状態でアッラーに見えることを望んでいる。」▼37との預言者の言葉を根拠に価格統制を無条件に禁ずる者は確かに間違っている。なぜならばこれは個別の問題であり、一般的な言葉ではなく、為すべき売却、あるいは為すべき労働を拒んだか、それに対して適正な対価以上を請求した者はそこに出てこないからである。ものは、人々が高値を払（ってでも買）うことを望めば、慣行にあるように、その持主はそれを放出し、そして人々がそれに高値を払うのであり、彼らに価格統制が為されるわけではないのである。

マディーナは既述の通り、売られる食べ物はほとんどが輸入によるものでしかなかったが、その中で植えられ（収穫され）たものが売られることもあった。またそこでは大麦しか植えられておらず、売る者も買う者も特定の人間ではなく、労働かその商品（売却）を強制するために、人々がその者自身か、その財を求めるような人間は誰もいなかった。すべてのムスリムたちは一種類であり、彼らは全員がアッラーの道でジハードをしており、ジハードが可能な成人ムスリムの中には戦闘に出征する者しかいなかった。彼らの誰もが自分の身体と自分の富と、彼に与えられたサダカ（浄財）か、ファイ（還付）によって、あるいは彼以外が彼に与えた装備で戦っていた。売り手たちに彼らの商品を特定の価格でしか売らないように強制することは不当な強制であった。彼らに売却そのものを強制することが許されないなら、彼らに価格を決めるように強制することもまた許されない。売ることが特定されている者については、両『正伝集』の中で預言者から述べたと伝えられているように、彼（預言者）がそれで売りその者のために決めた価格をその者に定めた者と同じであった。

「共有分を持っている奴隷を解放する者があり、奴隷の価格に達する財産があれば、彼に対して損にも

▼37　アブー・ダーウード、ティルミズィー。

得にもならない公平な価格が算定され、それを（その奴隷の彼の）共有者たちにそれぞれの（奴隷の価格の）持ち分を与え、彼の負担でその奴隷は解放される。[38]」

この場合は、その共有者にその奴隷の自由を完成させるために、（まだ解放していない）彼（共有者）の持ち分を解放させるだけの所有権を与えなければならない時、その対価は、その奴隷の全人的価値を、得も損もしない公正な価格で算定することで決められ、その価格から彼（共有者）の取り分が与えられるのである。

というのは、マーリクやアブー・ハニーファやアフマドのような学者の大多数の見解では、共有者の権利は価格の半分にあるのであり、半分の価格にあるのではないからである。それゆえ彼らは、「分割ができないものはすべて売られ、その価格が、共有者たちの誰かがそれを請求すれば、分配され、拒む者は売却を強制される。」と言う。マーリキー派の一部はそれがイジュマーであると述べている。なぜなら真正なハディースが示す通り、共有者の権利は価格の半分なので、彼にそれを与えるにはすべてを売る以外にはそれを彼に与えることはできないからである。立法者が、共有者がその奴隷を解放する必要があるために、その所有者の所有の一部を適正な対価で手放すことを義務づけられ、所有者にはその価格の半額以上の請求権がない以上、食べ物や着物をどうしても必要とする者のように、その奴隷の解放の必要より大きな必要を有する者についてはどうなるであろうか。

これは預言者が命じられた全体の適正価格による価格決定であり、それが統制価格の本質なのである。同様に共有者には、共有と分割の障害から抜け出すために、優先権を持つ半分を、それを買った適正価格に上乗せすることなく買主の手から、譲り受けることが許される。このことは有名なスンナと学者たちのイジュマーによって立証されている。そしてこれは、一体性を保存する利益を実現するためにその者に上乗せせずにその代価を与えることを彼に義務として課すことである。それならば、彼（共有者）がそれを（別の）共有者に望みの額で売ることができないなら、それよりも大きな問題はどうなるだろうか。いや、共有者から自分がそれを得た価格より以上を請求することは彼（別の）にはできない。これは実のところ「元値販売（tawliyah）」の一種なのである。

「元値販売」とは買主が商品を自分以外の者に自分がそれ（商品）を買った価格で与えることであり、それは適正価格での売却より徹底している。それにもかかわらず買主はそれを共有者以外の第三者に対しては自分の望む額でしか売ることを強制されない。なぜなら彼（第三者）には共有者が必要とするほどにはそれを買う必要がないからである。

ある民が、その家以外に住む場所を見つけることができず、ある人の家に住まざるをえなくなったとすれば、その人は彼らを住ませなくてはならない。同様に彼らに寒さから暖を取る衣服や料理や建築や灌漑の道具を貸す必要があったなら、それを無償で与えなければならない。また彼らに水を汲む桶、調理をする鍋、耕す鍬を貸す必要があれば、それを上乗せなしの適正な賃料でそれを提供する義務があるかどうかについては、ハンバリー法学派などの学者の間で二つの説があるが、正しくは、クルアーンとスンナが示す通り、持主がその用益も対価も必要としないのであれば、それを無償で貸与する義務がある。

至高なるアッラーは仰せである。「それゆえ、災いあれ、礼拝する者たち（ではあるが）、己の礼拝から気が逸れた者たちに、（つまり礼拝などを）見せつける者たちで、什器を（貸すことを）断る（者たちに災い

▼38　ムスリム、アブー・ダーウード。

あれ)。」〔第107章4〜7節〕

スンナ集成の中でイブン・マスウードは「私たちは『マーウーン(什器)』を桶、鍋、鍬の貸借とみなしていた。」と言ったと伝えられている。[39]

また両『正伝集』の中で預言者が「駱駝の権利は貸し付け種付けだ。」と言われたと伝えられている。

また彼(預言者)が雄獣の(有償)種付けを禁じられたと伝えられている。

また両『正伝集』の中で(預言者が)「隣人はその隣人に自分の塀の中に木材を置くことを妨げてはならない。」と言われたと伝えられている。

アフマドなどの学説では、彼らは用益を施すことが義務づけられている。地主に害を与えることなく、他人の土地に水を通す必要があった場合、強制されるかどうかについては、学者たちの間に両説あり、アフマドからも二つの言葉が伝わっている。またそれについての話は、(第二代カリフ)ウマル・ブン・ハッターブが、拒んだ者に「アッラーにかけて、たとえあなたの腹の上にであっても、私たちはそれを通すだろう。」と言ったと伝えられている。教友たちと後続者たちの一人ならぬ者の説では、装飾品のザカー(喜捨)はそれを無償で貸すことであり、それはアフマドなどの学説の二つの見解の一つである。

与えるべき用益は二種類ある。一つは馬や駱駝や装飾品の無償貸借について述べたような財に関する権利であり、また中には人々が必要とするから義務となるものもある。また身体の用益も必要があれば与えられなければならない。また知識の教育、人々への教義回答、証言、人々の間の裁定、勧善懲悪(善の命令と悪の禁止)とジハードなどの身体による用益も同じであり、必要とする者に財の用益を与える義務を妨げることはない。

至高者は仰せである。「そして証人はもしも呼ばれた時には拒んではならない。」〔第2章282節〕また仰せである。「そして書記はアッラーが教え給うた通り、書くことを拒んではならない。」[第2章282節] 証言に礼金(ja'l)を取ることについては四つの説があり、それはアフマドの学派の四つの見解でもある。

第一:それは無条件に許されない。
第二:必要な時にしか許されない。
第三:許されるが、(他に誰もおらず)自分だけの義務となった時に限られる。
第四:許されるが、行為にあたって賃金を受け取れば、完了の時点では受け取らない。

これらの問題は他の場で解説している。ここで言いたいことは、所有者にはその財を適正価格かその購入価格で評価した額で売ることが義務であり、価格設定が無条件に禁じられてはいないことが、多くの場所でスンナとして伝えられているということである。奴隷解放者の共有者の持ち分の買い取りについて預言者が算定したものは、(奴隷が)完全な自由の身になるためであり、それはアッラーの権利(ハック・アッラー)であった。また人々が必要とするものには、公共的な必要(ハージャ・アーンマ)であり、それにおける権利はアッラーに属する。それゆえ学者たちは、これらの権利(フクーク)を、人間たちの権利と掟ではなく、至高なるアッラーの権利とアッラーの掟(フドゥード)とみなすのである。それはモスクやファイ(還付)やサダカ(浄財)や困窮者や公共的用益のための寄進など、また強盗、窃盗、姦通、飲酒に対するハッド刑のようなものである。というのは金品のために人を殺した者は必ず殺され、被害

▼39 ナサーイー、アブー・ダーウード、イブン・アビー・シャイバ(ハディース学者、八四九年没)、タバラーニー、バイハキー、サイード・ブン・マンスール(ハディース学者、八四一/二年没)、バッザール(ハディース学者、九〇五年没)、イブン・アビー・ハーティム(ハディース学者、九三八年没)。

者の遺族に赦免の権利がないことでは学者たちが一致している。ところが両者の間の諍いのような個人的な理由で人を殺した者とは違う。というのは、それは被害者の遺族たちの権利であり、望むなら殺し、望むなら許せることで、学者たちは一致しているからである。

ムスリムたちの食べ物や着る物などへの需要は公共の福利であり、その権利は特定の個々人のものではない。そして売るべき者に対して適正価格で価格設定することはそれを（解放奴隷の）完全な自由の実現のためにそう価格設定するよりもより重要である。（解放奴隷の）完全な自由の実現は、奴隷を解放する（契約を結んだ）共有者の義務なので、それについて価格が設定されなければ、共有者の一人が望むままに要求することで（他の共有者たちは）害を被ることになる。他方、すべての人々は自分たち自身のために食べ物や服を買う必要があるので、所有している商品が（人々から）必要とされる者が、望むままにしか売らないことを許されるなら、人々に対するその害はより重大になる。

それゆえ法学者たちは（以下のように）述べている。

「もし人が他人の食物を必要とする場合、（食べ物の持主は）それ（食べ物）を彼に適正価格で与えなければならない。売らなければならない者と売らなくてもよい者を区別しなくてはならない。法学祖たちの中で対価を与えることとその額の設定を義務づけることからもっとも遠い者はシャーフィイーである。それにもかかわらず（そのシャーフィイーでも）自分の食物を誰かが必要とする者に対してはそれを適正価格で与えることを義務づけている。彼（シャーフィイー）の学派は、人々が必要とする場合の価格統制の可否に関して対立しており、彼らの間にはそれについて二説ある。

アブー・ハニーファの学派は、スルタンは価格統制をすべきではないが、民衆の損害の権利がそれにかかっている場合はその限りではない、と述べている。それゆえ裁判官に訴えられた場合、売り惜しんでいる者に自分の糧と家族の糧を超えるものは、それについてその価格を考慮のうえで売るように命じ、その売り惜しみを禁ずる。もしその商人が彼（裁判官）の許に再び召喚されれば、その者を捕らえ、自分の見解に従って、彼に対する懲戒のためか、人々への害を取り除くために、彼に司法裁量刑を科す。

食物の所有者たちが無法に価値をひどく超えてつり上げ、裁判官が価格統制によってしかムスリムたちの権利を守ることができない場合、その時に洞察と知識を有する者たちと協議のうえで価格統制を行う。そしてそれでも（裁判官が）それ（価格統制）を行った後で誰かが違反したなら裁判官は彼を強制する。これはアブー・ハニーファの説に勝っている。というのは、自由人には財産管理はできないと考えるからである。また二人の見解でも、つまりアブー・ユースフやムハンマド（・シャイバーニー）の見解でも同じであるが、特定の集団に対する財産管理は別となる。彼らの中でイマーム（カリフ）が設定した額で売ったなら、彼は強制されたわけではないので（その契約は）有効となる。裁判官は売り惜しんでいる者に対して彼の同意なく彼の食物を売ることができるか、は、債務者たちの財産に関するよく知られた見解の相違である、と言われる一方、アブー・ハニーファは公共の損害を取り除くために財産管理を認めているから、この場合は売却できることで一致をみている、とも言われている。

値段は預言者の時代に物価が高騰して、（人々が）彼に価格統制を求め、（預言者が）断られた時に、食物を持っていながらそれを売ることを拒んでいた者がいたかについては述べられていない。実は食べ物を売っていた者のほとんどはそれを売る貿易商で、市場に着いたところでそれを売っていたが、預言者は定住者が遊牧民に売ることを禁じられた。つまり彼（定住者）が彼（遊牧民）の仲買人になることを禁じ、「アッラーが人々を互いに養わせ給われるよう、彼らを放っておきなさい。」と言われたのである。

このことは、一つならぬ経路で、預言者からの真正なハディースの中で確定されており、（預言者は）

値段を知っている定住者が、商品を運んできた遊牧民の代理人になることを禁じられた。なぜなら彼（定住民）が人々のその需要を知っていながら彼（遊牧民）の代理人になったなら（町の住民の）買主に対して価格をつり上げるからである。それゆえ代理契約という範疇は合法であり、それには人々に対する値段のつり上げも含まれているにもかかわらず、（預言者は）彼（定住者）に彼（遊牧民）の代理人になることを禁じられたのである。

また預言者は輸入品を（町に到着する前に町の外で）受け取ることを禁じられたのであり、それも一つならぬ経路の真正なハディースの中で確定されており、（預言者は）売主に、市場に着いた時点での取消権を認められたのである。それゆえ法学者たちの大多数は、それが適正価格以下であるか、そのごまかしがあれば売主に害があるので（預言者は）それを禁じられ、預言者はその売主に取消権を認められた、と考えている。

しかし、そこでの取消権は無条件に認められているのか、それともごまかしがあった場合だけなのか。学者たちの間には二説あり、それはアフマドから伝わる二つの伝承でもある。第一は、取消権はごまかしがあった場合に認められる、というもの、第二は、無条件に取消権が認められる、というもので、これはシャーフィイーの学派の有力説である。

しかし一団の者は「いや、それには受け取った者がそれを受け取り、それを買ってそれからそれを売れば買った者に害があるために禁じられている。」と述べている。

要するに、預言者は売主が適正価格である値段を知り、買主が商品を知らない間は、合法な範疇である売買を禁じられたのである。しかし誤った類推を行う者は「買主は売主から買ったなら、望むところで買うことが許される。」と言い、また「遊牧民は定住者を代理人とすることができるが、立法者は公共の利益を考慮されたのである。というのは、貿易商は値段を知らなければ適正価格を知らないので、買う者は彼を騙すことになるからである。」と言うのと同じである。それでマーリクとアフマドはそれにすべての「素人〔ムスタルスィル〕」を当てはめる。駆け引きのできない素人と売り物の価値を知らない者は、値段を知らない貿易商に準ずる。

そのような売主から買う必要がなかったとしても、彼らが価値を知らない者か、売主に駆け引きを行わず彼の言うままになる者でなかったのであれば、人々は彼らのような者には、適正価格である良識的な値段でしか売ってはならないことが明らかになる。

売買には納得が考慮されるが、納得は知識に従う。自分がごまかされていることを知らない者は納得することもあれば、納得しないこともある。それでもしごまかされたことを知ったうえで納得したのなら問題はなく、また適正価格に納得しなくとも、その怒りを気に留めることもない。

それゆえ立法者は瑕疵と偽装を知らなかった者に取消権を認めているが、売買の原状は有効であり、内実は外形に相応する。それゆえそのうえで買ったとすれば、彼が満足していたと知られるとすればそれによってでしかない。それでその商品に、〔売主が〕それをある描写で形容したが、実際にはそうでなかったことが明らかになるなど、詐欺や瑕疵があることが判明した場合、〔買主が〕納得することもあれば、納得しない場合もあるが、納得すればそれでよいが、そうでなければ彼〔買主〕には取消権が生ずる。

両『正伝集』の中でハキーム・ブン・ヒザームから預言者が「売買を行った者は二人が別れない限り、取り消すことができる。二人が正直で手の内を明かしていれば、両人の売買において二人は祝福されるが、嘘をつき隠し事をしていれば両者の売買の祝福は抹消される。」と言われたと伝えられている。

またスンナ集成には以下のようにある。「ある男が他人の土地に木を持っていた。地主は木の持主の侵入で迷惑を被っておりそれを預言者に訴えた。そこで（預言者は）彼（木の持主）に彼（地主）からその（木の）代わりを受け取るか、彼にそれをただで与えるように命じられた。ところが（木の持主は）実行しなかったため、（預言者は）地主にその伐採を許され、木の持主には『あなたは加害者である。』と言われた。[40]」

それゆえこれは（木の持主に）それをただで与えなければそれを売ることを義務づけているので、買主が必要な場合には売買の義務を示しているのである。人々一般の食べ物への需要に比べれば、この需要はどう位置づけられようか（取るに足らない）。

これらの者の類例は、食物に関して製粉しパンに焼いて商売する者たちについてもであり、またこれらの者の類例は、商店、繊維市場、浴場の持主であり、人々がその使用を必要とすれば、彼（為政者）はただそれを売買するためにそれを保証するだけである。そしてもし人々が必要としているにもかかわらず自分が望むもの（対価）でしか人々の立ち入りを拒んだならば、（為政者は）それをさせてはならず、適正価格でそれを差し出すことを強制する。それは売るために小麦を買いそれを製粉する者、小麦粉を買って売るためにそれをパンに焼く者を、人々がその者の許にある物を必要としているなら強制するのと同じである。むしろ、その者にその売却を強制する方が、より適切で、より相応しい。それどころか既述のように、それで人々に支障が生じるにいたるまでパン焼き業と製粉業を拒むなら双方を行うことが強制されるのである。

人々の必要が、人々に必要なことを行い、そこで良識的な価格で買われることで、満たされるならば、価格統制を必要とはしない。公正な価格統制によってしか人々の必要が満たされない場合に限って、損も不正もない公正な価格統制で彼らに価格が設定されるのである。

第7章　宗教事項におけるごまかしと偽装

宗教事項におけるごまかしと偽装について言えば、クルアーンとスンナとムスリムのモスクの中で口笛を吹いたり拍手をしたりするようなウンマの先人たちのイジュマーに反する言動のようなビドアや、教友たちの大勢やムスリムの大勢の誹謗、あるいはムスリムの学匠、教師、ウンマの一般の許で善行で知られた彼らの為政者たちの誹謗、学者たちが受け入れている預言者のハディースを嘘として否定すること、アッラーの使徒に対して嘘をつく偽造のハディースを伝えること、人間を神の地位につける宗教における行き過ぎ、預言者のシャリーアからの逸脱の許可、アッラーの神名とその御徴（クルアーンの節）の不信や御言葉を文脈からずらせること、アッラーの定命を嘘と否定すること、その天命（カダル）と予定（カダーゥ）を口実にその（アッラーの）命令と禁止に反対すること、預言者たちの奇跡（ムウジザ）と聖者たちの超能力（カラーマ）を真似る魔術的呪文や自然的迷信の公言し、アッラーの道を塞いだり、それに相応しくない者を礼賛するなどである。これはそれを論ずると長くなる広大な主題である。

これらの悪の何かを公然と行う者がいれば、その者にそれをやめさせ、もし悔悟しなければ、シャリーアが定めた死刑、鞭刑などに則って、その実現にいたるまで、それを罰する義務がある。

行政監督官は、それを口にしたり行ったりする者を罰し、いかがわしい場所に集まることを妨げなければならない。懲罰は確証された罪に対してしかないが、阻止と警戒は、疑わしいものについても行わ

▼40　アブー・ダーウード。

れる。(第二代カリフ)ウマル・ブン・ハッタープも若者たちが淫行の疑いのある者と寄りあうのを阻止したが、それは嘘をついている疑いがある者の証言の受け入れ、背任の疑いのある者を信ずること、不良取引の疑いのある者との取引の警戒と同じであった。

第8章　行政裁量刑(タァズィール)

勧善懲悪(善の命令と悪の禁止)はシャリーアに則った懲罰によってしか実現されない。アッラーはクルアーンによって抑制されないものを権力(スルタン)によって抑制されるのである。

ハッド刑の施行は、為政者に対する義務であるが、それは義務を行わないことと禁止事項を行うことに対する懲罰によって成立する。中には(姦通)誣告者に対する八十回の鞭刑や窃盗犯の(手足)切断刑のような(刑罰が)決まった懲罰もあり、また中には「行政裁量刑(タァズィール)」と呼ばれ、罪の大小、罪人の状況、罪の多少の状態に応じてその(刑の)量とその性質が異なる不定罰がある。

この行政裁量刑にはさまざまな種類がある。中には罵倒と言葉による抑制によるものがあり、監禁によるものがあり、現住地からの追放によるものがあり、打撃(鞭打ち)によるものがある。また礼拝の不履行に対する打撃(鞭打ち)のように義務を怠ったことによることもある。あるいは可能なのに借財を返さなかったり、横奪したものを返還しなかったり、寄託者に信託を果たさなかったりといった義務の債務の返済を怠ったことに対する場合もあり、それには義務を果たすまで一回ずつ打たれ、その者への打撃は、一日、一日と分割される

打撃が過去の罪に対する行ったことに対する応報、彼(自身)と彼以外の者へのアッラーによる見せし

めだった場合は、それはその者に必要に応じて行われ、最小限は設けられていない。行政裁量刑の最大限については、アフマドなどの学派の中に三つの説がある。

第一は、鞭打ち十回。

第二は、ハッド刑の最小限以下で、三十九回の鞭打ちか、七十九回の鞭打ちか、で、アブー・ハニーファ、シャーフィイー、アフマドなどの弟子たちの多くの説でもある。

第三は、それは量を決められない、で、これはマーリクの弟子たちとシャーフィイーとアフマドの弟子たちの一団の説であり、彼（アフマド）から伝わる二つの説の一つである。

しかし行政裁量刑が（刑の）量が定まっている事項に関するものであれば、その定量を超えることはない。たとえば（窃盗罪成立の盗品の）最低額以下の窃盗は、それによって（手足）切断には達せず、酒に口をつけただけの者に対する行政裁量刑は、飲酒の法定刑には達せず、姦通以外の誣告は（姦通誣告の）法定刑には達しない。そしてこの説がもっとも正義にかなった説であり、アッラーの使徒のスンナ（慣行）、正統カリフたちのスンナもそれを示しているのである。

それゆえ預言者は妻が彼女の女奴隷（との性行為）を合法化した男性を百回（鞭で）打つことを命じられましたが、曖昧さがあったためにその者には法定刑は控えられました。また（初代カリフ）アブー・バクルと（第二代カリフ）ウマルは一枚の毛布の中で見つかった男女に百回ずつの（鞭）打ちを命じた。またウマルは、自分の指輪に彫刻し、国庫から百を取った者を百回、それから翌日また百回打つことを命じ、それからその者を三日目に百回打つことを命じた。またスバイグ・ブン・ウスルを彼がビドアを行ったのを見た時に数えきれないほど打った。

またムスリムの団結を割る者やビドアを扇動する者のように死刑によってしかその害悪が防げない者

は処刑される。至高者は仰せである。「それゆえにわれらはイスラーイールの子孫に書き定めた。それ即ち、人の命のゆえにでも、あるいは地上での害悪のせいでもなく人一人を殺した者は、人々すべてを殺したようなものであり、……」〔第5章32節〕

また『正伝集』の中に預言者が「二人のカリフに忠誠が誓われたなら後者を殺しなさい。」と言われたと伝えられている。[41] また（預言者は）言われた。「もし誰かがあなた方の許にやって来て、あなた方の団結を割らせることを望む一人の男（に従うこと）をあなた方に命じるなら、それが誰であれ剣でその首を打ち落としなさい。[42]」

そして預言者は嘘の常習者を殺すように命じられ、またイブン・ダイラミーが彼（預言者）に飲酒を止めない者について尋ねると、「それを辞めない者は殺しなさい。」と言われた。[43]

それゆえマーリクとアフマドの学派の一団はスパイの処刑が許されると考え、マーリクとシャーフィイーの学派で彼に同意する者はビドアの扇動者は処刑と考える。しかし簡潔な原論である本書はその（議論の）場ではない。死刑と（四肢）切断刑は行政監督官の権限ではない。

またウマル・ブン・ハッターブは飲酒に対してハイバルに追放し、スバイグ・ブン・ウスルをバスラに追放し、ナスル・ブン・ハッジャージュが女性たちを惑わしたためにバスラに追放したように、追放や所払いも行政裁量刑の一種なのである。

第9章　物的行政裁量刑

財物刑による行政裁量刑もまたマーリクの周知の説の特定の複数の問題において、争いのない複数の箇所と異論のある複数の箇所でのアフマドの学説、シャーフィーの一説で定められているが、詳細については異論があるのはスンナが示している通りである。たとえばマディーナの聖域で猟をした者を見つけた者は十字架にかけることが許され[44]、彼（使徒）は酒壺を壊し、その瓶を割るように命じられ[45]、アブドゥッラー・ブン・ウマルにサフランで染めた二枚の衣服の焼却を命じられた。（アブドゥッラー・ブン・ウマルが）彼（使徒）に「その二枚を洗いましょうか。」と言うと、（使徒は）「いや、それらを焼き払いなさい。」と言われた[46]。また彼（使徒）はハイバルの（戦いの）日、駱駝肉が入った容器を壊すように命じられた。そこで（弟子たちが）彼に（容器を割る代わりにただ中身の酒を）流（して済ま）す許しを得ると、（使徒は）許された。そして（使徒は）鍋が駱駝肉で煮えているのを見ると、それを壊し、その中身を流し捨てるよう命じられた。そして（弟子たちが）「それを流し（て捨て）、それ（鍋）を洗ってはどうでしょう。」と言うと、（使徒は）「そうしなさい。」と言われた[47]。これは両方が許されていることを示している。なぜならばそれによる懲罰は義務ではなかったからである[48]。

以下もその例である。彼（使徒）による害悪のモスクの破壊、ムーサーによる偶像神に祀り上げられた

▼41 ムスリム。
▼42 ムスリム。
▼43 アブー・ダーウード。
▼44 アブー・ダーウード。
▼45 ティルミズィー。
▼46 ムスリム。
▼47 ムスリム。
▼48 クルアーン第7章107節参照。

仔牛像の破壊、保管場所以外からの窃盗犯に対する彼（使徒）の罰金の倍増、横奪者の所持品の焼却、（敵を）殺した者の戦利品を司令官に逆らった時に禁じられたと伝えられること、またウマル・ブン・ハッターブと（第四代カリフ）アリー・ブン・アビー・ターリブが酒が売られている場所の焼却を命じたこと、ザカー（浄財）の支払い拒否者の財産の半分を取り上げること、また（第三代カリフ）ウスマーン・ブン・アッファーンがイマーム（カリフ・ウスマーン欽定クルアーン）に反するクルアーン写本を消却したこと、ウマル・ブン・ハッターブが古人の書物を焼却したこと、彼（ウマル）がサアド・ブン・アビー・ワッカースが人々から隔離されることを望んで建てた彼の宮殿の焼却を命じ、ムハンマド・ブン・マスラマを遣わし、彼に対してそれを焼き払うように命じ、それで赴いて彼に対してそれを焼き払ったことなどである。これらの問題はすべて、その学者たちの間で正しいと知られたものであり、この類例は数多くある。

「これらの財物的懲罰は廃棄されたものである。」と言い、それをマーリクとアフマドの学説に帰する者は両者の学説について誤解しており、またそれをどの学派とも無関係に述べる者は典拠のない説を述べているのである。預言者からは、彼が財物的懲罰をすべて禁じられたことを帰結することは何も伝えられていない。そうではなく、正統カリフたちや彼（預言者）の高弟たちが彼（預言者）の死後にそれを採用したことは、それが廃棄されず確定されたことの証拠なのである。

この形態の全体はマーリクとアフマドとその弟子たちから明文で伝えられており、その一部はシャーフィイーが彼に届いたハディースに関して述べている。

マーリクとアフマドらの学説は財物による懲罰（財産刑）は身体の（身体刑）と同じで、シャリーアに一致するものとそれに反するものに二分されるのであり、財物による懲罰は両者の考えでは廃棄されていない。廃棄の主張者にはクルアーンにもスンナにも廃棄の典拠はない。これは廃棄の主張以外に典拠もなく真正の明文と確証されたスンナに反している者の多くの事例である。そして廃棄するもの（クルアーンとスンナの明文）を求められても、明文の一部にもその行為をやめるように誤解させる典拠はない。ただその一群の学派がその行為をやめるに至ったのはイジュマーによるが、イジュマーは廃棄の典拠である。疑いなく、イジュマーが証明されれば、それは廃棄されたことの典拠となる。なぜならウンマが誤りの上に合意することはないからである。

しかし明文を退けることに関するイジュマー（の存在）は、それ（明文）を廃棄する別の明文によってしか、知られない。そしてイジュマーを理由に明文の廃棄を主張する者の大半は、その実情を確かめると、その主張したイジュマーは本物ではないのである。そうではなく、それについて異論を知らない、というのがせいぜいである。また学者の大半が自分たちの仲間の説と異なっているのに、自分では学者たちの説を知らない、という場合もある。

アッラーの権利（ハック）であるシャリーアの諸義務は、礼拝、浄財、斎戒のような儀礼行為、法定と不定の刑罰、そして贖罪行為の三種類に分類され、諸義務の種類のすべてが、身体的、財物的、および双方の複合に分類される。

身体的儀礼行為の例は礼拝や斎戒であり、財物的（儀礼行為）の例は浄財であり、複合的（儀礼行為）の例は巡礼であり、財物的贖罪の例は施食であり、身体的（贖罪）の例は斎戒であり、複合的（贖罪）の例は供犠の奉献である。

また身体的懲罰の例は死刑や（手足）切断刑、財物的（懲罰）の例は酒器の破毀、複合的（懲罰）の例は保管場所以外から盗んだ者に対する鞭打ち刑と彼に対する課金の倍加や不信仰者への殺害と財産の没収である。

また身体的懲罰は窃盗犯の切断刑のように過去の行為への応報であることもあれば、殺人犯の死刑のように未来に対する予防であることもある。財物的（懲罰）も同様で、その中には悪の除去の範疇に入るものもあるが、それは身体的（懲罰）と同じく、破毀、変形、他者への所有権移転に分類される。

第一：悪の個物と属性であり、それに従属するものとしてその場の破毀も許される。たとえばアッラーを差し置いて崇拝される偶像は、その像が邪悪であるためにその素材の破毀が許されており、もしそれが石や木などであればその破壊や焼却が許される。

太鼓などの楽器も同様で、法学者たちの大半の見解ではその破毀が許される。それはマーリクの学説であり、アフマドから伝わる二つの説のよく知られた方でもある。それに類するのが酒器であり、その破壊と焼却が許される。また酒が売られている店も焼却が許される。アフマドがそれを明言しており、彼の他にマーリキー派などもである。

彼らは酒を売っていたルワイシド・サカフィーの店を焼き払うように命じ、「あなたはルワイシド（導かれた小物）ではなくフワイスィク（邪な小物）だ。」と述べたとのウマル・ブン・ハッハーブから確定された伝承に従っているのである。

また同様に「信徒たちの長（第四代カリフ）」アリー・ブン・アビー・ターリブも酒が売られていた村を焼き払うように命じたとアブー・ウバイダらが伝えている。それは売買の場所は容器に準ずるからであり、これはまたアフマドやマーリクらの学説にもかなっている。

またそれに似たものとして、牛乳に水を混ぜて売っていた男を見つけて、それを流して捨てさせた時に、ウマルが行ったことがある。これはウマル・ブン・ハッハーブから確かに伝えられたことであり、この原則を唱える法学者たちの一団はこれに基づいて教義判断を下している。それは預言者が牛乳に水を混ぜて売ることを禁じられた、と伝えられていることを根拠にしている。

そしてそれは飲用のために（牛乳に）それ（水）を混ぜるのとは違う。なぜならもし混ざってしまったなら買い手は水と牛乳の割合を知ることができないからであり、それでウマルはそれを消却させたのである。

それに類するものとして、粗末な織物に織り上げた衣服を引き裂いて焼き捨てることが許されるような産業における偽造品の破毀の許可を唱える法学者たちの一団の教義判断がある。ウマル・ブン・ハッハーブはイブン・ズバイルが絹の服を着ているのを見た時、それを引き裂き、それに対してズバイルが「あなたは子供を怖がらせた。」と言うと（ウマルは）「彼らに絹を着せてはならない。」と言ったのである。

また預言者に命じられてアブドゥッラー・ブン・ウマルがサフランで染色した自分の服を焼き捨てたのも同様である。これは身体から、それによって背神行為が行われる部位が破毀されるのも同様で、それゆえ窃盗犯の手は切断され、盗賊の足や手が切断される。またそれによって悪が行われる物の破毀の中には、その悪を繰り返すことを禁ずることが含まれるが、その破毀は無条件に義務ではない。もしその場に害悪がなければ、アッラーの所有に帰させるか、それを喜捨するかで、それを存続させることも許される。それゆえそのような学者たちの一団はこの原則に則って、熟成していないパンや食品や粗悪品が混じっているのに買主に良品のように見せかけた偽装食品などのようなパン、煮物、焼き物の偽装食品は、それを貧者たちのために喜捨する、との教義判断を下しているが、それもその（一種の）破毀なのである。

ウマル・ブン・ハッターブが混ぜ物をして売っていた牛乳を破毀させたのであれば、その喜捨が許されることはなおさらである。なぜならそれによって偽装者への懲罰と彼がそれを繰り返すことの予防が実現するのであるなら、それによって貧者が受益するならそれを破毀するより役に立つからである。ウマルがそれを破毀したのは。（当時は）人々がそれを与える必要がなかったからで、彼の治世にはマディーナには貧者は僅かであったか、そもそもいなかったからである。それゆえ学者の一部はその喜捨が許されるとし、その破毀を忌避している。

『記録簿（ムダウワナ）』の中ではマーリクは偽装牛乳をその所有者への懲戒として地面に捨てさせていたと伝えているが、イブン・カースィムの伝えるところでは、マーリクは（偽装品の破毀を）忌避し、それを喜捨することを考えていた。

少量であれば喜捨するのかについては、それについて学者たちに二つの説がある。アシュハブ[49]はマーリクから財物的懲罰の禁止を伝え「いかなる罪といえども、人を殺そうとも、人の財産（の没収）を合法化しない。」と述べている。しかし第一の説の方が彼から伝わるものとしてよりよく知られている。また偽装した牛乳を流して捨てずに喜捨することは、それには偽装した者に対してはその者がそれを失うことで罰になり、貧者たちには彼らにそれを与えることで益となるのでよいと考えた（イスティフサーン）。そしてマーリクは「サフランや麝香も同じと思いますか。」と尋ねられると、「もし本人が偽装したのなら、それと同様だと思う。それは牛乳に準じる。」と答えた。イブン・カースィムは、喜捨については、それが大量である場合を念頭において、「それはそれ（偽装）が少量の場合であり、大量であればそうではなく、それを犯した者には懲罰が科されると思う。なぜならその場合は大量の財物が失われるからである。」と言っている。

学匠たちの一部は言う。「マーリクの学説では、それが僅かでも多くても同じである。なぜならサフランでも牛乳でも麝香でも少しでも多くても同じだからである。しかしイブン・カースィムはそれに反対し、僅かなもの以外は喜捨しないと考えるが、それは本人が偽装した場合に関してである。もしその者の許で本人が偽装したのではないその偽装したものが何か見つかった者がいた場合、それを買ったか、もらったか、相続したに過ぎなければ、そのうちの何ものも（まったく）喜捨しないことに異論はない。

衣類の偽装品の破壊の許可の教義判断を下した者の中にイブン・カッターン[50]がおり、粗末な衣類について、織物は焼却される、と述べている。イブン・アッタープ[51]はそれについて喜捨の教義判断を唱え、「もしその使用者たちの手に渡り、限りがなければ、端切れに裁断され貧者に与えられる。」と述べ、同様に偽装されたパンを貧者たちに与える、との教義判断を下している。イブン・カッターンはそれに反対し、「そのようなことはムスリムの誰の財物に関しても彼（持主）の許可なしには許されない。」と述べている。

カーディー（裁判官）・イブン・アスバウ[52]は「これは彼の回答における混乱、説における矛盾である。なぜなら衣類の焼却はパンを貧者たちに与えるより厳しいからである。イブン・アッタープの方が彼（マーリク）の原則により忠実で、彼の説により従っている。」と述べている。

もし為政者（ワリー・アムル）が偽装を行った者に喜捨か破壊による懲罰を考えないならば、その偽装の除去かそれが偽装されていると知っており、それを他人に偽装し（て転売し）ない者にそれを売ること

▼49 マーリクの弟子、八二〇年没。
▼50 ハディース学者、一二三〇年没。
▼51 マーリキー派法学者、一一二六年没。
▼52 マーリキー派法学者、一〇九三／四年没。

によって、それが人々にその偽装による害が及ぶことを防がなければならない。アブドルマリク・ブン・ハビーブ[53]は言う。

「私はムタッリフ[54]とイブン・マージシューン[55]に、私たちがアシュハブの伝承に基づいて偽装品の喜捨を禁じた時に、『あなた方二人の考えでは、偽装したか、重さを減らした者についての正しい考えは何か。』と尋ねた。すると二人は『（鞭打ち）打撃、監禁、市場からの追い出しによって罰される。また大量のパンや牛乳、あるいは麝香やサフランの偽装については、分配もせず没収もされない。』と言った。イマーム（カリフ）はそれを彼に返さず、それを彼に対して、それで偽装をする恐れのない者に売るように、パンは大量ならそれを破毀したうえでその所有者に返すように命じる。また偽装した蜂蜜、油、牛乳は、それを貪った者から、その者にその偽装を明らかにして、その（偽装）者に対して売られる。商業における偽装に関する行為はこのようである。」

また（アブドルマリク・ブン・ハビーブは）言った。「そしてこれは私がその説明を求めたマーリクの信奉者たちなどによる説明である。」

第10章　最も容易な手段による悪の阻止

（第二：）変形については、たとえばアブー・ダーウードがアブドゥッラー・ブン・ウマルから、預言者が、「問題がない限りムスリムの間で認められている貨幣（sikkah）の破壊を禁じられた。」と伝えられている。それゆえ合法なディルハム銀貨やディーナール金貨であっても問題があれば破壊される。彫像であれ、画像であれ、下敷きにされているのでない限り、変形の例として、アブー・フライラが伝える以下のような例がある。アッラーの使徒は述べている。

「ジブリールが私の許に来て言われた。『昨夜私はあなたの許に行きましたが、家の中に男の彫像があり、また家の中に彫像が隠された毛布があり、また家の中に犬がいたためだけにあなたがいる家に入りませんでした。』そして家の中にあった彫像の頭を切り落とし樹木の形のようにするように命じ、覆い(毛布)を切り裂いて床に敷く二つの座布団にするように命じ、犬を外に出すように命じられた。」

そこでアッラーの使徒は実行されたが、その犬はハサンとフサインの子犬であり、彼らの座布団に下にいたのでした。

アフマド師とアブー・ダーウードとティルミズィーがそれを収録しており、(ティルミズィーが)それを真正と判定している。

ムスリムの酒を流して捨てることや、楽器の破壊や、動物の姿のある像の変形のような物体や著作で禁じられたものすべての除去、変形はムスリムたちの間で合意されている。

ただ彼らは宿る物に従ってその宿る場の破壊が許されるかについてのみ対立している。そして正しくはクルアーンとスンナと教父たちのイジュマーが示す通り、それは許されている。そしてそれはマーリクとアフマドらの学説の有力説である。

また正しくは食べ物と飲み物で酔わせるものはすべて禁じられている。その中には蜂蜜酒、大麦トウモロコシ酒、大麻などがその範疇に入る。

▼53 マーリキー派法学者、八五三年没。
▼54 マーリキー派法学者、八二九〜三五年没。
▼55 アブドゥルアズィーズ、マーリキー派法学者、八二七〜九年没。

（第三に）所有権移転の例としては、アブー・ダーウードらスンナ集成者たちが預言者から伝えるところでは、つり下がった果物をそれが籠に入れられる前に盗んだ者については、みせしめの鞭打ちとその二倍の賠償が科され、家畜が牧場に戻る前に盗んだ者についても、みせしめの鞭打ちと二倍の賠償が科される。

ウマル・ブン・ハッタープもまた同じく迷い駱駝の隠匿についてその賠償を倍額にした。これらはすべて、アフマドら一群の学者が述べている。ウマルなどは飢えた奴隷たちが奪った遊牧民の駱駝についての賠償を倍額にした。それで（ウマルは）彼ら（奴隷）の主人に賠償を倍加し、それには切断刑を避け、ウスマーン・ブン・アッファーンは故意にズィンミーを殺したムスリムについて倍加し、ズィンミーの血讐金はムスリムの血讐金の半額なので、その者（殺人犯）に対する血讐金を倍額にした。それでアフマド・ブン・ハンバルもそれを採用したのである。

第11章　報酬と応報

報酬と応報はアッラーの予定とそのシャリーアにおける行為の一種であり、それはそれによって天地が成り立つ正義である。至高なるアッラーも仰せである。

「お前たちが善を表そうとも、あるいはそれを隠そうとも、あるいは（被った）悪を許そうとも、まことにアッラーは寛容にして全能なる御方であらせられた。」［第4章149節］また仰せです。「彼ら（富裕な者）には免じさせ、大目に見させせよ。おまえたちはアッラーがおまえたちを赦し給うことを望まないのか。」［第24章22節］

また預言者も言われた。「慈しまない者は慈しまれない。[56]」また言われました。「アッラーは奇数であり、奇数を愛で給う。[57]」また言われた。「アッラーは美しく、美を愛で給う。[58]」また言われた。「アッラーは善美なる御方であり、善美しか受け入れ給わない。[59]」また言われた。「アッラーは清潔であらせられ、清潔を愛で給う。[60]」

それゆえ（預言者は）窃盗犯の手を切られたのであり、盗賊の手足の切断刑を定め、血（傷害殺人）と財産と人間に関して同害報復刑が定められたのであり、懲罰を背神行為と同じ範疇にできるのであれば、可能性に応じてそれが定められているのである。たとえば、ウマル・ブン・ハッタープが偽証者に関して、顔を黒く塗って獣に逆さづりにして乗せるように命じたと伝えられている。嘘で顔を黒くしたので、その顔は黒く塗ったのである。アフマドの信奉者たち（ハンバリー派）などの学者たちの一団が偽証者への行政裁量刑に関してこれを述べている。

それゆえ至高なるアッラーは仰せである。「だが、この世で（真理、導きに）盲目だった者は来世においても盲目で、さらに道に迷っている。」［第17章72節］また至高者は仰せである。「『だが、わが訓戒から背を向けた者、まことに彼には窮屈な生があり、復活（審判）の日、われらは彼を盲目にして追い集める。』

56 ブハーリー。
57 ブハーリー、ムスリム。
58 ムスリム。
59 ムスリム。
60 ティルミズィー。
61 ティルミズィー、アフマド。

彼は言った。『わが主よ、どうしてあなたは私を盲目にして追い集め給うたのか。私はかつて晴眼でありましたのに』。彼は仰せられた。『そのように、おまえにはわれらの諸々の徴が到来したが、おまえはそれを忘れた。そしてそのように、今日、おまえは忘れられるのである。』」［第20章124～126節］またハディースには「暴君たち、傲慢な者たちは蟻の姿で復活させられ、人々が足で彼らを踏みつける。」とある。[61] というのは彼らがアッラーの僕《しもべ》たちを卑しめたので、アッラーは御自身の僕たちのために彼らを卑しめられたのである。同様にアッラーに遜った者をアッラーは高め、僕たちを彼らに対して遜らせられる。そして至高なるアッラーが私たちと他のすべての私たちのムスリムの同胞たちを正され、私たちと他のすべての私たちのムスリムの同胞たちに（アッラーが）愛《め》で満足される言動を授け給いますように。賞賛は万世の主アッラーに属す。アッラーが私たちの長ムハンマドとその御一統と教友たちすべてに祝福を給わりますように。

解説

何故、今、イブン・タイミーヤなのか？

1　序

現代のイスラーム世界の動向を読み解くためにまず何をすればよいか。

イブン・タイミーヤ（一三二八年没）の著作を読み込むことである。十三〜十四世紀に書かれたイスラーム法学の古典が何故現代のイスラーム世界を理解するために役立つのか。

イスラームの天啓法シャリーアが、時と場所を超えて妥当するから、という理由だけではない。イブン・タイミーヤが格闘した問題がこの現代においてアクチュアリティーを持っているからである。しかしそれは何故か。

一二五八年モンゴルのフレグ（一二六五年没）の侵攻により首都バグダードが陥落しアッバース朝が滅亡した。カイロのマムルーク朝が一二六〇年にアイン・ジャールートの戦いでモンゴル軍を撃退し、モンゴルの西進は一応食い止められたが、バグダードを取り戻すことはできず、中央アジアからイラク、シリア、アナトリアは異教徒のモンゴルの征服者たちによって植民地化された。フレグの建てたイル・

ハーン国は第七代ハーンに即位したガーザーン（一三〇四年没）がイスラームに入信する。しかし、それはイル・ハーン国がイスラーム国家になったことを意味しない。

イブン・タイミーヤが生きたこの時代状況は、西欧によるイスラーム世界の大半が植民地化され、カリフを戴くオスマン帝国が消滅し、宗主国が去った後も、ムスリムを称する者たちが宗主国の支配を受け継いだ現代と重なりあう。それればかりではない。イル・ハーン国はイブン・タイミーヤの時代、彼の論敵であったシーア派（十二イマーム派）神学者アッラーマ・ヒッリー（一三二五年没）の影響でシーア派化しており、イブン・タイミーヤの主要敵はシーア派であった。

その後イラクは、チェルディラーンの戦い（一五一四年）でオスマン帝国のセリム一世がサファヴィー朝のイスマーイール一世を破って以来スンナ派のオスマン帝国の版図に組み込まれることになった。ところが二〇〇三年にブッシュ米大統領が率いる有志連合軍がイラクに侵攻しサッダーム・フセイン政権を崩壊させると、イラクには二〇〇六年にイランの影響を受けたシーア派のマーリキー派政権が誕生した。五世紀ぶりにスンナ派とシーア派の勢力図が書き換えられ、イラク、バグダードが再びシーア派の手に落ちたのである。

異教徒のモンゴルによってアッバース朝カリフ帝国を滅ぼされ植民地支配されるというイスラームの危機、そしてそのモンゴルがシーア派に改宗したイル・ハーン国にイスラーム世界の中心であったアッバース朝の首都イラクを奪われるというスンナ派の危機の時代を生きたイブン・タイミーヤの問題意識は現代のスンナ派のイスラーム復興主義者のそれと不思議なまでに重なりあうのである。

イブン・タイミーヤの思想のアクチュアリティーは単に時代状況の類似だけよるのではない。彼は思想史的にアフル・ハディース（ハディース重視学派）の巨匠であり、その著作はワッハーブ派の名祖ムハンマド・ブン・アブドゥルワッハーブ（一七九二年没）、『マナール』誌の発行人ムハンマド・ラシード・リダー（一九三五年没）が紹介したことにより、イスラーム世界全域で広く読まれるようになり、現代のスンナ派イスラーム復興主義運動の一大潮流であるサラフィー主義の理論的基礎になっている。

そこでこの解説では、イブン・タイミーヤの思想を内在的に分析し、彼をアフル・ハディースの系譜上に位置づけ、現代のサラフィー主義の政治運動への影響と共に、彼の思想の世界史的意義をも明らかにしたい。

思想研究は、他の学問領域と同じく西欧起源であり、一義的には西欧の思想の分析のために生み出された思考、表現様式であり、イスラームに適用するにあたっては注意が必要である。思想研究とはなによりも思想のオリジナリティーを明らかにすることであるが、イスラームにはそもそも、進歩を良しとする近代西欧的な「オリジナルな思想」という概念がない。「新しい物事はすべてビドア（捏造）であり、すべてのビドアは火獄に落ちる。」との預言者ムハンマドの言葉にあるように、イスラームの教えは神授の啓典クルアーンを携えたムハンマドによってすべて明らかにされているのであり、信徒の義務は、その教えを忠実に学び伝えるだけであり、新しく付け加えられるものは何もない、と考えられている。それゆえ、イスラームには原理的に「新しく創造された」という意味での「オリジナル」な思想は存在しない。イスラームにおける「オリジナル」な思想とは、あくまでもイスラームの「源泉（オリジン）」、即ちクルアーンとスンナに忠実であるものである。そしてそうである限り、先人の作品の祖述であってもよい、というよりも、むしろムハンマドに遡りうる真正な伝承を自らの言葉を交えず編集も加えずそのまま伝えるものこそが、もっとも求められるべき「オリジナル」な思想ということになる。そしてギリシャ哲学などの外来の思想の影響が明らかなアシュアリー派神学は言うまでもなく、ハナフィー派、マーリキー派、シャーフィイー派、そして自らが属するハンバリー派を含むスンナ派四法学派の新学説、当時普及し始めていたスーフィー教団の教説や儀礼などに疑いの目を向け、クルアーンとスンナにあくまでも忠実であることを厳しく追求するアフル・ハディース（ハディース遵奉者）の最大の理論家イブン・タイミーヤの場合は特にそうである。

それゆえここでイブン・タイミーヤの「思想」として抽出したものは、あくまでも西欧的な思想史の概念枠組みで切り取られたものであり、彼自身はそれをムハンマドからサラフ（先師たち）を通じて護り伝えてきたイスラームの教えに他ならないと信じており、「自分の思想」などとは考えてはおらず、また彼の著作を読む者も、正しいイスラームを知るためにそれを参照しているのであって、彼の「思想」を知るためではない。そして翻訳からも明らかな通り、イブン・タイミーヤの著作にはクルアーンとハディースが織り込まれており、また彼の個々の言説もまたアフマド・ブン・ハンバルをはじめとするスンナ派の学匠たちの思索の累積を踏まえたものである。イブン・タイミーヤの「思想」は、クルアーン、ハディースとスンナ派イスラーム学、そればかりか、彼が批判したシーア派、哲学、神学、スーフィズムを背景となる文脈として読むことでしか十全に理解することはできない。

西欧の思想研究の方法論によって切り出されるイブン・タイミーヤの「思想」は、彼自身が考えたこととも、サラフィー主義がイブン・タイミーヤから読みとることとも違う。それはガダマーが謂うところの地平融合（Horizontverschmelzung）の所産であるが、その成否は異文化のテキストの普遍的な真理性要求（Wharheitsanspruch）に読者が耳を傾け真摯に応答できるか否かにかかっている。

2　イブン・タイミーヤの時代

シャリーアとは啓典クルアーンと預言者ムハンマドの言行録スンナによって示された天啓法である。とはいえクルアーンやスンナは法典ではなく、それがイスラーム法として体系化されるにあたっては、なんらかの編集、整理の人為を経なくてはならなかった。そしてそれを担ったのがイスラーム法学者たちであり、イスラーム法の具体的内容は法学者たちの手になる法学書、およびファトワー（教義回答）の中に見いだされるのである。その意味でイスラーム法はローマ法と並ぶ法曹法なのであるが、ローマ法においては、法学者の説が法となるのは、あくまでも皇帝の勅許を得た後のことであり、皇帝の名のもとに法典編纂が行われたのに対して、イスラームにおいては、法学者はあくまでも権力から自由な私人の立場から著作を行った。

預言者の没後、正統カリフ時代からウマイヤ朝にかけてイスラームは急速な発展を遂げ、ムスリムの治める版図は大いに拡大したが、教友たちはクルアーンやスンナに指針を得ながらも、それに直接該当する教えが見いだされない場合には、自ら熟考しつつ事に処した。

しかし、版図の拡大にともない、異民族がイスラームに入信するようになると、イスラームの知識の少ない新参ムスリムが数多く生まれ、彼らは異教の信仰や習慣をイスラームの中に持ち込むことになった。そこで預言者から直接教えを受けイスラームを体得した教友たちや、彼らに教えを受けた「後継者（タービィー）」たちの死に絶えた時代になると、何が正しいイスラームの教えであるのかが、改めて問われることになった。

行為規範、つまり「法的」問題に関しては、マディーナ、マッカ、クーファ、バスラ、エジプトなど各地方が各々の伝統を持っていたが、預言者と教友の町マディーナの伝統を重んじるマディーナ学派のマーリク、個人的判断を重んじるクーファ学派のアブー・ハニーファなどが現れた。

その後西暦八世紀後半から九世紀初めには、マディーナのマーリクや、アブー・ハニーファの高弟のシャイバーニーらに学んだアフル・ハディースの巨匠シャーフィイーが現れた。シャーフィイーは、真正なハディースにより伝えられた預言者のスンナをクルアーンに次ぐ法源として確立し、またイジュマーをウンマのイジュマーに限って法源として認め、個人的判断の基づくべき厳密な推論の方法論を確立した。

シャーフィイー以降次第に法学は地方色を払拭し、法学者たちの方法論の相違に基づく再編が進み、スンナ派では、アブー・ハニーファを名祖と仰ぐハナフィー派、マーリクの学風を継ぐマーリキー派、シャーフィイーに従うシャーフィイー派、シャーフィイーの弟子でスンナを重視するアフマド・ブン・ハンバルの許に参集したハンバリー派の四法学派が、他の学派に優越するようになった。

また、シャリーアの第二の基礎とされるようになったハディースについても、真正なハディースを選別するハディース批判の学の成果として、スンナ派の六正典と呼ばれることとなるブハーリーとムスリムの両『サーヒフ（正伝集）』、アブー・ダーウード、ティルミズィー、ナサーイー、イブン・マージャの各『スナン（スンナ集成）』がほぼ同じ頃に編集された。

スンナ派の四法学派の学祖たちは、それぞれ「法的」問題に、クルアーンやハディースに基づく解答を与えるべく努力をしたのであるが、彼らは自分たちの「法判断」を概念的に整理し系統的にまとめあげた著作を残さなかった。そこで法学派の成立は、先ず彼らの弟子たちによる、学祖たちの見解の集成から始まった。次いで根拠となる法源に関する面倒な議論を省き、学派の認める結論だけをまとめた「要項」が編まれるようになった。この頃までにシャリーアは整理、体系化され、「法学的」概念化も完成し、現在ある形の骨格ができあがるのである。これらの「要項」が編まれた後、逆にそれを解釈し、その根拠を示し、多数意見に反する異論なども収録した法学書が著されることになる。その後もイスラーム法学は、大量の作品を生み出すが、それらに「オリジナル」な著作はほとんどなく、古典の注釈、更にその脚注、あるいはその要約の形をとっているのである。

四法学派の生成期には、四法学派の他にタバリー（九二三年没）派、スフヤーン派、アウザーイー派、イブン・サウル（八五四年没）派、ザーヒリー派など存在したが、十二、十三世紀頃には消滅し、イブン・タイミーヤの生きた時代には、スンナ派四法学派では定説が確立し、「イジュティハードの門は閉ざされた」と言われ、スンナ派四法学派体制ができあがっていた。

また同様に信条の領域では、アシュアリー（九三五年没）、マートリィーディー（九四四年没）を名祖とするアシュアリー学派とマートリィーディー学派の二神学派が、前者がマーリキー派、シャーフィイー派、ハンバリー派、後者がハナフィー派と結びついてスンナ派の信条として受け入れられ定着していた。

一方、ジュナイド（九一〇年没）らシャリーアを重んずるスーフィーが基礎を置き、マッキー（九九六年没）、クシャイリー（一〇七四年没）、カラーバーズィー（九九四／五年没）、サッラージュ（九八八年没）らによって理論家されたスーフィズムはガザーリーによって法学、神学と並ぶスンナ派イスラーム学の基礎学科に組み込まれていたが、スーフィズムは、イブン・アラビーの存在一性論において、思想的には哲学化し、汎神論に堕す傾向が生じていた。一方十二世紀には、トリミンガムの言う「タリーカ（教団）の段階」に入って、民衆化が進んだ。タリーカはもはや隠者の集団ではなく、親方－弟子－見習いのギルドの組織原則と似た、導師‐信徒‐入会者の組織を持つ、聖者を頂点に載く俗人集団となっていた。

一方、イスラーム学の状況は、たとえばイブン・タイミーヤが活躍したダマスカスには一二六〇年現在、法学派別のマドラサ（イスラーム学校）数は、シャーフィイー派三十四、ハナフィー派三十五、シャーフィー派とハナフィー派の両方を教えるもの四、ハンバリー派九、マーリキー派三であったが、その他にハディースを教える「ダール・ハディース」が十、スーフィーの修行場ハーンカー十一、リバート七、ザーウィヤ八があったと言われる。

アッバース朝の崩壊後、学問の中心はマムルーク朝のカイロとシリアに移り、スンナ派神学は、ファフルッディーン・ラーズィー（一二〇九年没）を最後に硬直・衰退の時代に入り、哲学も、ガザーリーの哲学批判、イブン・サラーフ（一二四三年没）の哲学を禁ずるファトワーの後、東方イスラーム世界ではすっかり影をひそめていた。

スーフィズムはこの民衆化の過程で、礼拝・連禱・ズィクル（念神）・徹夜の勤行・断食など、儀礼の定式化が行われる一方、民間信仰・キリスト教など異教の要素を取り込み、現世利益を求める聖者崇敬、聖墓参詣、占星術、占い、魔術などが流行した。特にダマスカスに勢力のあったリファーイー教団は、逸脱的行動により知られ、イブン・タイミーヤの批判を受けていた。

スンナ派思想史上、アフル・ハディースとアフル・ラアイ（裁量）、あるいはアフル・カラーム（思弁）の二つの潮流が対立していた。この対立は法学派の区別を横断し、どの法学派も内部に両者の対立を抱えていたが、ハンバリー派だけが、法学派としてアフル・ハディースを代表していた。ハンバリー派は、このアフル・ハディースの牙城としての役割ゆえに、その数的劣勢にもかかわらず、イスラームの歴史において、重要な地位を占めてきた。

しかしそのハンバリー派も、名祖アフマド・ブン・ハンバル以来、まったく変化を遂げなかったというわけではなかった。アシュアリー派その他との論争の中で、不可避的に思弁神学の方法を使用せざるを得なくなり、十一世紀には、ハンバリー派はアシュアリー派・ムウタズィラ派的傾向を帯びるようになった。カーディー・アブー・ヤァラー（一〇六六年没）やイブン・アキール（一一一九年没）等がその代表である。この傾向は、イブン・クダーマ（一二二三年没）の死後、アシュアリー派の隆盛、イブン・アラビーの一元論、および大衆スーフィズムから、教義を防衛するために、一層顕著となった。それゆえ、ハンバリー派は、アフル・ハディースの代表者としての立場にもかかわらず、必ずしも教義において一枚岩であったとはいえず、内部に絶えず意見の相違を孕んでいたのである。

政治的にはイブン・タイミーヤが生まれた十三世紀の東方イスラーム世界は、十字軍とモンゴルの二つの敵を相手にしていた。この両者からイスラーム世界を守り、これを撃退したのが、エジプトのカイロを本拠地としたマムルーク朝である。マムルーク朝は、少年時代に奴隷商によってエジプトへ送られ、スルタンや部将に買い取られ、イスラーム教育と軍事教練を施された解放奴隷（マムルーク）軍団によって建てられた異民族王朝であった。マムルークの中で優秀な者は、十騎隊長、四十騎隊長、更に百騎隊長、千騎隊長となり、マムルーク朝のスルタンはマムルークの将軍の中から選ばれた。

マムルーク朝の大スルタン・バイバルスは、滅亡したアッバース朝の家系から名ばかりとはいえカリフを擁立しカリフ制を復活し、更にモンゴル・十字軍と戦った。マムルーク朝はシーア派に改宗したモンゴルのイル・ハーン国と対抗するためにスンナ派主義を取り、ハンバリー派もシリアにおいて発展した。バイバルスの治世でもう一つ重要なのは、一二六五年の法制改革である。バイバルスは、それ以前のシャーフィイー派の首席裁判官（カーディー・クダー）が全法学派を統轄する制度を廃し、カイロに四法学派すべての首席裁判官を置き、続いてシリアにも同じ制度を敷いたが、これはハンバリー派の独立に寄与することとなった。

3　イブン・タイミーヤの生涯

タキーユッディーン・アフマド・ブン・タイミーヤは一二六三年、ハンバリー派法学派の学者の家系に同派の学問的中心地の一つであるシリアのハッラーンで生まれた。彼の祖父・伯父・父も高名な学者であり、アフマドは父を師に学問を始める。また、彼の二人の弟も、学者として終生兄と行動を共にすることになる。

一二六八年、イブン・タイミーヤは、モンゴル軍の襲撃を逃れて、一家と共にダマスカスに移住した。彼は神童として名をはせ、十代で伝承学・法律学を究め、十七歳にしてすでにファトワーを発し、アラビア語学・文法学・歴史学・異端学・神学にも精通しており、一二八四年、父アブドルハリームが死ぬと、父のあとを継ぎスッカリーヤ学院の教師となった。そして翌八五年には、ダマスカス最古のウマイヤ・モスクで、クルアーン解釈の講義を始め、彼は三十歳以前に「最後のムジュタヒド」の異名をとりすでに一家をなしており、一二九六年には、彼の師ザイヌッディーン・ムナッジャー（一二九五／六年）のあとを継いでハンバリー派のダール・ハディース（ハディース学校）の教師になった。

一二九九年、イル・ハーン国の君主ガーザーン・ハーン（一三〇四年没）の率いるモンゴル軍が北シリアを襲い、ダマスカスに迫り、迎え撃ったマムルーク軍団がフムスとハマーの間で大敗し、エジプトに潰走したが、イブン・タイミーヤは踏みとどまり、ハーンと直談判しモンゴル軍と交渉し、ダマスカス住民の生命財産の安全をとりつけ、捕虜の解放のために尽力した。この時、ガーザーン・ハーンはイスラームに入信していたため、民衆の一部から、ムスリム同士が殺しあうのはよくないという声があがった。それに対してイブン・タイミーヤは、たとえ表層的にイスラームに入信していても、彼らがイスラーム法に則って統治を行っていない以上、彼らは背教者とみなされ彼らに対するジハードが義務となる、との本書にも収録したファトワーを発し、彼らとのジハードを訴えた。

ハーンは結局ダマスカス城を落とすことはできず、翌年本国に引き揚げたが、その後も一三〇〇年と一三〇二年の二回にわたって再び北シリアに侵入してきた。イブン・タイミーヤは、動揺するダマスカス住民を前に、ウマイヤ・モスクからジハードの宣言を下し、シリアの将兵を激励したが、マムルーク朝のスルタン・ナースィル・ムハンマド（一三四一年没）の援軍がシリアに向けて出陣すると、その報を聞いたハーンはシリアから撤退した。続いて一三〇三年、モンゴル軍が大軍をもってユーフラテス河をおし渡り北シリアに迫った。イブン・タイミーヤは自ら弟たちと共に出陣して、スルタンと将兵たちにジハードを激励した。戦はマムルーク軍の大勝利に終わり、これを境にイル・ハーン国からの脅威はほとんどなくなった。

イブン・タイミーヤは（十二イマーム派）シーア派に対して、彼の主著となる大著『ミンハージュ・スンナ（スンナの道）』において、ガーザーン・ハーンの後継者でシーア派に改宗した第八代ハーン・オルジェイトゥ（一三一六年没）のお抱え学者であったアッラーマ・ヒッリーの『ミンハージュ・カラーマ（高徳の道）』を論駁したのみならず、自ら戦陣に赴いて奮戦したが、スンナ派のマムルーク朝の内部でもアフル・ハディースの論客としてクルアーンとスンナに基づく「正統」教義を護るために、多くの論戦に巻き込まれ、幾度も投獄され、最後はダマスカスの牢で獄死する。

イブン・タイミーヤの論争は、神学、法学、スーフィズムに大別されるが、最初に問題となったのは、神の属性論であり、一二九〇年以来、たびたび、「タジュスィーム（擬人神観、物神論）」の嫌疑をうけた。スーフィズムに関しては、一三〇五年、イブン・タイミーヤは預言者の足型を刻んだとされる聖石をたたき割り、ダマスカスの人々の怨みをかっていたが、一三〇六年にアフマディーヤ教団とリファーイーヤ教団との間で公開討論会が行われたのを皮切りに、論争が絶えなかった。

一三一〇年、一旦退位したナースィル・ムハンマドが復位すると、彼はイブン・タイミーヤを政治顧問のように重用した。『スィヤーサ・シャルイーヤ（シャリーアに基づく政治）』もこの時期に書かれたと言われる。

一三一三年、イブン・タイミーヤはダマスカスに戻り、スッカリーヤ学院とハンバリーヤ学院で教職につき、多くの著作を発表したが、彼は時にハンバリー派を含む四法学派の支配的な意見や、四大法学祖の意見に反する独自の見解を公表するようになった。そして一三一八年には、スルタンから離婚に関してハンバリー派の意見と違うファトワーの発布を禁じられたが、再三にわたり禁止を無視したため、一三二〇年に投獄された。その時は約六カ月後に釈放されたが、一三二六年、十七年前に発した聖者廟参詣を禁じたファトワーが問題となりまた投獄され、一三二八年に獄死する。彼の葬儀には、十万の市民と一万五千の女性が参列したが、それはハンバリー派法学祖アフマド・イブン・ハンバルの葬儀に次ぐ数であったと言われる。

4　イブン・タイミーヤとアフル・ハディース、サラフィー主義

イブン・タイミーヤはアフル・ハディースの継承者を自任し、生涯をかけてその立場を弁じて止まなかった。そして現在においてイブン・タイミーヤが理論化したアフル・ハディースの立場を取る者たちはサラフィー主義者と呼ばれる。しかし彼らの関係性は必ずしも自明ではない。そこで本節では、アフル・ハディースとサラフィー主義者とイブン・タイミーヤの関係を概観しよう。

「ハディース」の原義は「新しく生じたもの」であり、転じて「話された言葉」の意味で用いられるようになるが、イスラーム学の専門用語としては「預言者ムハンマドの言行録」を意味する。ただしそれはスンナ派の場合であり、（十二イマーム）シーア派においてはハディースとは、預言者ムハンマドの後継者である十二人のイマームたちの言行録である。というのはシーア派によると預言者ムハンマドの後継者イマームたちは預言者と同じく無謬であり、彼らの言行は預言者と同じくムスリムにとっての模範、イスラーム法の法源となるからである。

正典テキストが確定しているクルアーンと異なり、ハディースはその一つひとつがテキスト批判の対象となるが、ハディース批判の中心は伝承者の信憑性にあり、シーア派はイマームの無謬性を信じないスンナ派を信用できる伝承者とは認めない。もとより、無謬のイマームを信じないスンナ派はイマームの言行は言うまでもなく、誤った信条を有するシーア派が伝える預言者のハディースも認めない。したがって、スンナ派とシーア派のハディースはまったく別物であり、両者の対立は決定的である。ハディースの遵奉をアイデンティティーとするアフル・ハディースは、伝承者のスンナ派的正統性に徹底的にこだわる党派であり、スンナ派正統主義の中核として、常に反シーア派の先頭に立ってきており、イブン・タイミーヤはその代表的論客であったのである。

アフル・ハディースは、スンナ派正統主義者として反シーア派の先鋒であるばかりでなく、スンナ派内部でもクルアーンとハディースの教えから逸脱するとの疑いがかかるあらゆる潮流と戦った。それはまずギリシャ哲学の影響を受けた神学（アフル・カラーム：思弁神学派）であり、クルアーン、ハディースのテキストの明文よりも、後世の法学者たちの学説を優先する法学（アフル・ラアイ：自由推論学派）であり、クルアーン、ハディースにない儀礼を作り出し、地方の異教の風習と習合した民衆スーフィズム、形而上学化し無律法主義（アンチノミアニズム）に陥った存在一性論（ワフダ・ウジュード、イッティハーディーヤ）であった。

しかしアフル・ハディースが、それぞれの問題において一枚岩であったわけではない。スンナ派四大法学祖のうち、マーリク、シャーフィイー、アフマド・ブン・ハンバルはアフル・ハディースの巨匠であり、マーリク派、シャーフィイー派、ハンバル派にはアフル・ハディースが結集したが、イブン・タイミーヤの時代には既述の通り、元々が法学派ではなく大ハディース学者アフマド・ブン・ハンバルの弟子のハディース学者の集団でありアフル・ハディースの牙城であったハンバリー派の内部にさえもイブン・アキールやアブー・ヤァラーのように神学の影響を受けた者が出現しており、法学においても、名祖アフマド・ブン・ハンバルが否定した類推（キヤース）も用いられるようになり、アフル・ラアイとの差は小さくなっていた。

イブン・タイミーヤ自身、神学、哲学批判において、ギリシャ論理学の概念と論理を用いており、またハンバリー派だけではなく、スンナ派の他の法学派の学説も参照している。またスーフィズムに関しても、著作の中でジュナイドやアブドゥルカーディル・ジーラーニーなどのシャリーアを重視するスーフィーを高く評価していたばかりでなく、彼自身もカーディリーヤ教団に属していた。つまり、アフル・ハディースも一枚岩ではなかったのである。

イブン・タイミーヤがアフル・ハディースの擁護者を自任していたことは間違いないが、「前近代」においては、アフル・ハディースの中においてさえ、彼の立場は少数派に属していたのであり、多数派は、スンナ派の既成のアシュアリー派／マートリィーディー学派の二神学派、ハナフィー派／マーリキー派／シャーフィイー派／ハンバリー派の四法学派、スーフィー諸教団の共存体制を少なくとも消極的には支持していた。イブン・タイミーヤがアフル・ハディースの中興の祖とみなされるようになるのは、彼の著作の影響を受けた同じくハンバリー派法学者ムハンマド・ブン・アブドゥルワッハーブの教えに中央アラビアのナジドの豪族ムハンマド・ブン・サウードが帰依し、彼に従う所謂「ワッハーブ派」信徒がアラビア半島の大半を支配下におさめて以来である。ワッハーブ派は一八〇二年にはマッカ、マディーナの両聖地を征服したため、イブン・タイミーヤの思想はマッカ巡礼から地元に帰った信徒を通じてイスラーム世界全域に広まった。更に、シリア出身のイスラーム法学者ムハンマド・ラシード・リダーがサウジアラビア国王アブドゥルアズィーズ・ブン・サウード（一九五三年没）の援助を受けてエジプトのカイロで出版しイスラーム世界全域に届けられた『マナール』誌がイブン・タイミーヤとその高弟イブン・カイイム・ジャウズィーヤ（一三五〇年没）の著作を広く紹介したために、イブン・タイミーヤの思想はイスラーム世界各地で大きな影響を与えることになった。

『マナール』誌を通じてイブン・タイミーヤの影響を受けた人々は一般に「アフル・ハディース」ではなく、「サラフィー主義者（salafiyah）」を自称するが、現在ではワッハーブ派もサラフィー主義者を名乗ることが多い。私見によると、ワッハーブ派をサラフィー主義者と区別して用いる場合は、サラフィー主義者の中でも、名祖ムハンマド・ブン・アブドゥルワッハーブ（一七六五年没）がムハンマド・ブン・サウードとの間に交わした政教盟約に基づきムハンマド・ブン・サウードの子孫のサウジアラビア国王が真のムスリムの統治者（イマーム）として政治を司ることを認め、政治から身を引く「静寂主義者」を「ワッハーブ派」と呼ぶのが適当である。

ここではアフル・ハディースの基本的性格と、その論客としてのイブン・タイミーヤの立場、そしてアフル・ハディースの現代ヴァージョンとしてのサラフィー主義の成立の経緯を略述するにとどめ、現代スンナ派イスラーム主義復興運動に対するイブン・タイミーヤの具体的な思想的影響については、彼の政治思想の分析の中で論ずることにしよう。

5　イブン・タイミーヤの思想構造

イブン・タイミーヤはアフル・ハディースの論客としてクルアーンとハディースの十全性を自ら信じ、その論証にその生涯を捧げた。それは「使徒が宗教のすべてをクルアーンとスンナにおいて明らかにした」（Ibn Taimīyah, *Ma'ārij al-Wuṣūl*, Damascus, n.d., p.39）の言葉に言い尽くされている。しかし実のところ、アフル・ハディースの立場は遂行的矛盾を帰結する。クルアーンとハディースがもし必要にして十分であったとすれば、クルアーンとハディースだけがあればそれで十分であり、アフル・ハディースの言葉もまた必要ないことになる。

事実、アフル・ハディースの著作は、クルアーンとハディースの引用に満ちており、イブン・タイミーヤの作品の中にもほとんどクルアーンとハディースの引用だけからなっているものもある。しかし自らの言葉が少ないことは、必ずしも思想の貧しさを意味しない。イブン・タイミーヤの思想は高度の思想的一貫性を有している。この解説では彼の思想の全体像を紹介することはできないが、彼の政治論に関わる概念に焦点を絞って、彼の思想の基本構造を明らかにしよう。

イブン・タイミーヤを学祖と仰ぐサラフィー主義者は、別名「ムワッヒド」、つまりタウヒード（専一）の徒、とも自称するが、サラフィー主義者は彼に倣い、「創造主（ラッブ）」と「立法神（イラーフ）」の意味の違いに基づき、「タウヒード（専一）」に「タウヒード・ルブービーヤ（創造主性における専一）」と「タウヒード・イラーヒーヤ（立法神性における専一）」を区別し、後者「タウヒード・イラーヒーヤ」をムスリムとシルク（多神崇拝）を分けるメルクマールとみなす。彼は言う。

「神学者の多くは造物主性の側面からのみ一性（waḥdānīyah）を認めるが、使徒たちは立法神性の側面における一性を宣教したのである。 ― 中略 ― アッラーが人間に命じたタウヒードとは造物主性におけるタウヒードを含意するところの神性におけるタウヒードなのである。 ― 中略 ― なぜならば人は『造物主性』におけるタウヒードを認めつつも多神崇拝を行うことができるからである。 ― 中略 ― 多神教徒はこの『造物主性』におけるタウヒードを認めつつも、それにもかかわらず、アッラーに同位者を配し、彼の他に偶像を作りそれらをアッラーと同じように愛し、『これらはアッラーの御許で我々の仲保者となってくれよう。』などと言うのである。 ― 中略 ― この『立法神性におけるタウヒード』は命じられたことを行い、禁じられたことを避けることを含んでいるのである。 ― 中略 ― そしてこの（神性における）タウヒードこそ一神教徒（ムワッヒド）を多神教徒から分かつものなのであり、それに対してこそ現世と来世で報賞と報いがあり、怠る者は永遠に比獄にとどまる不信者なのである。[1]」

神学において、神とは「造物主（ṣāniʿ）」であり、万物を創った造物主が唯一であることを理性的に承

▼1　*ar-Risālah at-Tadmurīyah*, Cairo, 137 (AH) pp. 57-59.

認することが唯一神教としてのイスラームの信仰の成立条件である。ところがイブン・タイミーヤは、「『ilāh』とは『崇められ（yu'lahu la-hu）、愛と悔悟と畏怖と崇敬（ikrām）をもって仕えられる（yuʿbadu）者』」と「ilāh」を定義したうえで、この「イラーフ」への専一、「タウヒード・イラーヒーヤ」について、「命じられたことを行い、禁じられたことを避けることを含んでいる。」と述べて「イラーフ（神）」とはなによりも「命令者＝禁止者」、つまり「立法者」である、と付け加えることで、「イラーフ」が立法者でもあることを強調し、預言者ムハンマドが宣教したアラブの多神教徒でさえもが創造主がアッラーであると認めていたことを指摘して、この「立法神」としてのアッラーのみの命に服することを、アッラー崇拝の専一（タウヒード）のメルクマールとしたのである。

実はこのイブン・タイミーヤのタウヒード概念は、彼の更に根源的な「神／世界」理解の帰結でもある。それが存在と規範の主意主義的二元論である。イブン・タイミーヤはアッラーの意志（irādah）に「創造的（kauniyah, qadariyah, khalqiyah）意志」と、「規範的（sharʿiyah, dīniyah）意志」の二種類を区別する。

第一の創造的意志は創造に関わり、対象を生起せしめる。「アッラーの望み給うものは生起し、望み給わぬものは生起しない」と言われる時、意図されているのはこの意味である。

第二の規範的意志は命令に関わり、人間が命ぜられたことを実行することを欲し、その対象となる行為と行為者にはアッラーの愛と満足があるが、必ずしも生起するとは限らない。

アッラーの創造的意志は人間の行為のみに関わる。広大な被造物の宇宙の中で人間の行為のみがアッラーの規模的意志に関与する。人間の行為は一種の可能世界を構成する。人は自己の可能行為空間を持つ。その外延はアッラーの規範的意志の対象に等しく、同時に人の法的能力の範囲に一致する。

アシュアリー派神学派においては、人間の行為能力とは、行為と同時に存在し、行為を行う力であり、行為を行わないことはできない、つまり人間には、行為を行うか、行わないかを選択する能力はない。イブン・タイミーヤは「力（qudrah, istiṭāʻah）」に二つの意味を区別し人間の行為選択能力を否定するアシュアリー派神学を批判して以下のように述べる。

「力（qudrah）」の語は二つの意味を持つ。第一は行為を行う「法的能力（qudrah sharʻīyah muṣaḥḥiḥah li-fiʻl）」で、この意味での『力』が命令と禁止の根拠となるのである。第二は行為を実現する「決定的力（qudrah qadarīyah mūjibah li-fiʻl）」であり、それは決定された行為と同時に存在し（muqārinah li-maqdūr）行為がそれより後に生ずるのではない。それなしにはそもそもいかなる義務負荷（taklīf）も成立しえない。▼2

イブン・タイミーヤによると「法的能力」は行為に先行し、行為の実行と不履行のどちらをも選びうる力であり、それによって初めて義務負荷（taklīf）が論理的に成立する。しかし、この法的能力の存在だけからは行為の実行は帰結されない。行為の実行には完全な能力（qūwah tāmmah）に加えて、「決断的意志（irādah jāzimah）」が必要であり、両者が合わさって初めて、それは完全原因（ʻillah tāmmah）となるが、これが第二の意味の「決定的力」であり、それは行為と同時に存在しなければならない。

人間の意識は志向性を有し、それゆえ志向対象への意志（イラーダ）は人の常態である。それゆえ人が

▼2 "al-Irādah wa al-amr", *Majmūʻ al-Rasāʼil al-Kubrā*, Cairo, 1966, p. 366.

常に自分の法的能力の限りを尽くし、アッラーの命じ、愛し、満足する行為を志向するなら、人の意志はアッラーの規範的意志にその対象において合一し、「決断的意志（irādah jāzimah）」にあってアッラーの創造的意志によるその実現を見る。

イブン・タイミーヤは言う。「アッラーの裁定（フクム）には二種類ある。創造と命令である。前者はアッラーの定めた運命（maṣāʾib）であり、後者はアッラーが命じられたもの、禁じられたものである。そして人はその両者において忍耐を命じられている。即ちアッラーの命じられたこと、禁じられたことに忍耐し命じられたことを行い、禁じられたことを避け、アッラーが定めたことを耐え忍ばねばならないのである。[3]」

創造（khalq）と命令（amr）、あるいは存在（kawn）と規範（dīn, sharʿ）は相異なる二原理なのであり、この区別は決して、見失われてはならず、、人はアッラーの存在的意志の所産たる創造になる被造物世界と規範的意志、すなわち命令の束であるシャリーア（聖法）に対峙するが、両者は我々に異なった対応を要請する。アッラーの創造が、従容と受け入れられるべき所与として我々に現前するなら、その命令は、目標として、可能性として、我々の未来として我々に臨むのである。

倫理学において、善悪を事実に還元する自然主義に対して、誰かの意志に帰する立場を主意主義と呼ぶ。イブン・タイミーヤは善悪をアッラーの命令と禁止、すなわちアッラーが定めた法への服従と反抗とみなすため、彼の立場は神的主意主義に分類される。

そしてイブン・タイミーヤは、神的主意主義の立場から、神の意志を「創造的意志」と「規範的意志」に区別することで、被造物の現実世界とは異なる善悪の判断の対象となる人間の行為の可能世界を神の規範的意志の所産として存在論的に基礎づけ、人間がこの神の規範的意志に対峙することを可能にするために、人間に行為を選択する完全な能力たる「法的能力」と選択を行う「決断的意志」の実在を認めた。

イブン・タイミーヤは、イスラームの理想、即ちタウヒードを、アッラーの規範的意志に対して決断的意志をもって完全に志向することと、極めて簡潔かつ明断に定式化したが、その意志の主体が「義務負荷の場（manāṭ taklīf）」である法的能力であり、この「法的能力」概念こそが、彼の政治理論全体の要石となるのである。

イブン・タイミーヤの人間観は、徹頭徹尾、法／倫理的である。端的に言って人間とは、「法的能力」と「意志」である。法的能力には、身体や理性それ自体を含め、体力、知力、経済力、政治力など、意志の支配下にあり、行為を可能にする一切のものが含まれる。それらは行為を実現するのに十分な真の原因ではないが、行為を志向する意志によって働きかけることができる、と考えられるがゆえに、その人間に帰属する、との語法が許されるものである。それらの力が、その人間の力である、ということが言われるのは、その力に意志を加えたことで生じた行為に法的責任を生じさせるためであり、それゆえ力は「義務負荷の場」、この力は「法的能力」と呼ばれるのである。

アッラーには創造的意志と規範的意志がある。アッラーの創造的意志は世界、宇宙として我々に現象し、規範的意志は法、価値として現象する。人間の「能力」も「在るもの」として、またアッラーの創造的意志の所産であり、それゆえ能力は世界の一部として、人間の意志に現象する。しかし人間の能力は、意志と共に、アッラーの規範的意志の対象となる未来に開けた行為の可能空間を形作る、という意味において、世界、宇宙の中でも特殊な位置を占める。人間とは究極のところ「意志」だけに還元され、

▼3 "al-Iḥtijāj bi al-qadar", *Majmū' al-Rasā'il al-Kubrā*, p. 116.

アッラーの創造的意志の所産でありながら自己のコントロールのもとにある自らの能力を正確に認識したうえで、アッラーの規範的意志がその能力をもって自分が行うことを望んでいる行為を選び取ることが求められている存在なのである。言い換えるなら、人間とは、法的能力を携えた意志として、アッラーの創造的意志と、規範的意志に対峙する法／倫理的存在に他ならないのである。

6　イブン・タイミーヤの政治思想の内在構造

『スィヤーサ・シャルイーヤ（シャリーアに基づく政治）』の「スィヤーサ」を日本語で「政治」と訳すことは妥当である。しかしイスラーム学の伝統における「スィヤーサ」の語は、ギリシャ政治学の影響を受けた概念であり、クルアーンでは用いられておらず、真正な預言者のハディースの中にもその用例は確認できない。

クルアーンとハディースには我々が考えるような「政治」の概念はなく、イブン・タイミーヤが考える「スィヤーサ」も西欧語 politics の訳語としての現代日本語の「政治」とはまったく別の概念と考えるべきである。

西欧化された現代日本語の「政治」が含意する「主権」、「民主主義」、「人権」などの概念と照らし合わせてイブン・タイミーヤの「政治思想」を分析するのは後に回し、本節では、本書で訳出した al-Siyāsah al-Shar'īyah, al-Hisbah fī al-Islām、およびモンゴル軍に対するジハードに関するファトワーを中心に、彼の考える法、政治、道徳、信仰などの諸概念の内在的関係を明らかにする。

古典イスラーム学において、本格的な政治学、あるいは国法学の作品は決して多くはなく、事実上、シャーフィイー派の大法学者マーワルディーの『統治の諸規則（*al-Aḥkām al-Sulṭānīyah*）』、彼の同時代人のハンバリー派大法学者アブー・ヤァラーの同名の書、およびイブン・タイミーヤの同時代のシャーフィイー派の法学者イブン・ジャマーア（一三三三年没）の『イスラーム教徒の統治のための規則の精査（*Taḥrīr al-Aḥkān fī Tadbīr Ahl al-Islām*）』のみに限られると言っても過言ではない。しかしこれらのイスラーム国法学の類書とイブン・タイミーヤの『シャリーアに基づく政治』の間には明白で本質的、根本的な違いが存在する。

『統治の諸規則』は冒頭にカリフ[4]の就任手続きを論ずる章を置く。そこではカリフは、預言者ムハンマドが有したウィラーヤを彼の後継者としてすべて受け継ぎ、その一部を臣下たちに委任する構造を取る。カリフの就任手続が冒頭で論じられるのは、カリフ就任の合法的な手続きを法的に明晰に規定することで、正当なカリフをカリフ位の簒奪者、僭称者から区別するためである。そして合法な手続きを経て就任したカリフは理論上、預言者のウィラーヤをすべて受け継ぐ。ウィラーヤはイスラーム法学の専門用語としては「後見」を指すが、文脈によって「任務」、「職責」、「職権」、「権威」などと訳される語である。カリフが軍の統帥、裁判、徴税、国家予算配分、人事任命など預言者が有したすべての権能をいったんすべて自らの手に収め、理論上はすべて自らの支配下にある臣下に他ならないムスリムたちにそれを授権する、という論理構成はこれらの作品に共通する。

ところがイブン・タイミーヤの『シャリーアに基づく政治』においては、カリフの就任手続きの議論が存在しないばかりか、そもそもカリフ論自体が存在しない。同書の冒頭で論じられるのはカリフの

▼4 カリフは法学用語では「イマーム」。

ウィラーヤではなく、上はカリフから下は村長、学校の先生、モスクの礼拝先導者にいたるまでの無数の世話人（ウラートト・ウムール：文字通りには「諸事の管理人たち」）の「アマーナート（アマーナの複数形：預かりもの）」である。イブン・タイミーヤの政治理論においては、それらの世話人たちは、預言者のウィラーヤのすべてを継承したカリフから授権されることによってカリフのウィラーヤを分有し代行するのではなく、それぞれが神からの「預かりもの（アマーナ）」として神に返すべき固有のウィラーヤを持っている、という事実が出発点となる。

実は『シャリーアに基づく政治』は類書と違い冒頭でカリフの就任手続きを論じていないが、終章では指導者の擁立がもっとも大切な宗教的義務の一つである、と統治の重要性を強調している。しかしこの終章において、イブン・タイミーヤは統治者の擁立の義務の論証に、類書にはないまったく新しい典拠を示す。彼は「砂漠にいる三人が、そのうちの一人を指導者に選ばずにいることは許されない」との預言者のハディースを引用し「旅に出ている少人数の集団において、その一人を指導者に選ぶことを義務づけ、それによってそれがどんな種類の集団にも義務であることを示されたのである」と述べている。つまり、社会のもっとも小さく継続性も短い集団でさえ指導者が選ばれなければならないなら、ムスリムの最大の集合ウンマ全体の終身の指導者カリフの擁立はなおさら義務となるのである。

本書で訳出した「*a-Ḥisbah fī al-Islām*（イスラームにおける行政監督）」はイスラームのすべてのウィラーヤの目的を「善の命令と悪の禁止」、つまりイスラーム的公正、シャリーアの法秩序の実現、に還元し、「義務は力に応じて課される」との公理から、政治においても、もっとも権力がある者に最大のウィラーヤが課されると論証する。

「そして宗教の要諦、すべての職務が命令と禁止であるなら、アッラーがそのためにその使徒を遣わされた命令は善（maʿrūf）であり、そのために彼を遣わされた禁止は悪の禁止（munkar）である。――中略――またこれは能力のあるすべてのムスリムに対する義務なのである。そしてそれは連帯義務であり、他の者がそれを行わない能力がある者には個別義務になる。そして能力とは権力（スルタン）と職務であり、権力者たちは他の者より能力が高いので、彼ら以外の者にはない義務が課されることになる。というのは義務がかかる対象は能力だからであり、すべての人間にはその能力に応じて義務があるからである。」

アッラーは最小の集団に指導者を立てることを命じられた以上、ウンマ全体の指導者カリフの擁立は義務となり、またすべての義務が力に応じて課される以上、シャリーアの法秩序を実現するイスラーム法のもっとも重大なカリフの職務がウンマの中でもっとも有能な権力者に課されることは論理的必然となるのである。

イブン・タイミーヤは、彼の神と世界と人間と法の理解から直接、カリフ擁立の義務を演繹することができたがゆえに、預言者の後継者（カリフ）としての正統カリフの就任の伝承をカリフ制の典拠とする必要がなかった。しかし、そのことの意義は、正統カリフの事績をカリフ制の典拠とする必要がなかったというのみにとどまらない。類書のカリフ論は、カリフの擁立義務を「結び解く者（ahl ḥall wa ʿaqd）」と呼ばれるカリフ選挙人となる少数の有力者のみが負う連帯義務とみなし、そこには一般のムスリムが参与する余地はない。一方、イブン・タイミーヤの政治論においては、人々が協働するところはすべてが指導権をめぐる政治の場であり、一般の人々が共同作業の中で指導者を選ぶプロセスの積み重ねの上にカリフ擁立の行為もまた織り込まれる。

イブン・タイミーヤは、司法権について、「カーディー（裁判官）」の名を「カリフから、スルタン、代官、総督、法により裁く職についている者とその代理人、子供の習字の審判にいたるまで、二人の人間の間を裁定する者すべてを指す名称なのである。」と述べ、「子供の習字の審判」という「民間人」にも言及することで、司法権がカリフからの授権によるものではなく、カリフから子供の習字の審判までが同等に公正な裁きをアッラーから命じられた者であることを示している。

『シャリーアに基づく政治』が引用する預言者のハディース「あなた方はみな牧者である。あなた方はみな各自の家畜に責任がある。指導者（imām：カリフ）は人々の牧者である。彼は自分の家畜である人々に責任がある。主婦は夫の家の牧者であり、彼女は自分の家畜である家のことに責任がある。息子は父の財の牧者である。彼は自分の家畜に責任がある。奴隷は主人の財の牧者であり、彼も自分の家畜に責任がある。まことにお前たちはみな牧者であり、各自の家畜に責任を負っているのである。」においては、カリフから主婦や奴隷にいたるまでが、統治の責任を負う者として並置されているのに対して、類書の政治論における政治とは、カリフの任命により授権された官吏の職務のみに限定される領域である。言うならば、類書がカリフを焦点とする「上からの」政治論であるのに対して、イブン・タイミーヤのは社会の底辺から構築される「下からの」政治論なのである。

イブン・タイミーヤは『シャリーアに基づく政治』の最後において、「クルアーンとハディースに則るようにイジュティハードする（力の限りを尽くす）ことが、すべての者の義務なのである。かくして、現世が宗教に奉仕することができるのである。」と述べる。

人間は意志の決断に基づき行為を選び取る能力を有するが、その能力は人により異なり、能力において勝る者は、劣る者より重い義務を負う。ウンマの中でもっとも力ある者は、イスラーム法に基づいて善を命じ悪を禁じ、人々の間に正義を実現するというもっとも重大な責任、即ち、カリフの職務を担わされる。すべてのムスリムは各自の固有の力に応じて、自らの持ち場においてその職責を果たさねばならないが、カリフから奴隷にいたるまで、ムスリムは誰もが自分の仕事において何がもっともクルアーンとハディースの教えに則った行いであるかを知るために知力の限りを尽くし(イジュティハードし)、その行為を自らの意志で選び取るならば、すべてのムスリムが政治的主体としてイスラーム法に基づく正義の実現において力を尽くして協働することによって、政治は神を崇める行為そのものになり、現世は宗教に奉仕することになる。これがイブン・タイミーヤの理想とする政治の姿である。

7 イブン・タイミーヤとイスラーム政治体制

『シャリーアに基づく政治』はカリフの制度を論じない。『イスラームにおける行政監督』は、「イスラームの職務(ウィラーヤ)はすべて、それがスルタンの代理である最高軍司令公職であれ、警察公職であれ、裁判職であれ、帳簿係である財務職であれ、行政監督職のような下位の職務であれ、その目的は善の命令と悪の禁止に他ならない。」と述べ、イスラームにおける「ウィラーヤ(職務)」を、その目的を「善の命令と悪の禁止」に還元したうえで、「職務(ウィラーヤ)の一般性、特殊性、そして特定の職を引き受けた者が行うべきことは、言葉と状況と慣習によって決まるのであり、それには、シャリーアに定めはない。」と、具体的な政治制度がイスラーム法学の規定の対象でないことを明言している。『シャリーアに基づく政治』にカリフ論が存在しないのも、その一般原則の帰結である。

しかし前節で明らかにした通り、イブン・タイミーヤはウンマの最高指導者を選ぶことがもっとも大切な宗教的義務であると論じており、類書のようなカリフの資格条件や就任手続き、職務権限の詳細を論じていないことは、彼がカリフを頂点とするイスラーム政治制度についての議論を残していないことを意味しない。

イブン・タイミーヤが、イスラームにおける諸々のウィラーヤ（職務）の目的を善の命令と悪の禁止、即ちイスラーム的公正、シャリーアの法秩序の実現に還元し、すべてのムスリムがそれぞれの固有の力、権力に応じてイスラーム法に則って各自のウィラーヤを全うすることが義務であるとの抽象度の高い一般原則を明らかにしたことはすでに述べた。

更にイブン・タイミーヤは、「人治」の否定と「法治」の原則をも明らかにしている。彼は、「人類は一つの種に他ならないゆえに、自分が頂点に立ち、仲間を自分の足下に置こうと望むことは不正なのである。」と述べ、人による人の支配を不正と断ずる。しかし一方でイブン・タイミーヤは、「人間は政治的動物である」とのアリストテレスの政治学のテーゼを受け入れ、人間の協働における指揮命令系統の不可欠性をも認める。そのうえで彼は「……人はすべて命令者、禁止者を必要とするのである。――中略――そして命令者と禁止者への服従が必要である以上、人はアッラーとその使徒の服従に入ることが最善である。」つまり、イブン・タイミーヤは、人間社会においては「支配－服従」の権力関係が不可避とのリアリスティックな現実認識に立って、「アッラーとその使徒による人の支配」をもって「人による人の支配」に代えることが最善の政治体制であると結論する。

アッラーとその使徒による支配とは、イスラームの信仰の立場を離れて見れば、アッラーの名のもとの使徒という人の支配に他ならない。使徒の後継者が使徒と同じく神によって親任された無謬のイマームであるとの「王権神授説」に立つシーア派にとっては、使徒亡き後は、絶対権力者であるイマームによる「人の支配」がその政治体制となる。一方、使徒の死後に無謬な存在を認めず、後継者が神によって選ばれるとも考えないスンナ派においては、「アッラーとその使徒への服従」は「クルアーンとハディースへの服従」と再定義される。使徒の死後、使徒の人格への服従はクルアーンとハディースのテキストへの服従に変わる。そしてイスラーム法体系が確立する九世紀以降は、クルアーンとハディースのテキストへの服従は、解釈の方法論が整備されたイスラーム法体系への服従となる。つまり、イブン・タイミーヤは、後継者として使徒のすべてのウィラーヤ（権威、職務）をすべて一手に収めたカリフがそのウィラーヤを次々に臣下に授権していくという『統治の諸規則』の論理構成を拒否することで、スンナ派の「人の支配」の否定と「法の支配」の原理を再確立したのである。

イブン・タイミーヤは、イスラームのウィラーヤすべての目的を「善の命令と悪の禁止」に還元したが、彼は、クルアーンが「善の命令と悪の禁止」を預言者とウンマの双方に共通する特性としたうえで「またこれは能力のあるすべてのムスリムに対する義務なのである。そしてそれは連帯義務であり、他の者がそれを行わない能力がある者には個別義務になる。そして能力とは権力（スルタン）と職務であり、権力者たちは他の者より能力が高いので、彼ら以外の者にはない義務が課されることになる。というのは義務がかかる対象は能力だからであり、すべての人間にはその能力に応じて義務があるからである。」と述べる。

『統治の諸規則』の論理構成では、カリフは預言者の後継者としてすべてのウィラーヤを引き継ぎ、カリフがそのウィラーヤを臣下たちに授権することで、カリフの臣下たちは彼の代行者としてそれぞれのウィラーヤを行使することになる。ところがイブン・タイミーヤによると、預言者亡き後、ウンマは全体として、「善の命令と悪の禁止」の預言者のウィラーヤを受け継いだが、人はそれぞれその力の大きさに差があるため、各自がその力の大きさに応じて、預言者のウィラーヤを分有して引き受けることになるのである。

イブン・タイミーヤは、預言者のウィラーヤがすべてカリフに引き継がれ人々がその授権によってウィラーヤを代行するとのフィクションを受け入れず、人間は誰もがそれぞれ固有の力を持つ、という事実から出発し、各自がそれぞれの力に応じたウィラーヤを有すると論ずる。しかし彼も、制度的なウィラーヤの委任、授権の存在を否定するわけではない。

イブン・タイミーヤは言う。「預言者はそのウンマに自分たちの為政者（諸事を司る者）たちの任用を命じ、為政者に信託をその持主に返し、人々の間を裁く時には公正に統治することを命じられ、彼ら（ウンマ）には至高なるアッラーへの服従における為政者への服従を命じられた。」

イブン・タイミーヤによると、ウンマは為政者の擁立と、法の支配のもとでの為政者への服従が命じられており、為政者は「信託をその持主に返すこと」を命じられている。『シャリーアに基づく政治』によると「信託をその持主に返すこと」には、自分の手の者を適材適所に配置することが含まれる。

すでに述べたように、ムスリムは社会のもっとも基礎的な小集団においても指導者を選び、指揮命令系統を明らかにすることが命じられており、その積み重ねのうえに、最高指導者であるカリフ位が位置する。それゆえ、イブン・タイミーヤのシステムにおいては、義務は力に応ずる、との原則から、力に義務が割り当てられる、との論理構成が取られるが、その力そのものが、イスラーム法に則って為政者に選ばれ、更にそれによって服従が義務となることによって強化され、また上位者からの任命と授権によって力が生ずる、という制度的側面があることも否定できない。しかし、イブン・タイミーヤには、選挙、任命、授権の手続きを明晰に定めて法学に組み込むことで制度化し、制度の力によって、シャリーアに則る政治が実現されるという発想は少ない。むしろイブン・タイミーヤは、以下のように述べ、イスラーム法上の権力関係の複合性に注意喚起をするにとどめる。

「被造物（khalq）である人間はアッラーの僕《しもべ》であり、為政者はアッラーの僕に対する彼の代理人（nawwāb）なのである。ただし彼はあくまでも僕《しもべ》同士の中での代行人（wakīl）に過ぎない。つまり、共同経営者の一人の他のパートナーたちの関係に等しい、という意味なのである。それゆえ為政者には代理後見（wilāyah）と代行（wikālah）の属性があることになる。」

イスラーム法上、「ウィラーヤ」と「ウィカーラ」はどちらも代理人として行為する権限があるが、ウィラーヤが、親が幼児の代わりに生活の世話をするなど、相手からの委任に基づくわけではなく相手より能力が勝っているがゆえに神から委託されてイスラーム法から授権される権力関係であるのに対し、ウィカーラは、当人からの委託によって代理人となるのであり、委託がある間に限り、委託されたことのみを、誠実に行うことが求められる対等な契約関係である。

為政者は、イスラーム法による授権による服従が義務づけられ人々の上に立つ権力者、ワリーでもあるが、イブン・タイミーヤは、為政者と人々との関係が対等者同士の間でのウィカーラでもあることを強調する。

イブン・タイミーヤは、ウンマは各人が相異なる力を持ち、力に応じて「善の命令と悪の禁止」のさまざまな任務を分掌するが、それぞれの任務の具体的な内容、その任命と運営の方法などは、時代と場所によって違い、シャリーアにも政治制度の具体的な規定はないため、イスラーム法的に政治制度を規定することはできないと考えている。

それゆえ、『シャリーアに基づく政治』は、戦利品、浄財、ファイ（還付）などシャリーアに定めのある財政の原則、シャリーアに定めのある刑罰（ハッド刑）など、特に為政者が行うべき「国家事業」の大綱を示すだけで、政治制度の詳細を論じていない。イブン・タイミーヤは政治制度の詳細は論じていないが、その代わりに汎用性のある一般原則を明らかにするように努めている。何が公務になるかは時代と地方の慣習によるため、『イスラームにおける行政監督』においては、イブン・タイミーヤは「農作業、織物、建築などを人々が必要とするなら、その仕事は義務となり」と述べ、場合によっては農業、織物、建築業などの民間の産業さえも公務になるとの一般原則を、必需と連帯義務の法理から導き出している。また為政者がイスラーム法の定めるウィラーヤとウィカーラの性格を併せ持つことも、彼が示したそのような一般原則の一つであるが、特に彼はそこにおいて為政者が特別な権威を有するわけではなく、人々と平等な一信徒として人々の世話を任された代行人（ワキール）であることを、改めて強調しているのである。

8　タタールの支配と「世俗化」

イブン・タイミーヤが生きた時代、イスラーム世界にとっての最大の脅威がタタールであり、タタールとの戦いにおいて、イブン・タイミーヤが筆のみによってではなく、ジハードのために自ら戦陣に赴いたことはすでに述べた。本節では、イブン・タイミーヤが戦ったタタールの支配の性格と、その歴史的意味について概観しよう。

モンゴルの遊牧民は元来「テングリ（天神）」を信ずるシャーマニズムであったが、異教にも寛容であり、元朝においても、主としてイスラーム教徒であった「色目人」が重用されていたことは広く知られている。モンゴル帝国では、重要なのは、宗教ではなく、モンゴル慣習法「ヤサ」とチンギスハンの命令などの法令であった。

我々は、西欧の影響で、宗教が重要でなくなる「世俗化」は、近代的現象であるかのように考えがちであるが、実は、「パクスモンゴリカ（モンゴルの平和）」と言われる世界史上最大の帝国を築いたモンゴル帝国の統治原理は「世俗主義」であり、モンゴル（タタール）の侵略により、イスラーム世界は、初めて「世俗主義」と対決することになったのであった。そしてそれに対してもっとも先鋭な問題意識を有し、本書に収録したファトワー『タタール（モンゴル）軍との戦いは義務か？』のような現代にも通ずる理論的考察を行ったのがイブン・タイミーヤだったのである。

イブン・タイミーヤは、モンゴル帝国が「イスラーム化」したイル・ハーン国に使節として自ら赴き、その実情をつぶさに観察したうえで、彼らについて「不信仰のキリスト教徒や多神教徒も含んでいるが、大多数は求められれば（イスラームの）信仰告白の言葉を唱え、使徒を称えてみせるようなムスリムを名乗る者からなるのであるが、礼拝をする者はごく少数にしか過ぎない。ラマダーンの斎戒（断食と禁欲）は（日常の）礼拝よりは守られている。」と述べている。

この描写は現代のエジプト、トルコ、パキスタン、インドネシアについてであっても少しもおかしくない。また「彼らにとってのムスリムというものは、ムスリムたちにとっての、自分らの中の公正な者、行い正しい者、義務（のみならずそれ）以上のよいことを進んで行う者といった存在であり、彼らにとっての不信仰者とは、ムスリムにとっての、自分たちの中の不正な者、最低限の義務しか行わない者といった者に等しいということである。」との彼の言葉は、これらのタタールにとって、「ムスリム」とは「善人」、「カーフィル（不信仰者）」とは「悪人」の意味でしかないこと、言い換えれば、モンゴルのイスラーム改宗者たちが、イスラームを通俗道徳のようなものと考えていたことを示している。そして「イスラームは道徳的教えであって、政治ではない」「イスラームの本質は道徳であり、儀礼は形式的な枝葉末節でしかない」といった類いの言説は欧米に住むムスリムたちの間でも馴染みのものであり、ムスリムであっても重要なのは通俗道徳であって、儀礼や政治は二の次である、とのこのタタールのイスラーム理解は、現代の世俗主義と本質的に同じと言うことができる。しかし本節では儀礼についての議論は省き、イブン・タイミーヤが現代のイスラーム主義運動にも大きな影響を及ぼしている政治の問題に焦点を絞って論じよう。

イル・ハーン国は第七代ハーンのガーザーンがイスラームに入信し、「イスラーム化」が始まっていた。それゆえ法令の一部が、イスラームの規定と一致することもあった。この状況は、「家族法」などで部分的にイスラーム法を施行している、とされるムスリム世界の現状と重なる。イブン・タイミーヤは、そうした場合についても、「それは命じた者が王だからであって、イスラームの教えのみによるのではないのである。」と述べ、それはイスラームに従ったことにはならず、イスラーム法の施行にはあたらないと断ずる。

イブン・タイミーヤは「彼らの大半の依って立つ立場、彼らが戦う立場は、イスラームの諸規定の多くを、あるいは、そのほとんどを無視していることを示している」と述べ、教えを強制的に執行し、忠誠を尽くして生命を賭して戦うことに着目する。そうであるならばモンゴルの慣習法や帝王の命令であればイスラーム法に反しようとも執行し、ジズヤ（人頭税）のようなイスラーム法の規定は執行せず、モンゴル帝国のために、帝国に反抗する者とは戦うが、ムスリムを自称しながらもイスラームの法を守らない者、不信仰者とは戦わない者は、イスラームを信じているとは言えないことになる。

既述の通り、イブン・タイミーヤは、「善の命令と悪の禁止」をイスラーム的政治の目的と定義しているが、彼によると命令と禁止はイラーフ（立法神）の大権であり、アッラーの命令と禁止のみに従うことこそが「タウヒード・イラーヒーヤ」、即ち唯一神教イスラームと多神崇拝を分かつメルクマールである。

類書がイスラーム政体の「支配の正当性」をカリフの資格と就任手続きの合法性によって確保しようとするのに対して、『シャリーアに基づく政治』によるとイスラーム的政治とは「善の命令と悪の禁止」によるイスラーム的公正とシャリーアの法秩序の実現に他ならない。イブン・タイミーヤは、たとえ住民の大多数がムスリムであっても、イスラーム法が施行されない政治体制をイスラーム政体とはみなさないばかりではなく、そうした政治体制に対しては、ジハードが義務であると論ずる。

「いかなる集団であれ、定められた礼拝、斎戒、巡礼を守らなかったり、あるいはムスリムの生命、財産の侵害、飲酒、姦通、賭博、近親相姦などの禁令を破ったり、あるいは、不信仰者とのジハードや啓典の民（キリスト教徒やユダヤ教徒）へのジズヤ（人頭税）の課税を行わないなど、（ムスリムならば）誰も拒むことも、怠ることも許されず、その義務性を否定すれば不信仰者とみなされる類いのイスラームの義務事項、禁止事項を守らぬ集団とは、たとえその集団がそれら（の事項の義務性）だけは認めていたとしても、（実践しないならば、）戦わねばならない。」

そのうえでタタールの実情を調べ、それをこの法規定に照らして判断し、イブン・タイミーヤは、「この範疇に入る者との戦いは、ムスリムのイジュマーによる義務である。イスラームの教えと、彼ら（タタール）の実状を知る者には、この点について疑問の余地はない。」とタタールとのジハードの義務を唱えた。イブン・タイミーヤの生きた時代と現代とのイスラーム世界の大状況の類似性はすでに述べた。グローバルな世俗国家の先駆けであったモンゴル帝国のイスラーム状況に対する彼の分析は、弟子の歴史家、クルアーン注釈学者イブン・カシール（一三七三年没）によって更に詳しく敷衍されて普及し、西欧による植民地を経て世俗化されたエジプトのジハード団などのサラフィー主義者による反体制武装闘争の理論的基礎を与え、シリアとイラクのイスラーム国によるカリフ制樹立を用意することになる。

9　イブン・タイミーヤの政治思想の後世への影響

イブン・タイミーヤの「タウヒード・イラーヒーヤ」理論を受け入れたムハンマド・ブン・アブドゥルワッハーブは、自分たちだけが「純正一神教徒（ムワッヒド）」、真のムスリムであり、聖者廟参詣などのビドアを行う同時代人を「タウヒード・イラーヒーヤ」を蔑ろにして多神崇拝（シルク）に堕した背教者、多神教徒（ムシュリク）であるとみなし、ジハードによってタウヒード（ワッハーブ派）の宣教を推し進めた。ワッハーブ派は幾度かの挫折を経て現在のサウジアラビア王国を建国するに至っているが、一八〇二年にはイラクのシーア派の聖地カルバラを襲いフサイン廟を破壊しシーア派信徒を虐殺した。イブン・タイミーヤの「タウヒード・イラーヒーヤ」理論に基づくワッハーブ派の批判は聖者廟参詣のようなシーア派やスーフィーなどのビドアを対象とするもので古典イスラーム学の射程の範囲内のものであった。

しかしポストコロニアル状況において、グローバルな世俗国家であったモンゴル帝国（イル・ハーン国）とのジハードを命ずるイブン・タイミーヤのファトワーとタウヒード・イラーヒーヤの理論にインスピレーションを得て、同時代のムスリム社会をジャーヒリーヤと断じ改革を唱えたムスリム同胞団のサイイド・クトゥブにも影響も受けて、西洋の法制を継受したムスリム諸国の政権をジハードによって打倒する義務を論証したのがエジプトのジハード団の理論家たちであった。

また領域国民国家システムに組み込まれジハードによるタウヒードの宣教を放棄し変質したワッハーブ派においても、ムハンマド・ブン・アブドゥルワッハーブの末裔でサウジアラビア王国の初代ムフティーでもあったムハンマド・ブン・イブラーヒーム・アール・シャイフ（一九六九年没）が、「世俗主義」を標榜するムスリム諸国の西洋の法制を継受する国制について、「イスラーム法裁判所にもその根拠がすべてクルアーンとその使徒のスンナのみであるのと同じく、それらの（欧米実定法）裁判所にも準拠法令がある。それはフランス法、アメリカ法、イギリス法などの多くの法律や、聖法を僭称する異端的諸派のさまざまな法の寄せ集めの法律なのである。イスラームの諸国の多くのこれらの裁判所は、完全に整備され、門戸が開かれ、人々はそれに続々と押し寄せ、それらの支配者たちは人々をクルアーンとスンナに背くその人定法の諸法規によって裁き、人々にそれを強制し、彼らにそれを認めさせ、それを義務づけるのである。この不信仰よりも重大ないかなる不信仰、そして『ムハンマドはアッラーの使徒である。』との信仰告白に対する違背があろうか。この違背以上の、預言者ムハンマドに対するいかなる違背があろうか。」と述べ、背教にあたる「シルク（多神崇拝）」の中でも最悪の形態であると論証する『人定法に裁定を求めること（Taḥkīm al-Qawānīn）』を著した。

アール・シャイフの『人定法に裁定を求めること』はサウジアラビアのワッハーブ派の政治意識の覚醒を促したが、エジプトのジハード団の理論家たちは、アール・シャイフの衣鉢を継ぐワッハーブ派と合流し、サラフィー・ジハード主義者として、シーア派とスーフィズムを主要敵とみなすイスラーム国を筆頭とするスンナ派イスラーム主義運動の最前線を構成することになる。

10　オルタナティブとしてのイブン・タイミーヤ

ポストコロニアル時代のムスリム世界は植民地支配が終わった後にも、新たに独立した国民国家は、民族、宗教の相違に関わらぬ国民の法のもとの平等を前提とし、国民と非「国民」の決定的な差別に基づいているのであり、これはシャリーアだけを共通の紐帯とし、人種・民族・その他イスラーム以外のいかなる区分も認めないウンマの概念とは真っ向から対立した。

またそれらの新興ムスリム諸国は、独立達成後は西洋化による近代化の道を歩み始め、近代法体制を整え、憲法およびその下の法律を制定しているのであるが、国家が法を制定するという考えも、そもそもシャリーアの理念とはぶつかるものである。

トルコ共和国（一九二四年）によるカリフ制の廃止は、イスラーム世界全体に大きなショックを与えた。学問の分野においても、カリフ制の廃止に同調する書も現れた。一九二五年に出版された『イスラームと統治の原則』において、著者のアリー・アブドゥッラーズィク（一九六六年没）は、イスラームは純粋に精神的な教えであり、預言者も単に宗教的指導者であって、政治的指導者ではなかったと述べた。それゆえ、イスラームは元来なんらの政治体制をも指示するものではなく、したがって従来のカリフ制とはイスラームの名をかたった専制支配であったとして、カリフ制の廃止を理論的に擁護した。

『イスラームと統治の原則』が投じた波紋はきわめて大きく、本書を契機として、イスラーム思想界は、キリスト教の政教分離と異なるイスラームの政教一元性、シャリーアの完結性を再確認することになり、イスラームに固有の政治原則、政治制度をシャリーアの一部としてクルアーン、ハディースなどに遡って演繹しようとするイスラーム政治学が独立の学問分野として成立することを模索し始めた。「イスラームは宗教と国家」という言葉は、「イスラーム政治学」という立場を取る人々の合言葉となった。イブン・タイミーヤの遺産はこの新しく生まれたイスラーム政治学のもっとも重要な資料の一つとなっている。

現在、サウジアラビア王国がイブン・タイミーヤの著作集を刊行、無料配布したこともあり、イブン・タイミーヤの思想は、イスラーム世界全域に広く普及しており、『シャリーアに基づく政治』も数多くの版が公刊されている。

またたとえ為政者がイスラームに入信し、イスラームの儀礼の一部が行われていても、イスラーム法体系の全体を施行してない政治体制は、イスラーム的な支配の正当性を有さないばかりか、多神崇拝に陥った背教の政体であり、ジハードにより打倒すべきである、とのイブン・タイミーヤの理論もサラフィー・ジハード主義者の共通理解となっている。

すでに述べたようにモンゴル帝国はグローバルな世俗国家であったため、イブン・タイミーヤのモンゴル帝国の政情分析は、サラフィー・ジハード主義者によるムスリム諸国のポストコロニアル状況の理解に大きな影響を与えている。

にもかかわらず、イブン・タイミーヤの政治思想と現代のムスリムの思考をも意識化できないほどに深く規定してる近代西欧の政治理論との根本的な相違と、オルタナティブとしての彼の思想の現代的意義は彼の信奉者であるサラフィー・ジハード主義者の間でさえ十分に理解されているとは言い難い。そこで本節では近代西欧政治思想との比較において、イブン・タイミーヤの思想の特徴と、近代西欧政治思想に対するオルタナティブとしての彼の思想の現代的意義を明らかにしたい。

第一に、西欧の政治学の源流であるギリシャ政治学においては、政体の分類の基本は、統治する人間の数であり、政体は（1）一人の支配（王制／僭主制）、（2）少数者の支配（貴族制／寡頭制）、（3）多数者の支配（共和制／民主制）に分類される。法律もまた人が定めるものであり、政治とは人の支配であることは大前提となる。現代においても同じで、支配者が一人の王制（monarchy）、独裁制（dictatorship）にせよ、多数である民主制であろうと、支配者が人である点において変わりはない。

この西欧的な政治観が投影されると、カリフ制は、最高指導者がカリフ一人であることから王制、独裁制に見えることになる。確かにカリフの支配の正当性を預言者の後継者であることに求め、預言者のすべての権威（ウィラーヤ）を継承し、それを臣下たちに授権／任命する理論構成をとるマーワルディーの『統治の諸規則』とその類書の場合、そうした理解もあながち間違いとは言い切れない。しかし制度としてのカリフについては一切論じないイブン・タイミーヤの思想には、そうした誤解の余地はない。

それはシーア派のイマーム論という補助線を引くとより明白になる。イスラームにおいて、支配の正当性は、アッラーとその使徒、つまり神とその代弁者、代理人である使徒にある。これは神の化身、あるいは代理人である聖王、聖職者が神の名において支配する神権制（テオクラシー）である。しかし預言者の没後、シーア派では、使徒の血族の世襲の後継者である無謬のイマームが神の名において支配するため、シーア派のイマーム制は神権制、王制である。ところが、スンナ派においては、そういう無謬の聖王、聖職者はおらず、神とその使徒の支配はクルアーンとハディースのテキストから演繹されたイスラーム法体系への服従を意味することになる。

イブン・タイミーヤは、『イスラームにおける行政監督』において、政治的権威、ウィラーヤの目的を「善の命令と悪の禁止」に還元したうえで、使徒亡き後はウンマが全体として、使徒のウィラーヤを継承したことを明らかにする。『統治の諸規則』が言うように使徒のウィラーヤはその死後、後継者たるカリフによってすべて継承され、カリフがそれを臣下に委任、授権するのではない。使徒のウィラーヤの継承者は、カリフではなくウンマ全体である。そしてイブン・タイミーヤは『シャリーアに基づく政治』の初めと終わりにおいて、すべてのムスリムがそれぞれの力に応じて、アッラーからの信託であるさまざまなウィラーヤ（職務）において、クルアーンとハディースを参照して最善を尽くさなければならない、と述べる。

イブン・タイミーヤにとって、イスラーム的政治とは、すべてのムスリムが、アッラーとその使徒、即ちクルアーンとハディースへの服従のもとに、各自の力に応じて「善の命令と悪の禁止」のウィラーヤを担うことで、ウンマが全体として参与する営みに他ならない。

実のところ、マーワルディーのカリフ論は、社会契約論と同一の構造を有する。つまり、マーワルディーのカリフ論において、預言者の権威（ウィラーヤ）のすべてがいったんその後継者カリフの手に集中し、それが委任と授権によって臣下に分担されることによって国家が形成されるのと同じく、社会契約論においては、主権者たる国民の権力が社会契約によって選挙で選ばれた議員にいったん集中し彼らによって公職が任命されることで国家権力が形成されるのである。神の使徒の後継者、人民が主権を有す、といったフィクション（擬制）を別にすれば、すべての政治権力は国家の頂点に集約されており、現実の権力者たち、即ち国家機構の歯車である官吏たちはその権力の頂点から任命され授権されることによって権力を手にする、という国家観、権力観のフィクション（虚構）は、マーワルディーのカリフ論と社会契約論に共有されている。

ところがイブン・タイミーヤの権力観、国家観は根本的に異なっている。既述の通り、彼にとって、人間とは、自分がコントロールすることができる自らの能力を正確に認識したうえで、その能力をもって自分が行うことをアッラーが望まれている行為を選び取ることが求められている「法／倫理的存在」であった。「権力（スルターン）」も「権威（ウィラーヤ）」も「法的能力（クドラ）」の一種に過ぎず、カリフであれ、主婦であれ、奴隷であれ、責任能力者（mukallafu）である限り、自分の身を正すだけでなく自分の影響下にある者に対しても、善を行い悪を避けるようにさせるよう努めなければならない。イブン・タイミーヤの権力観、国家観の特徴は、何よりも、政治が国家や特別な権力者だけの仕事ではなく、すべてのムスリムが直接参与する共同作業であるということである。もとよりそれはイブン・タイミーヤの思想ではなく、既述の預言者のハディースにあるようにイスラームの教えそのものに他ならない。「あなた方はみな牧者である。あなた方はみな各自の家畜に責任がある。指導者（カリフ）は人々の牧者である。彼は自分の家畜である人々に責任がある。主婦は夫の家の牧者であり、彼女は自分の家畜である家のことに責任がある。息子は父の財の牧者である。彼は自分の家畜に責任がある。奴隷は主人の財の牧者であり、彼も自分の家畜に責任がある。まことにお前たちはみな牧者であり、各自の家畜に責任を負っているのである。」

すべてのムスリムがそれぞれの力に応じてクルアーンとハディースを参照して善を命じ悪を禁じ、シャリーアの正義にかなった法秩序を実現することこそがあるべき政治である、とのこのイブン・タイミーヤの政治観には、法人としての国家、国家が対内的、対外的に主権を有し、主権者は国民である、主権者の国民が選んだ代表が政治を行う、といったフィクション（虚構）は無縁である。

イブン・タイミーヤは、カリフなどの職務を制度的に詳細に規定しなくとも、すべてのムスリムが各自の力に応じてシャリーアに従うことを心掛けさえすれば、正義にかなった法秩序を実現できると論じた。

イブン・タイミーヤは、モンゴル帝国とのジハードを訴えるファトワーの中で、イスラームやキリスト教のような「宗教」への帰属ではなく国制と国法への服従が、生死を決する戦争や刑罰の基準となる「世俗社会」の分析において、信仰告白句を唱えることや礼拝や斎戒断食などの宗教儀礼の部分的履行ではなく、二者択一において命をかけて戦うことを選ぶものこそが、真の崇拝の対象であり、その「世俗社会」においてその国制と国法を拒絶しイスラーム法の十全な施行のためにのみ戦うことがイスラームであることを示した。また彼は『シャリーアに基づく政治』においても、「血縁、郷土、人種、法学派、神秘主義教団など、イスラームとクルアーンの呼び掛けから逸らすものはすべて、ジャーヒリーヤ時代の慰めなのである。」と述べ、法学派や神秘主義教団などイスラームの名を帯びた集団であれ、民族や領土のような世俗のイデオロギーであれ、クルアーンが述べ伝えた天地と人類の唯一の主アッラーのみへの帰依から逸らせようとするものがすべて、イスラームと両立不可能な戦うべきジャーヒリーヤ、多神崇拝であることを明らかにしているのである。

すべての人間が自由で平等で人権を有する主権者であるとのフィクション（虚構）を掲げながら、現実にはフィクションに過ぎない法人、偶像神リヴァイアサン領域国民国家の奴隷になりさがっているにもかかわらず、その隷属にさえ気づかず、幻想のうちに微睡む現代人にこそ、国家をはじめとするいかなる偶像にも膝を屈せず、与えられた自分の力を直視し、たとえ微力であろうとも与えられた場で最善を尽くすことで、地球の全人類を対象とした正義の法秩序の実現に参与することができ、その任を担う者こそがムスリムであり、それこそが政治のあるべき姿である、とのイブン・タイミーヤの教えが道標となるのではないだろうか。

後書

イブン・タイミーヤの『スィヤーサ・シャルイーヤ（シャリーアに基づく政治）』を最初に知ったのは一九八一～二年に東大イスラム学科で開講されていた湯川武先生の演習で共に読んでいただいた時であった。一年間のゼミでは最後まで読みきることはできなかったが、修士課程に進学してイブン・タイミーヤの思想を研究対象に選んだ私は修論を書くかたわら、その演習のノートを元に同書を全訳した。その後留学先のカイロで、タタールとのジハードと礼拝についてのファトワーを訳出し、『スィヤーサ・シャルイーヤ』の訳と併せて、湯川先生に全体に目を通したうえで訳注をつけていただいた。それが一九九一年に日本サウディアラビア協会から出版された『イスラーム政治論　―　イブンタイミーヤ　シャリーアによる統治』である。

「スィヤーサ・シャルイーヤ」はイスラームの政治思想を学ぶ者には必読の書であるが、日本サウディアラビア協会版はそもそも非売品であったものが絶版になっており、一般の読者の手には入らなくなっていた。それゆえ、この度、作品社から同書の全面的な改訳の出版の話をいただいた時には、一も二もなくお引き受けし、イブン・タイミーヤの政治論における重要な作品『ヒスバ・フィー・イスラーム』を新たに訳出したものを加えて、『イブン・タイミーヤ政治論集』として公刊することになった。湯川先生は二〇一四年に亡くなられて、本書をお見せすることはできなかった。本書を先生の霊前に捧げたい。

すべての称賛は慈悲あまねく慈悲深き万世の主に帰一する。

【訳者略歴】
中田　考（なかた・こう）
1960年生まれ。同志社大学客員教授。一神教学際研究センター客員フェロー。83年イスラーム入信。ムスリム名ハサン。灘中学校、灘高等学校卒。東京大学文学部卒業。東京大学大学院人文科学研究科修士課程修了。カイロ大学大学院哲学科博士課程修了（哲学博士）。クルアーン釈義免状取得、ハナフィー派法学修学免状取得。在サウジアラビア日本国大使館専門調査員、同志社大学神学部教授、日本ムスリム協会理事などを歴任。
• 主な著書に『イスラーム法とは何か？』（作品社、2015年）、『イスラームの論理』（2016年、筑摩書房）、『イスラーム入門』（2017年、集英社）、『帝国の復興と啓蒙の未来』（2017年、太田出版）、翻訳に、『フトゥーワ』（2017年、作品社）、監修書に『日亜対訳クルアーン』（2014年、作品社）。

【著者略歴】
イブン・タイミーヤ（1263－1328）
中世イスラームの代表的思想家であり、伝統主義的なハンバリー学派の法学者および神学者。シリアのハッラーンで生まれた。モンゴル軍の侵入を避けダマスカスに移る。神学にとどまらず当時の政治、社会情勢に対して大胆に発言し、論争をしばしば巻き起こす。そのため投獄され、ダマスカスの城塞に幽閉中に死去。
クルアーン、ハディースのテキスト、そして最初期のムスリム（イスラム教徒）の教説を尊重し、後世に与えた影響は大きく、ことに18世紀にアラビア半島で起こった復古的改革を目ざすワッハーブ運動の思想的源流となった。

イブン・タイミーヤ政治論集

2017年 12月25日　第1刷印刷
2017年 12月31日　第1刷発行

著　　者　イブン・タイミーヤ
編訳・解説者　中田　考
発 行 者　和田　肇
発 行 所　株式会社 作品社
〒102-0072 東京都千代田区飯田橋 2-7-4
電　話　03-3262-9753
ＦＡＸ　03-3262-9757
http://www.sakuhinsha.com
振　替　00160-3-27183

装　　丁　伊勢功治
本文組版　米山雄基
印刷・製本　シナノ印刷㈱

落・乱丁本はお取替えいたします。
定価はカバーに表示してあります。

©2017 by Sakuhinsha
ISBN978-4-86182-674-0 C0014

イスラームの聖典を
正統派の最新学知で翻訳

日亜対訳
クルアーン

［付］訳解と正統十読誦注解

中田考【監修】

責任編集
黎明イスラーム学術・文化振興会

【本書の三大特徴】

・正統10伝承の異伝を全て訳す、という、
世界初唯一の翻訳

・スンナ派イスラームの権威ある正統的な
解釈に立脚する本格的翻訳

・伝統ある古典と最新の学知に基づく注釈書を
参照し、教義として正統であるだけでなく、
アラビア語文法の厳密な分析に基づく翻訳。

内田樹氏推薦!

田川建三訳著

新約聖書　訳と註

全7巻［全8冊］

【第一巻】マルコ福音書／マタイ福音書

【第二巻】上 ルカ福音書

下 使徒行伝

【第三巻】パウロ書簡　その一

【第四巻】パウロ書簡　その二／擬似パウロ書簡

【第五巻】ヨハネ福音書

【第六巻】公同書簡／ヘブライ書

【第七巻】ヨハネの黙示録

日本で、唯一の「イスラーム神学」
本格的入門書

イスラーム神学

松山洋平

聖典『クルアーン(コーラン)』とイスラーム法学をより深く理解し、イスラームとは何かを根本的に知るためには、「ムスリムは何を信じているのか」に答える、イスラーム神学を学ばなければいけない。

・最重要古典の一つ「ナサフィー信条」の全訳と詳解を収録。
・欧米・日本で少数派のムスリムが社会と共生するために必要となる「ムスリム・マイノリティのためのイスラーム法学と神学」を付す。

【推薦】
樋口美作
(日本ムスリム協会前会長)
中田考
(イスラーム法学者)

イスラーム文明は、今、
なぜ危機に瀕しているのか？

クルアーン的世界観

近代をイスラームと共存させるために

アブドゥルハミード・アブー・スライマーン

塩崎悠輝訳

塩崎悠輝、出水麻野訳

❖現代の代表的イスラーム思想家による解決策❖

「肩書や人種にかかわらず全てのムスリム知識人がこの西洋的あり方に対する無知な心酔を乗り越えない限り、またムスリム教育者と改革者が真剣にかつ客観精神と建設的な批判精神とをもって自らの歴史と文化を紐解かない限り、ムスリム共同体を悩ませ、その存在をはっきり認めてこなかった弱さや後進性、衰退に対して効果的に対処することは決してできないであろう。」（本書、第一章）

「イスラームの知」は、
「イスラーム国家」を
なぜ求めるのか?

国家と対峙するイスラーム

塩崎悠輝

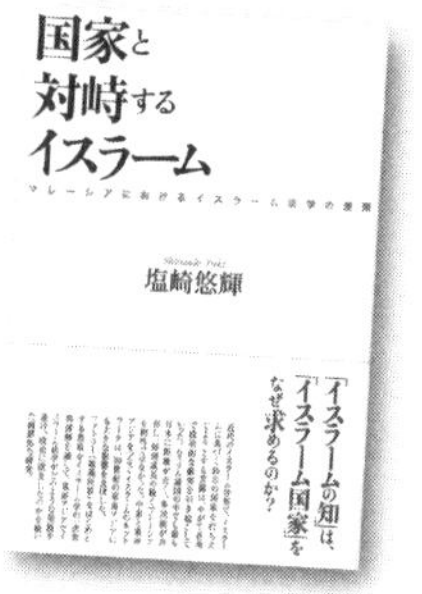

「イスラームの知」は、「イスラーム国家」をなぜ求めるのか?

近代のイスラーム世界で、イスラームに基づく独自の国家を打ち立てようとする苦闘は、やがて各地で政治的な衝突を引き起こしていった。ムスリム諸国の中でももっとも日本に距離が近く、多民族が共存し、経済成長の続くマレーシアも例外ではなかった。中東と東南アジアをつなぐイスラームのネットワークは、20世紀の東南アジアにも大きな影響を及ぼした。ファトワー(教義回答)をはじめとする豊富なイスラーム学の一次資料読解を通して、東南アジアでイスラーム法学がどのような発展を遂げ、政治的に波及したのかを描いた画期的な研究。

日本人が知っている
「イスラーム法」とは、
幻想にすぎない。

イスラーム法とは何か？

中田考

「豚を食べてはいけない」
「女性は髪を隠さなければならない」……

これまで日本人が漠然と持ってきた「イスラーム法」のイメージを脱構築、ムスリムの生き方を規定しているイスラームの教え、「真のイスラーム法」と言うべきものとは何か?その最低限の基本と要諦を、日本では数少ないイスラーム法学の修学免状取得者であり、イスラーム法学の第一人者である著者が教える。

イスラーム版『武士道』、
初翻訳!

フトゥーワ

イスラームの騎士道精神

アブー・アブドゥッラフマーン・スラミー
中田考 監訳
山本直輝 訳

「『フトゥーワ』は、決して過去の書物ではなく、イスラームにおける「若々しさ（フトゥーワの原義）」、同胞精神とは何かを学ぶために、今でも有用な指南書として薦められます。（…）フトゥーワの精神が、本書とともに日本にも届き、サムライの精神と巡り合うことを願っています。」

イブン・ハルドゥーン大学学長レジェプ・シェンチュルク氏「『フトゥーワ』翻訳に寄せて」より